Thomas Steiger, geboren 1957, wuchs in kleinen Verhältnissen in Emmendingen auf. Prügeln, Stottern, Schulversagen prägten seine Kindheit, so daß er sich ins Lesen flüchtete. Nach dem Schulabschluß arbeitete er als Lagerist und tourte an den Wochenenden zunächst als Sänger einer zeitweise regional sehr bekannten Band, später auch als Diskjockey. Seine erste Ehe, der ein Sohn entstammt, wurde nach wenigen Jahren geschieden. Arbeitslos geworden, griff er immer öfter zur Flasche. Anstellungen beim Kaufhof und als Diskjockey währten nur kurz, und nach einem erneuten Verlust der Stelle verwahrloste er nach und nach immer mehr und verlor schließlich seine Wohnung. Von 1983 bis 1987 lebte er als Stadtstreicher. Heute hat er nach einer erfolgreichen Therapie wieder eine feste Arbeitsstelle, eine Wohnung und ist zum zweiten Mal verheiratet. Er lebt im Schwäbischen.

Dieses Buch wurde auf chlor- und säurefreiem Papier gedruckt.

Originalausgabe September 1994
© 1994 Droemersche Verlagsanstalt Th. Knaur Nachf., München
Das Werk einschließlich aller seiner Teile ist urheberrechtlich
geschützt. Jede Verwertung außerhalb der engen Grenzen des
Urheberrechtsgesetzes ist ohne Zustimmung des Verlages
unzulässig und strafbar. Das gilt insbesondere für Vervielfäl-
tigungen, Übersetzungen, Mikroverfilmungen und die Ein-
speicherung und Verarbeitung in elektronischen Systemen.
Umschlaggestaltung: Adolf Bachmann, Reischach
Umschlagfoto: Das Fotoarchiv/Henning Christoph, Essen
Satz: Ventura Publisher im Verlag
Druck und Bindung: brodard & taupin
Printed in France
ISBN 3-426-77122-5

Thomas Steiger

Der Penner

Fünf Jahre obdachlos in Deutschland
Ein autobiographischer Bericht

Für meinen Sohn Mike-Thomas,
der ohne meine Eltern nie mein Freund
geworden wäre

Man muß eine Furcht erst durchlebt haben,
bevor man sich vor ihr schützen kann

Inhalt

Prolog

Zuerst dachte ich, er will mich auf den Arm nehmen. Müde und abgespannt saß ich vor seinem Schreibtisch, schaute aus dem Fenster und rieb mir die Schläfen.

Er wiederholte seine Frage nun etwas eindringlicher: »Hören Sie, Herr Steiger! Dieses Interview ist sehr wichtig für uns. Wir bekommen damit zum ersten Mal die Möglichkeit, bundesweit auf uns aufmerksam zu machen.«

Ich betrachtete meine Fingernägel und kaute schwerfällig auf einer Antwort herum. Bis dahin dachte ich, Interviews geben entweder Rockstars, Leinwandhelden oder Bundesligaspieler. Es gelang mir nicht, logisch über seine Frage nachzudenken. Ich sah den pastorischen Leiter unseres Instituts nur müde an und sagte: »Mein letzter Interviewpartner war die Emmendinger Polizei, die das Interview für ein Protokoll verwendet hat. Ich kann mir wirklich nicht vorstellen, wer mich für so wichtig hält, daß er von mir ein Interview haben möchte.«

Pastor Wegenast stützte seine Ellenbogen auf die Schreibtischplatte und fügte sorgfältig seine Fingerkuppen aneinander, bevor er antwortete: »Haben Sie schon mal was von Rundfunkmission gehört?«

Ich dachte gerade an die frohe Botschaft, die jeden Morgen um sechs Uhr über den Äther geht, als er auch schon weitersprach: »Die evangelisch methodistische Kirche hat ihr Interesse an unserem Haus bekundet und möchte in einer Radiosendung darüber berichten.«

Herr Wegenast schaute mir direkt in die Augen, als ob er meine weiteren Antworten darin lesen wollte. Die Müdigkeit ließ einen Augenblick von mir ab, um Kopfschmerzen Platz zu machen, die sich leise eingeschlichen hatten. Es gelang mir, mich trotzdem zu konzentrieren.

Ich atmete tief durch und sagte: »Haben die einen der Artikel gelesen, die ich geschrieben habe, daß sie so neugierig auf mich sind? Ich meine, man könnte ja zur Abwechslung mal einen anderen Bewohner befragen. Es gibt schließlich noch mehr Leute in diesem Haus, die den Absprung geschafft haben.«

»Ich möchte ja auch nicht den Eindruck erwecken, daß ich den anderen in den Rücken fallen will! Es geht nur darum, aktuell zu berichten. Sie haben schon einige Artikel geschrieben, die für unser Haus sehr nützlich waren, und außerdem haben Sie schon unzählige Referate gehalten und Vorträge verfaßt, die uns zugute kamen. Was also liegt da näher, als auch in diesem Fall auf Sie zurückzugreifen.«

Ich dachte an die verschiedenen Versammlungen, auf denen ich meine Referate gehalten hatte, und erinnerte mich daran, daß ich jedesmal von neuem die Hosen voll hatte, wenn ich voller Nervosität aufs Podium zuging. Hinterher hatte ich immer das Gefühl, nur Mist geredet zu haben. Ich weiß noch, wie ich manchmal etwas dümmlich herumstand und es hilflos über mich ergehen ließ, wenn mir völlig fremde Leute auf die Schulter klopften und sagten: Gut gemacht – Einfach prima – Machen Sie weiter so, Herr Steiger.

Ich riß mich aus meinen Gedanken und fragte, nun doch neugierig geworden: »Um was geht es genau in diesem Interview?«

Herr Wegenast sah mich väterlich an und sagte: »Dieses Interview wird aus dem Gespräch herausgeschnitten, das Sie mit Herrn Seybold führen werden. Er hat die Absicht, Ihre Geschichte in einem kirchlichen Blatt unterzubringen.«

Das hatte ich befürchtet: Nun sollte ich wieder zum x-ten Male meine Geschichte herunterleiern, um zum x-ten Male daran erinnert zu werden, was ich schon längst als abgeschlossen betrachtet hatte. Soll denn dieses Pech ewig an mir kleben, dachte ich gerade, als mich Pastor Wegenast aus den Erinnerungen befreite. »Herr Steiger, ich verstehe ja Ihren Standpunkt, das alles nicht noch einmal durchkauen zu wollen, aber dieses Interview ist viel zu wichtig für uns, als daß wir es ablehnen können. Soll ich mir denn umsonst die Hacken abgelaufen haben, Herr Steiger?«

Ich versuchte die aufkommende Spannung zu entschärfen und setzte mein Jungenlächeln ein, das manchmal wie ein Blumenstrauß wirkt, den man einer alten Jungfer schenkt: »Nehmen Sie mir meine Zweifel nicht übel, Herr Wegenast, aber ich hatte heute einen harten Tag, von dem ich froh bin, daß ich ihn hinter mir habe. Meine fünf Sinne strecken sich schon in der Badewanne aus, und Kopfschmerzen habe ich auch. Ich würde vorschlagen, Sie erklären mir, wie das Ganze vor sich geht, und ich werde es in meinen Schlaf mit einbeziehen. Sie können dann morgen mit einer klaren Antwort rechnen.«

»Okay, das ist eine vernünftige Basis. Schlafen Sie mal eine Nacht lang darüber. Mir ist es nämlich auch lieber, wenn Sie eine ausgeschlafene Meinung dazu haben. Ich werde jetzt Herrn Seybold anrufen und den Termin bestätigen, den wir ausgemacht haben. Er wird auf jeden Fall kommen, denn ich habe vor, selbst etwas zu diesem Interview beizusteuern, weil ja in erster Linie unser Lebenszentrum im Vordergrund steht, und da wird es einiges zu berichten geben.«

Er war nun etwas ruhiger geworden. Die Zuversicht hinter seinem Vollbart verbergend, fragte er mich noch beim Hinausgehen: »Sie sehen wirklich müde aus, Herr Steiger, und ein bißchen blaß sind Sie auch. Kommen Sie mit Ihrer Arbeit zurecht, oder macht sie Ihnen so zu schaffen? Sie sehen nämlich fast jeden Abend so aus, als ob Sie den ganzen Tag Gewichte stemmen würden.«

»Über den Tag verteilt sind es ja auch nur so um die ein, zwei Tonnen, die ich aufs Förderband hebe; Sie sehen, ich halte mich fit und werde auch noch bezahlt dafür. Übrigens, bevor ich es vergesse, Herr Wegenast: Ich werde durchhalten, selbst wenn mir das Wasser im Arsch kocht, darauf können Sie sich verlassen«, und prophetisch fügte ich hinzu: »Ich werde mein Ziel erreichen, ich weiß es. Ich gehe nie wieder zurück in die Hölle, das verspreche ich Ihnen, und wenn ich mich selbst dafür am Kragen nehmen muß. Nichts kann mehr so schwer sein, wie es schon war, und ich werde diesen Kampf gewinnen, darauf können Sie Ihren Hintern verwetten!« Er legte mir seine Hand auf die Schulter und sagte in seinem angenehmen Bariton: »Machen Sie langsam, Herr Steiger, und übereilen Sie nichts, denn Sie stehen noch am Anfang. Sie werden zwar noch so manche Hürde nehmen müssen, aber ich bin sicher, daß Sie es schaffen.«

Der Pastor in ihm kam nun wieder zum Vorschein, als er hinzufügte: »Versuchen Sie nichts mit der Brechstange zu erreichen. Lassen Sie sich Zeit, und überlegen Sie besonnen, was Sie als nächstes tun werden. Ich wünsche Ihnen auf jeden Fall viel Glück und Gottes Segen. Heute abend werde ich für Sie beten, das kann ja nicht schaden.«

»Ja, tun Sie das, bei Ihnen wird es mehr nützen als bei mir. Sie sind ja schließlich Pastor und haben dadurch einen besseren Draht nach oben als ich.– Gute Nacht, Herr Wegenast.«

Ich nahm den Weg durch den Vorgarten, in dem schon der Mai seine Knospen an den Bäumen zeigte, und überquerte die asphaltierte Straße, die zu unserem Haus führt, das ich noch mit sechzehn anderen Bewohnern teilte. Im zweiten Stock angekommen, schloß ich die Tür meines Zimmers auf und knallte mich, so wie ich war, aufs Bett, um sofort in einen traumlosen Schlaf zu fallen. Am nächsten Morgen fühlte ich mich wie ein Putzlappen, den man ausgewrungen und zum Trocknen aufgehängt hat.

Mein Spiegelbild schien zu sagen, du kannst mich waschen wie du willst, ich bleibe so, wie ich bin.

Nach der zweiten Tasse Kaffee fühlte ich mich wieder den Anforderungen des Tages gewachsen.

In den Mund nehmen, gut durchkauen und abends wieder ausspucken, dachte ich, als ich an diesem Morgen die Werkshalle betrat.

Es gelang mir den ganzen Tag nicht, mich voll auf meine Arbeit zu konzentrieren. Dieses Interview wollte mir einfach nicht aus dem Kopf gehen. Ich malte mir Antworten aus auf Fragen, die ich noch nicht einmal kannte.

Um vier Uhr nachmittags riß mich die Werkssirene aus den Gedanken. Obwohl ich wußte, daß das Interview erst morgen stattfinden sollte, zog ich mich trotzdem schneller um als sonst. Völlig unbegründet redete ich mir ein, die Sache könnte abgeblasen werden. Als ich in den Bus einstieg, der mich nach Hause bringen sollte, riet ich mir selbst zur Ruhe und sagte mir, was soll schon passiert sein, was das Projekt gefährden könnte. Er erwartet heute eine Antwort von mir, und die wird er auch bekommen. Meine anfängliche Skepsis war verflogen, und ich fieberte direkt dem morgigen Tag entgegen.

Nach zehnminütiger Fahrt hielt der Bus unterhalb des steilen Hügels, auf dem das Lebenszentrum, einer Festung gleich, thronte. Mein Herz klopfte einige Takte schneller, als ich aus dem Bus stieg, der jetzt langsam wieder anfuhr mit seiner Fracht aus müden Leibern und Köpfen.

Herrn Wegenast erklärte ich: »Sie können sich auf mich verlassen! Vielleicht nützt es mir selber was, wenn ich auf diese Art auf das Elend aufmerksam machen kann, das ich hinter mir habe. Es kann ja nicht schaden, wenn die Leute erfahren, aus welchen Gründen ich in diesem Dreck gelandet bin. Die Menschen wissen sowieso viel zuwenig über das Pennermilieu, und ich finde, es ist an der Zeit, sie ein bißchen darüber aufzuklären.«

Er nickte bekräftigend mit dem Kopf und sagte, während er mir die Schulter tätschelte: »Ich wußte, daß Sie sich so entscheiden würden; also dann, bis morgen abend, Herr Steiger. So gegen halb fünf wird Herr Seybold hier eintreffen, und dann werde ich Sie mit ihm bekannt machen.« Jetzt hatte er es sehr eilig. Schon im

Gehen rief er aus dem Korridor noch: »Sie werden es nicht bereuen, Herr Steiger, Sie werden sehen, Sie kommen noch ganz groß raus – einen schönen Abend wünsche ich Ihnen!«

Als ich am nächsten Tag von der Arbeit kam, lief er mir auch schon entgegen, seinen Pastorenkollegen im Schlepptau. »Aah, Herr Steiger, da sind Sie ja! Darf ich Sie gleich mit Herrn Seybold bekannt machen, ja?«

Freundlich gab mir Herr Seybold die Hand, und wir gingen zusammen die Treppe hinauf ins Büro des Sozialpädagogen, Herrn Breuninger, der heute seinen freien Tag hatte.

Herr Seybold schleppte einen Koffer mit sich, den er auf den Schreibtisch legte und gleich öffnete. Er entnahm ihm einen Kassettenrecorder und stellte ein Mikrophon auf. Dann kam er zu der Sitzgruppe in der Ecke des Büros, wo Herr Wegenast und ich bereits Platz genommen hatten. Seine schmalen Hände öffneten eine Aktenmappe, aus der er einen Stenoblock und einen Kugelschreiber nahm. Er erinnerte mich ein bißchen an den jungen Robert Lembke, wie er so dasaß und mich interessiert in Augenschein nahm.

Herr Wegenast legte beruhigend seine rechte Hand auf meine linke, die ich ihm aber blitzschnell wieder entzog. Dabei sah ich ihn strafend an und sagte: »Ich darf Sie doch herzlich bitten, ja! Jetzt hängen Sie mal für eine Weile Ihren Herrn Pastor an den Nagel, denn was Sie jetzt zu hören kriegen, ist alles andere als christlich.«

Darauf stand er auf, sah mich merkwürdig an und sagte: »Ich glaube, es ist besser, ich laß euch jetzt alleine. Vielleicht wird dadurch der Herr Steiger ein wenig lockerer.«

Er zog die Tür hinter sich zu und brummelte noch irgend etwas in seinen Bart, was ich nicht verstand.

Herr Seybold blickte mich mit ruhigen Augen an und sagte: »Herr Steiger, wir werden uns als erstes viel Zeit nehmen. Ich schreibe Ihre Geschichte auf und laß dazu das Tonband laufen. Versuchen Sie sich zu entkrampfen, und sprechen Sie in ganz normalem Ton.

Am besten ist es, Sie fangen da mit Ihrer Geschichte an, wo Sie es für richtig halten.«

Ich atmete tief durch, ließ meine Finger knacken und erzählte ihm einen Teil meines Lebens.

1. KAPITEL

Häppie

Das erste, was ich an diesem Morgen verspürte, war ein dumpfer Schlag in meinen Rücken. Hätte ich nicht den Parka angehabt und in meinem Schlafsack gelegen, hätte er mir ein paar Rippen gebrochen. Ich versuchte mich zu sammeln, doch es gelang mir nicht, sofort die Augen zu öffnen. Meine geschwollenen und aufgedunsenen Augenlider klebten so zusammen, daß es mir nicht gelang, sie ohne die Hilfe meiner Hände zu öffnen. Da spürte ich auch schon etwas Eiskaltes auf meinem Kopf, das mir langsam ins Gesicht hinablief.

Umständlich befreite ich meine Hände aus der schützenden Geborgenheit des Schlafsacks und drückte mir die Finger gegen die Augen: erstens, um endlich die Augen aufzukriegen, und zweitens, um mir den billigen Fuselwein aus dem Gesicht zu wischen. Zuerst dachte ich, es handle sich um Wasser, weil ich noch vom Schlaf benommen war. Mittlerweile schüttete er die ganze Zweiliter-Gallone über meinem Kopf aus.

Mit einem kräftigen Ruck wurde mein Kopf nach hinten gezogen. Da bekam ich den nächsten Schlag, diesmal ins Genick. Ich spürte einen heftigen Stromstoß, der mir den Nacken hinunterlief, und versuchte automatisch, den Kopf einzuziehen. Ich streckte die Beine aus und trat in meinen Schlafsack. Die Kralle, die meine Haare am Hinterkopf fest gepackt hielt, drehte sich, und meine Kopfhaut schrie auf vor Schmerz.

Jetzt war ich vollkommen wach, und die ersten Emotionen dieses Tages waren Angst und Entzugserscheinungen. Ich wußte einfach nicht, wohin mit meinen Gedanken, und eine leichte Panik schlich von meiner Seele in den benebelten Kopf.

Ich wußte zwar noch immer nicht, wo ich mich gestern im Suff hingelegt hatte, aber der Umgebung nach zu schließen, mußte es der Goethe-Park sein.

»He Martin, schau, der Penner ist endlich wach geworden! Jetzt guck dir diesen verwahrlosten Penner an; der macht sich vor Angst gleich in die Hosen!«

Die Worte drangen wie aus weiter Ferne an meine Ohren. Ich strampelte und trat gegen meinen Schlafsack, und je mehr ich mich wehrte, desto fester drehte der Schraubstock meine Haare aus der Kopfhaut. Der angesprochene Martin hielt meinen Kopf und zog ihn so weit nach hinten, daß ich den trüben Oktoberhimmel sehen konnte. Es kam mir so vor, als ob er mir ins Gesicht lachte, mit seinem trüben, traurigen Grinsen.

Ich schrie vor Schmerzen in den Wind, der den Geruch von verfaultem Laub in meine Nase wehte.

»Hör auf zu schreien, Penner, oder ich stopf dir Dreck ins Maul, hast du mich verstanden, oder soll ich noch deutlicher werden?«

Ich konnte den Kerl immer noch nicht ausmachen, der hier die Befehle gab, aber ich spürte ganz deutlich seinen Atem im Genick. Seine beiden Kumpane mußten hinter ihm stehen, denn jetzt vernahm ich alle drei Stimmen. Sie beratschlagten, was sie mit mir noch anstellen könnten, und einer von ihnen schlug dem lieben Martin vor, mich an einen Baum zu fesseln.

»Erstens habe ich nichts da, womit ich dieses Schwein fesseln könnte, und zweitens ist es besser, ich laß meine Hände von ihm, sonst hol ich mir noch die Krätze oder die Pest!« sagte der gute Martin, der meinen Kopf endlich losließ und sich vor mir aufbaute.

Auch seine Kumpel traten nun aus dem toten Winkel und gesellten sich zu ihm. Sie schauten mich angewidert an, und einer von den dreien spuckte mir ins Gesicht.

Ich nahm an, daß es Sonderschüler waren, die sich gerade auf ihrem Weg in die nahe gelegene Schule befanden.

Martin ging in die Hocke und sah mich gefährlich an. Seine Augen wurden zu Schlitzen, als er mich drohend ruhig fragte: »Wer hat dir erlaubt, dich hierhin zu legen; hast wohl kein Bett mehr unterm Arsch, was?«

Er hatte den Satz noch nicht zu Ende gesprochen, als er mir ansatzlos seine Faust aufs linke Ohr schlug.

In meinem Kopf fing es an zu rauschen und zu pfeifen. Die Kröte in meinem Hals krallte sich an meinem Kehlkopf fest, so daß es mir nicht gelang, sie vollständig loszuwerden. So gurgelte ich mehr, als daß ich sprach. Ich hörte mich fremd an, als ich sagte: »Gehört das jetzt zu euren Hausaufgaben, wehrlose Menschen zu schlagen? Ich kenne euch nicht, und ihr kennt mich nicht, also was wollt ihr von mir? Ich hab euch nichts getan, und nun laßt mich in Ruhe.«

Ein brennender Schmerz im Gesicht war die Antwort. Diesmal hatte Martin mit der flachen Hand zugeschlagen. Ich hatte das Gefühl, als ob mein aufgedunsenes Gesicht noch mehr anschwellen würde. Er rieb sich seine rote Handfläche, sah mich voll Genugtuung an und sagte: »Nur Schweine schlafen im Dreck, merk dir das, du Penner, und nenn dich nicht noch einmal mit uns in einem Atemzug, denn du bist Abschaum, und wir sind Menschen, das ist der Unterschied zwischen uns und dir, hast du das verstanden?«

Ich blickte in ihre Gesichter und stellte fest, daß sie nicht älter als fünfzehn oder sechzehn sein konnten. Ihre Gesichter prägten sich mir in diesem Moment so ein, daß ich sie nic wieder vergessen sollte.

Einer der drei beugte sich zu mir herunter und sagte: »Du machst, daß du jetzt von hier verschwindest, ist das klar? Dieser Park ist schon verwahrlost genug, aber noch lange nicht so verkommen, daß Scheißtypen wie du ihn ganz und gar verschandeln müssen, hast du das verstanden, Penner?«

Ich sah zu ihm auf und blickte in eine Mondlandschaft. Gesicht konnte man das bestimmt nicht nennen, was er unter seinem Pony trug. Eine scheußliche Akne plagte seine Larve, und er war bestimmt froh, daß er mal in den Genuß kam, ein noch widerlicheres Gesicht zu sehen.

»Na gut, ich pack jetzt meine Sachen zusammen und werde gehen, aber laßt mich in Ruhe, bitte. Das einzige Verbrechen, das ich begangen habe, besteht darin, daß ich Johann Wolfgang ein wenig Unehre gemacht habe, aber das habt ihr drei ja wieder ausgeglichen.«

Das hätte ich nicht sagen sollen. Ich hatte gehofft, sie würden es sowieso nicht verstehen und mich in Ruhe meine Sachen packen lassen, aber ich hatte mich geirrt.

Martin bückte sich plötzlich, nahm die Zweiliter-Gallone in die Hand und zerbrach sie an einem Baum. Mit dem scharfkantigen Flaschenhals kam er auf mich zu und schrie: »Hör zu, du Scheißpenner! Deine saublöden Wortspielereien kannst du bei deiner Oma bringen, aber nicht bei uns, kapiert?!«

Seine linke Hand krallte sich wieder in meinem Haar fest und seine rechte hielt mir den abgebrochenen Flaschenhals vor die Gurgel.

Der kalte Schweiß, der mir schon die ganze Zeit den Rücken runterlief, verwandelte sich plötzlich in einen einzigen Guß heißer Lava, und das Herz hämmerte schmerzhaft gegen die Rippen. Mein Mund wurde so trocken wie die Elz im Hochsommer. Meine Augen tränten, und das Blut lief mir vom Hinterkopf ins Genick. Außerdem wurde ich von heftigen Entzugserscheinungen geplagt. Ich zitterte am ganzen Körper wie ein Weihnachtsbaum, dem man versucht, die Spitze aufzusetzen. Die Sekunden wurden zu Minuten, und endlich warf er den Flaschenhals rechts von sich in einen Haselnußstrauch. Der liebe Martin versetzte mir noch einen Faustschlag ins Gesicht, daß mein Kopf wie auf einem Gewinde eine Rechtsdrehung vollführte.

»Morgen früh, um die gleiche Zeit, kommen wir wieder, und falls du glaubst, du könntest abermals hier übernachten, dann werden wir dich überraschen mit einem langen, scharfen, spitzen Gegenstand! Hast du das verstanden, Penner?« sagte Martin, wahrscheinlich auch sonst der Anführer der drei, was immer sie auch unternahmen.

Ich war kaum fähig aufzustehen. Mein ganzer Körper war von Schmerzen durchzogen, die erst jetzt so richtig zur Geltung kamen. Schlimmer wurden auch die Entzugserscheinungen, die mich jetzt mit heftigen Nervenkrämpfen umklammerten. Die drei ließen endlich von mir ab, und ich sah ihnen nach, wie sie den Weg entlangschlenderten, als ob sie eine kurze Rast auf einem Spaziergang hinter sich hätten. Immer wieder drehten sie sich um, als ob sie einen Grund suchten, nochmals umzukehren, um mir den Rest zu geben. Als sie aus meinem Blickfeld verschwunden waren, rollte ich den Schlafsack zusammen und versteckte ihn in einem Gebüsch einige Meter entfernt. Angestrengt versuchte ich mich daran zu erinnern, wo ich gestern nacht im Suff die Plastiktüte versteckt hatte. Verzweifelt suchte ich in dem Haselnußstrauch in meiner Nähe und wäre fast auf den abgebrochenen Flaschenhals getreten, den der starke Martin hierher geschmissen hatte. Ich freute mich wie ein Kleinkind am Heiligen Abend, als ich die Tüte endlich gefunden hatte. Da lag sie: meine eiserne Reserve, mein Schatz im Silbersee, die Hoffnung all meiner vibrierenden Nerven, die Sehnsucht meiner Seele und das Labsal meines ausgemergelten Körpers, der eben noch vor Angst hatte zusammenbrechen wollen.

Fieberhaft öffnete ich die Plastiktüte und entnahm ihr meine Allgemeinmedizin – den Flachmann mit Weinbrand.

Mit zittrigen Händen drehte ich den Schraubverschluß auf und setzte das kleine Fläschchen an den Mund. Das braune Gold lief mir wohltuend den Hals hinunter, und in meinem leeren Magen machte sich eine angenehme Wärme breit. Meine Nerven beruhigten sich langsam wieder, und ich atmete dreimal tief durch. Den kleinen Wonnespender warf ich in den Haselnußstrauch, nachdem ich ihn leergetrunken hatte (Johann Wolfgang möge es mir verzeihen).

Ich kämmte mit den Fingern meine langen fettigen Haare und machte mich auf den Weg ins nahe gelegene Sozialamt.

Der Schrecken saß mir noch in allen Gliedern, als ich die breiten Stufen zum Landratsamt hinaufging. In meinem Kopf summte ein ganzer Hornissenschwarm, und die Zunge hing mir wie ein trockener Schwamm im Mund. Der Geruch von Alkohol drang mir aus allen Poren, und zum Haarewaschen hatte ich keine Gelegenheit gehabt.

Es gelang mir mit Müh und Not, die oberste Stufe zu erreichen. Mein Herz schlug nicht mehr, sondern es arbeitete wie ein Preßlufthammer in meiner Brust, als ob es die Rippen durchstoßen wollte. Mein Atem pfiff wie ein zerrissener Blasebalg, und meine Lungen schmerzten unter tausend Nadeln, die immer wieder zustachen. Ich versuchte, meine körperliche Verfassung zu ignorieren, und blieb keuchend vor der nächsten Treppe stehen, die sich wie ein böser Feind vor mir aufbaute. Ich biß die Zähne zusammen, zählte auf drei und nahm immer zwei Stufen auf einmal. Oben angekommen, drang mir Türkisch an die Ohren, unterbrochen von deutschen Sprachfetzen, die aus einer anderen Ecke kamen.

Es war Montagmorgen, und das Sozialamt war wieder mal brechend voll. Ich versuchte vergeblich, einen Pennbruder von mir zu entdecken, doch ausgerechnet an diesem Morgen war nicht einer zu sehen – ich hätte viel zu erzählen gehabt.

Eine alte Dampflokomotive hätte nicht besser schnaufen können, als ich es tat, während ich mir eine freie Ecke suchte, in der ich mir mit dem kümmerlichen Rest des Tabaks aus meinem Beutel eine Zigarette drehte. Ich beobachtete die Leute. Sozialhilfeempfänger verhalten sich irgendwie alle gleich: Alle gucken sie sorgenvoll aus der Wäsche. Einige stehen an der Wand und reiben sich nervös das Kinn; andere gehen ständig auf und ab, und wieder andere sitzen auf ihren Plätzen und starren apathisch auf den Fußboden, die Hände zwischen den Knien gefaltet. Mütter halten ihre Kinder auf dem Schoß, und man kann deutlich fühlen, wie enttäuscht sie vom Leben sind. Familienväter, die noch auf ihre Arbeitslosenunterstützung warten müssen, kehren ihre Rücken Richtung Korridor und schauen verlegen aus dem Fenster.

Obwohl alle im gleichen Boot sitzen, sortieren sie sich gegenseitig aus und betrachten einander mit Argwohn. Es ist grotesk, zu beobachten, wie manche versuchen, ihre Sozialhilfe zu rechtfertigen. Da wird auf die Ausländer geschimpft, auf Teufel komm raus, und auf die, die ihrer Meinung nach zu faul sind, um arbeiten zu gehen.

Aber wehe, sie entdecken einen von uns: Dann benehmen sie sich wie Hunde, denen man versucht, den Knochen zu stehlen. Die Feindseligkeit kennt keine Grenzen, sollte einer von uns Pennern ihnen zu nahe kommen. Was wir dann zu hören kriegen, müssen wir uns zum Teil nicht mal auf der Straße anhören.

Alle sitzen in einem Boot, doch jeder rudert in seine eigene Richtung. Es machte mir mittlerweile nichts mehr aus, wenn man mich anstänkerte. Mit der Zeit hatte ich ein dickes Fell bekommen, und es ging zum einen Ohr rein und zum anderen wieder raus.

Mit unsicheren Schritten ging ich auf die Bürotür zu, der ich dem Alphabet nach zugeordnet war, und klopfte zweimal kräftig an.

Da man sowieso nie hereingebeten wurde, öffnete ich die Tür und trat ein. Die Helligkeit im Raum blendete mich für einen kurzen Moment so, daß ich die Augen zusammenkneifen mußte.

Rechts, auf der Bittstellerseite des Schreibtisches, saß eine kleine Frau mit ihrem Kind auf dem Schoß. Sie blickte mich trübe an und wandte sich wieder dem Sachbearbeiter zu, der mich strafend und zornig anfunkelte und sagte: »Sehen Sie nicht, daß ich zu tun habe? Warten Sie gefälligst, bis Sie an die Reihe kommen, und lassen Sie sich eine Nummer geben, Herrgott noch mal!«

Nimm bloß nicht den Namen unseres Herrgotts in den Mund, du

Haifisch, dachte ich, aber ich sagte, so freundlich es nur ging: »Könnten Sie mich vielleicht heute etwas eher drannehmen; ich habe übelste Schmerzen, weil man mich heute morgen im Goethe-Park überfallen hat. Die sind ganz schön zur Sache gegangen, die drei, und abgebrannt bis aufs letzte Hemd bin ich auch.«

Mein äußerst gestrenger Sachbearbeiter, Herr Gregorowsky, stieß sich mit beiden Händen von der Kante seines überladenen Schreibtisches ab und sagte laut: »Wenn Sie Schmerzen haben, dann gehen Sie zu einem Arzt und kommen später wieder. Ich habe schließlich noch etwas anderes zu tun, als mich um Ihre Krankheiten zu kümmern. Hauen Sie ab, und erzählen Sie dem Hausarzt Ihre Story! Aber ich bezweifle, daß er sie glauben wird. Außerdem werden Sie dort auch warten müssen, und nun machen Sie, daß Sie rauskommen!« Er erhob sich blitzschnell aus seinem Bürostuhl, kam auf mich zu und schob mich zur Tür hinaus. Mit einem dumpfen Knall schloß er sie, um wahrscheinlich drinnen weiterzufluchen.

Draußen auf dem Korridor herrschte noch immer ein Mordsgedränge, wie im Winterschlußverkauf. Es blieb mir nichts anderes übrig, als ins Anmeldebüro zu gehen, um mir meine Nummer abzuholen.

Mit der Nummer in der Hand betrat ich von neuem den Korridor und erspähte in einer Ecke meinen alten Schulfreund Rolf.

Der hat auch schon bessere Zeiten gesehen, dachte ich, als ich auf ihn zuging. Endlich froh, jemanden gefunden zu haben, dem ich mein Leid klagen konnte, begrüßte ich ihn: »Hallo Rolf, könntest du mir eine Zigarette pumpen? Ich bin total abgebrannt, und Kopfschmerzen habe ich auch wie verrückt.«

Mitleidvoll sah er mich an und sagte fast flüsternd: »Hat dich dieses Arschloch etwa rausgeschmissen? Ich habe gesehen, wie er dich hinausbefördert hat.«

»Wenn Arroganz lang machen würde, dann könnte dieser Depp aus der Dachrinne saufen«, sagte ich.

Rolf grinste von einem Ohr zum anderen und reichte mir einen Beutel Tabak, den ich dankbar entgegennahm. Erst jetzt schien ihm aufzufallen, wie verbeult ich aussah, und wieder flüsterte er: »Was ist denn mit dir passiert, bist du etwa in eine Bullenherde reingelaufen?« ich erzählte ihm, was mir heute morgen geschehen war, doch anstatt auf meine Geschichte einzugehen, erzählte er von alten Zeiten, als wir noch zusammen die Schule schwänzten und Äpfel klauten.

»Du bist ja eine große Stütze, wenn es darum geht, Trost zu spenden«, sagte ich, trotzdem etwas erleichtert, meine Geschichte losgeworden zu sein. Ich rauchte die Zigarette und bemerkte erstaunt, wie ich jetzt selbst sentimental wurde.

Wehmütig dachte ich daran zurück, was wir alles angestellt hatten in demselben Park, in dem ich heute morgen noch so gedemütigt worden war. Diese Erinnerungen ließen mich die Schmerzen einen Augenblick vergessen und machten mir das Warten etwas leichter.

Nach geschlagenen zwei Stunden wurde ich endlich aufgerufen. Jetzt spürte ich meine Rippen wieder, die schmerzhaft gegen die Organe drückten. Mehr schleppend als gehend betrat ich Gregorowskys Büro. Es war ihm deutlich anzusehen, daß er ziemlich genervt war, und er rauchte eine Zigarette nach der anderen.

Ich schloß die Tür und setzte mich ihm gegenüber auf den Bittstellerplatz. Gregorowsky blätterte gelangweilt in meiner Akte und sah mich an, wie man einen Hund anschaut, der an einer Festtafel nach einem Happen bettelt.

Jetzt drückte er seine Zigarette im Aschenbecher aus, nur um sich gleich wieder eine neue anzuzünden. Ein Wunder, dachte ich, als er auch mir eine anbot. Ich pfiff auf den Zorn, den ich gegen ihn hegte, und nahm sie dankend an. Er gab mir Feuer und sagte streng: »Sie riechen dermaßen nach Alkohol, daß ich mir ernsthaft überlege, Ihnen einen Einkaufsgutschein zu geben. Was nützt es, wenn ich Ihnen das Geld für eine Woche gebe, und Sie versaufen es gleich wieder? Meinen Sie nicht, es ist besser, wenn ich Ihnen heute mal einen Lebensmittelgutschein gebe?«

Das hatte ich schon die ganze Zeit befürchtet. Gregorowsky war ein Fuchs, dem man nichts vormachen konnte. Unter den ganzen Sachbearbeitern, die ich bis jetzt kennengelernt hatte, war er der schlimmste von allen. Wie gesagt: ein richtiger Haifisch. Ich jammerte ihm die Ohren voll und erzählte ihm, was mir heute morgen widerfahren war. Außerdem käme ich nur einmal in der Woche und würde ihm nicht ständig auf die Pelle rücken, so wie andere das machen. Langsam, aber sicher ging mir der Gesprächsstoff aus, und Atem hatte ich auch keinen mehr. Plötzlich fragte er: »Wieviel Geld haben Sie noch, Herr Steiger?«

Da können Sie gleich den Papst fragen, wie es seiner Frau geht, dachte ich, statt dessen sagte ich: »Es reicht nicht mal mehr für eine Currywurst, und von einer warmen Mahlzeit möchte ich schon gar nicht reden.«

Er sah mich lange und hoffnungslos an. Endlich legte er seinen Glimmstengel in den Aschenbecher und bückte sich seufzend. Als er wieder auftauchte, hielt er den gelben Block mit den Auszahlungsformularen in der Hand. Ich hoffte, daß er den Stein nicht hörte, der mir vom Herzen fiel, als er mir den Schein in die Hand drückte und sagte: »In den nächsten acht Tagen will ich Sie hier nicht mehr sehen, haben wir uns verstanden?«

O ja, ich hatte verstanden. Ich hatte sogar sehr schnell verstanden, und meine Gedanken waren schon längst bei der Auszahlungskasse, als er mir noch beim Hinausgehen sagte: »Legen Sie sich mal wieder andere Kleidung zu. Das Rote Kreuz hat heute morgen offen; Sie riechen fünfzig Kilometer gegen den Wind.«

Bei mir ist es nur die Kleidung, die so übel riecht, dachte ich auf dem Weg zur Kasse, aber bei dir ist es der Charakter, der zum Himmel stinkt.

Ich warf einen Blick auf den Auszahlungsschein, und am liebsten wäre ich wieder umgekehrt, um ihm einen Tritt in den Hintern zu verpassen. An der Kasse wurden mir siebzig Mark ausbezahlt, die eine ganze Woche reichen mußten. Jetzt spürte ich meine Nerven wieder, die ihr trauriges Lied vom Entzug sangen. Ich ließ wütend das Emmendinger Landratsamt hinter mir, um zum Bahnhofskiosk zu gehen.

Überall auf der Welt verbreiten Bahnhöfe die gleiche Atmosphäre. Nirgends zeigt sich der Mensch mehr der Uhrzeit ausgeliefert als auf einem Bahnhof. Ein gigantisches Herz inmitten des Körpers einer Stadt, das seine Arterien und Venen mit Menschen und Gütern versorgt. Das Nervensystem, das dieses Herz zum Schlagen bringt, sind die Menschen in ihrer Hast und Eile. Sie bewegen sich manchmal wie Roboter, die an einem Verteilerkasten angeschlossen sind.

Wer genau hinschaut, entdeckt überall die gleichen Gesichtszüge: angestrengt, angespannt und nachdenklich. Völlig eingespannt in die Maschinerie, wirken sie irgendwie hilflos und ohne Halt, wenn sie Gefühle zeigen. Da wird geweint beim Abschied, es wird geseufzt und beschworen. Man drückt und küßt sich, man wünscht sich alles Gute, und oft ist es nur die Hoffnung, die man von einem Bahnhof mit nach Hause bringt. Es sind auch immer dieselben Geräusche auf einem Bahnhof: Unsichtbare, meist weibliche Automatenstimmen verkünden die Verspätung irgendeines Intercitys, der von X nach Y fährt. Manchmal kommt es mir so vor, als ob es für sämtliche Kleinstadtbahnhöfe nur einen einzigen Architekten gegeben hat. Alle sehen sie gleich aus in ihrem Kleid aus rotem Sandstein.

Der Emmendinger Bahnhof ist ein großer, klotzig kalter Sandsteinbau mit weit ausladenden Fassaden, direkt gegenüber der Post. Davor die unvermeidlichen Standplätze der Emmendinger Taxis. Geht man von der Post aus auf den Bahnhof zu, steht dort zur linken Hand der Bahnhofskiosk, und es will scheinen, als ob er das große Sandsteingebäude in grotesker Weise deklassieren will. Manchmal stehen hier nämlich mehr Leute als auf den Bahnsteigen.

Dort trifft sich alles, was in der »Szene« Rang und Namen hat. Die Stadtväter sehen es zwar nicht gern, aber ändern können sie daran auch nichts. Hier treffen sich die Gestrandeten der Stadtbevölkerung genauso wie die Arbeitslosen und Sozialhilfeempfänger. Hier prosten die Stadtstreicher und Pennbrüder einander zu, so daß Reisende einen großen Bogen um den Kiosk machen. Den Ausschank hat man zwar verboten, nicht aber den Verkauf von Alkoholika. Es war kurz vor elf Uhr vormittags, als ich dort eintraf. Ich fror und zitterte am ganzen Körper, und meine Nerven schrien nach einem Schnaps. Der Platz vor dem Kiosk war an diesem Morgen fast menschenleer.

Außer einem großen, robust gebauten Mann, der sein breites Kreuz dem Platz zugewandt hatte, stand zu meiner Erleichterung mein alter Schulfreund Rolf hier und hielt sich an einer Bierflasche fest. Ich begrüßte ihn zum zweiten Mal an diesem Morgen und bat ihn, für mich an den Kiosk zu gehen. Ärgerlich sah er mich an und sagte: »Ich bin zwar dein alter Kumpel, aber dein Butler bin ich noch lange nicht! Wenn du was zu saufen haben willst, mußt du dir es schon selbst holen.«

Der kalte Schweiß lief mir am ganzen Körper runter, und ich stammelte: »Komm schon, Rolf, wenn ich vorm Tresen erscheine und einen Schnaps haben will, jagt mich die Alte hinter dem Laden zum Teufel. Bitte, tu das für mich, du kannst auch einen Flachmann dafür haben.«

Jetzt war er plötzlich ganz begeistert und hielt erwartungsvoll die Hand auf. Ich gab ihm zwanzig Mark und sagte ihm, was er mitbringen sollte. »Komm, mach schon, ich halte es kaum noch aus. Mir rutschen die Nerven in die Füße.«

Ich schaute ihm nach, wie er mit schnellen Schritten auf den Kiosk zuging. Der Mann mit dem breiten Kreuz und der beachtlichen Größe unterbrach seine Unterhaltung mit der alten Frau hinter

28

dem Verkaufstresen. Er drehte sich seitlich zu Rolf hin, und ich sah, wie er ihn ansprach. Er trug einen bunten Trainingsanzug, dessen Jacke offenstand. Jetzt beugte er sich zu Rolf hinab, der mit dem Finger auf mich zeigte. Der Mann drehte sich vollends um und sah mich an.

Ich sah ihn ebenfalls an, und mir war, als ob ich in vollem Lauf gegen eine Mauer prallte. Die Härchen im Nacken und auf den Unterarmen stellten sich auf. Mein Herz schlug nicht mehr, sondern es fuhr Karussell. Mein Denken setzte aus, und ich glaubte, den Boden unter den Füßen zu verlieren. Ich wußte zwar noch, wo ich mich befand, aber all das wurde jetzt durch einen Namen überschattet – Häppie.

Eigentlich Herbert Hilgert, wenn man sich seinen Personalausweis anschaute, aber das wußten die wenigsten. Ich hatte ihn in einer Zeit kennengelernt, als es mir noch entschieden besser ging und mich die Leute wie einen Menschen behandelten. Es muß um 1980 gewesen sein, als ich noch ein bekannter Diskjockey war. Als jeder noch mein Freund sein wollte und mir so viele ewige Freundschaft schworen. Nur mit dem Unterschied, daß sie Menschen geblieben sind und ich zum Penner wurde. Das Ganze war schon lange her, ich hatte Häppie seit mindestens fünf Jahren nicht mehr gesehen. Ich hielt mich nur hin und wieder in Emmendingen auf und war die meiste Zeit unterwegs. Ich führte ein richtiges Vagabundendasein und kam nur einmal die Woche aufs Emmendinger Sozialamt, um die paar Kröten abzuholen, die zum Sterben zuviel und zum Leben zuwenig waren.

Häppie war einer der wenigen Freunde, die ich in meinem Leben hatte. Es begann in einer Kneipe, und mit der Zeit baute sich zwischen uns ein stilles Einverständnis auf, das nur gute Freunde empfinden. Wir entdeckten viele Gemeinsamkeiten, und meistens hatten wir auch die gleichen Ansichten.

Mit starren Augen blickte ich ihn an, und plötzlich geschah es: Ich schämte mich nach langer Zeit wieder vor einem Menschen.

Die gemischten Gefühle, die ich empfand, fuhren Aufzug mit mir. Tief in meinem Innern hoffte ich, er möge sich endlich umdrehen und von mir abwenden.

Endlich drehte er sich tatsächlich wieder um, um etwas zu Rolf zu sagen.

Ich war unfähig, einen klaren Gedanken zu fassen und spürte beinahe schmerzhaft, wie es meine Seele zerriß. Wie in Schockfrost getaucht, wurde mir klar, daß er mich nicht wiedererkannte. Rolf kam zurück, stellte die Flaschen vor mir auf den Boden und gab mir das Wechselgeld. Bebend und mit klammen Fingern öffnete ich einen kleinen flachen Apfelkorn und trank in gierigen Zügen. Rolf nuckelte ebenfalls an seinem Flachmann, als ich ihn fragte: »Wieso hast du mit dem Finger auf mich gezeigt? Dieser Bär hat sich doch sicher mit dir über mich unterhalten?« Rolf schraubte seinen Flachmann zu und sah mich warnend an: »Es ist besser, du kommst nicht in seine Nähe, denn er ist heute schlecht gelaunt, und wenn er schlecht gelaunt ist, stehst du neben einem Pulverfaß. Er hat mich lediglich gefragt, aus welchem Zombiefilm du entsprungen bist, und da hab ich ihm gesagt, daß ...«

»Hast du meinen Namen genannt?« unterbrach ich ihn heftig und hoffte inbrünstig, er hätte es nicht getan.

»Nein, was hätte er auch mit deinem Namen anfangen sollen. Ich habe ihm nur gesagt, daß wir auf dieselbe Schule gegangen sind, das ist alles.« Mir fiel ein ganzer Felsbrocken vom Herzen, und am liebsten hätte ich Rolf umarmt, wenn es nicht so kitschig ausgesehen hätte. Ich war gerade im Begriff, meine Bierflasche zu öffnen, als eine vertraute Stimme vom Kiosk herüberrief: »He, du Penner! Stell dich gefälligst neben den Abfalleimer, sonst glauben die Leute noch, du gehörst zu mir. Na wird's bald, oder soll ich dir Beine machen?« Mir war, als hätte ich einen Schlag in die Magengrube bekommen. Ich setzte die Kapuze meines Parkas auf, verstaute die Flaschen in einer Plastiktüte und wollte gerade gehen, als ich seine Stimme zum zweiten Mal vernahm: »Geh in den Rosengarten, dort ist der internationale Pennertreff. Aber paß auf, daß sie dich nicht zerreißen, wenn du mit deiner Plastiktüte ankommst!«

Niedergeschlagen überquerte ich den Bahnhofsplatz und blieb bei dem kleinen Zeitschriftenladen stehen, den ich schon seit meiner Kindheit kannte. Ich kaufte mir eine Zeitung und wollte eben die Straße überqueren, als plötzlich Rolf hinter mir auftauchte und mit fliegendem Atem sagte: »Er hat mich eben nach deinem Namen gefragt, und als ich ihn nannte, hat er mir eine Ohrfeige gegeben.«

Innerlich hin und her gerissen, hörte ich zu. Mein Herz drehte sich wieder im Kreis, der Verstand befahl mir weiterzugehen, und meine Stimme wollte sagen: »Dreh um, Rolf, und sag ihm, daß du ihn angelogen hast!« Statt dessen sagte ich: »Wenn ich jetzt nicht mit dir komme, kriegst du den Arsch voll, was?« Rolf packte mich am Arm und erwiderte: »Ganz genauso ist es, und wenn du ihn kennst, weißt du auch, was für eine Handschrift er hat.«

»Gespürt habe ich sie noch nie, aber ich habe schon oft erlebt, wie er sie verteilt hat. Da blieb kein Auge trocken, das kannst du mir glauben«, sagte ich, als wir wieder den Kiosk ansteuerten.

Um mich herum drehte sich alles. Ich vergrub die Hände tief in meinem speckig-dreckigen, zerlumpten Parka und blickte auf den Boden, als ich vor ihm stand. Das Schamgefühl setzte mir so zu, daß ich am liebsten im Erdboden versunken wäre. Die schulterlangen, fettigen Haare hingen mir wie Vorhänge ins Gesicht. Ich hielt den Kopf so tief gesenkt, daß mein ungepflegter und verfilzter Vollbart mir bis auf die Brust fiel. Im Schatten der Kapuze verbarg ich mein frisch zerschlagenes und aufgedunsenes Gesicht.

Ich blickte zu seinen Einmeterfünfundneunzig auf, und niemals werde ich den Ausdruck vergessen, der in seinen Augen stand. Verwundert und fassungslos streifte er mir die Kapuze vom Kopf und sagte: »Ich kann das nicht glauben! Tommy, das ... das bist doch nicht du? Wie ... wie ist so etwas möglich? Das kann doch nicht wahr sein!«

Ich kam mit dem Schlucken nicht mehr nach. Ein unendliches Gefühl der Verlorenheit und Resignation drückte meine Seele nach oben in den Kopf. Ich ließ mich einfach in seine Arme fallen und weinte mir die Seele aus dem Leib. Mein ganzer Körper wurde von Weinkrämpfen regelrecht geschüttelt. Alle Last und Pein fiel von mir ab, als er mich drückte und sagte: »Sag mir, was ich für dich tun kann, und ich tu es. Weine nur, Tommy, wenn dich das befreit. Es tut mir leid, daß ich dich vorhin so angeschissen habe, das kannst du mir glauben, aber ich wußte doch nicht, daß du ...« Er stockte, und als ich aufblickte, sah ich, daß auch er weinte.

Kann man eine zerbrochene Seele wieder in ein paar Minuten zusammensetzen? Ich glaube, das geht nur, wenn gleiche Gefühle aufeinandertreffen. Wenn einer seine Gefühle aber fallenläßt, wird er traurig feststellen, daß man sie alleine nicht mehr zusammenfügen kann. Ich glaube, so entsteht Einsamkeit.

Er hielt sie fest – ich hatte wieder einen Freund.

Noch immer war ich unfähig, auch nur ein Wort zu sagen. Die Gefühle in meinem Inneren schienen einen Ringkampf auszutragen. Ich spürte, wie mein Schamgefühl die Wiedersehensfreude fest im Schwitzkasten hielt. Es kam mir vor, als ob Häppie an meinem dreckigen Parka ablesen konnte, was ich dachte, als er das Schweigen brach und sagte: »Mach dir um deinen Aufzug keine Gedanken. Ich nehme dich später mit auf die Ranch, dort werden wir schon etwas Passendes für dich finden.«

Seine Worte brachten mein Sprachzentrum wieder in Gang, und ich erwiderte: »Was meinst du mit ›Ranch‹, hast du etwa eine Villa geklaut, oder was?«

»Villa könnte man es auch nennen«, sagte er und grinste. »Vielleicht auch Villa Kunterbunt, weil die meisten Bewohner nämlich ständig blau sind. Jetzt gehen wir erst mal zusammen ins Kaufhaus Kraus, setzen uns gemütlich hin und trinken was. Bei der

Gelegenheit kannst du mir dann in aller Ruhe erzählen, wer dich so übel zugerichtet hat.«

Diese Frage hatte ich mir schon oft gestellt: »Wer hat dich so zugerichtet?« Ich meine, abgesehen von den Schlägen, die ich heute morgen bezogen hatte, stellte ich mir diese Frage immer öfter. Rein äußerlich betrachtet, hatte ich mich selbst so »zugerichtet«. Schaute ich aber nach innen, so fand ich dort ein großes Fragezeichen. Den Versuch, die Schuld für mein Elend anderen in die Schuhe zu schieben, hatte ich mittlerweile aufgegeben. Letzten Endes war ich ja selbst schuld, daß ich ein Penner geworden bin. Ich fühlte mich schuldig im Sinne der Gesellschaft. Schuldig, daß ich von Kind auf labil und verletzlich war. Schuldig, daß ich nie die Möglichkeit bekam, Selbstvertrauen und Selbstwertgefühle zu entwickeln. Schuldig, daß ich schon als Kind geschlagen und mißhandelt wurde und ebenfalls schuldig, daß ich deshalb Angst vor Menschen bekam.

Das Leben hüllte sich in die Robe des Staatsanwaltes, der mich anklagte, mein Leben vertan zu haben. Die Gesellschaft saß auf der Geschworenenbank und erkannte einstimmig auf schuldig. Mein Pflichtverteidiger war die Menschlichkeit, und der schloß seine Akten, weil sie wertlos waren. Er drückte sie mir in die Hand, und ich warf einen Blick hinein. Ich habe die Akte so lange gelesen, bis die Worte vor meinen Augen verschwammen. Ich gab die Akte meinem Richter, der mich in Ketten abführen ließ.

Häppie befreite mich aus meinem philosophischen Wirrwarr, als er sagte: »Komm, Tommy, geh auf die Bahnhofstoilette und wasch dir wenigstens das Gesicht, und wenn du fertig bist, geb ich einen aus zur Feier des Tages.«

Es hatte in letzter Zeit wirklich nicht viel zu feiern gegeben für mich, so machte ich schnell, um mir das Gesicht zu waschen. Der Spiegel in der Bahnhofstoilette glänzte durch Abwesenheit, und es roch nach abgestandenem Urin, süßem klebrigem Schweiß und kaltem Rauch. Ich drehte den Wasserhahn auf und wusch mein

Gesicht, das inzwischen wie Feuer brannte. Ich tastete meine Nase und meinen rechten Backenknochen mit den Fingerspitzen ab, und ich spürte, wie mein Herzschlag in beiden pochte. Es ging darin zu wie im Uhrwerk einer alten Standuhr, und mir wurde wieder schwindlig. Als ich mir mit den Fingern die Haare kämmte, fiel mein Blick auf einen Toilettenspruch, der mehr an die Wand gemalt als geschrieben wurde: Du bist, was du pißt. Ich mußte dem unbekannten Verfasser recht geben.

Kaum war ich wieder draußen, lief mir auch schon Rolf entgegen, der mich um fünf Mark anpumpte. Ich gab sie ihm, und fröhlich erklärte er mir, daß er jetzt zum Lips gehen wollte, einen draufmachen – mit fünf Mark.

Häppie winkte mir zu, und zusammen gingen wir ins Kaufhaus Kraus. Das Kaufhaus Kraus wurde 1975 auf dem Platz erbaut, wo früher die alte Löwenstube sich von der Theodor-Ludwigstraße bis zum Marktplatz erstreckte. Nur der alte Torbogen ist noch unversehrt. Er wurde in das neue Gebäude mit einbezogen. In alten Zeiten, als die Gegenwart noch weit vor mir lag, war ich einmal ein gern gesehener Gast in diesem Restaurant gewesen. Wo ich früher einmal herzlich empfangen wurde, war ich jetzt höchstenfalls noch geduldet, und man sah mich lieber gehen als kommen.

Ich wundere mich bis heute, daß mich damals niemand rausgeschmissen hat. Ich versteckte mich hinter Häppies breitem Kreuz, als wir das Ende der Rolltreppe erreichten, die zum Restaurant führte. Ich kam mir vor wie ein Eierdieb, als ich an einem freien Tisch Platz nahm und wartete, bis Häppie mit seinem Tablett von der Selbstbedienungstheke zurückkam. Er stellte das Tablett ab und fragte: »Sag mal, Tommy, wann hast du eigentlich das letzte Mal was gegessen? Du siehst aus, als ob du jeden Augenblick von den Rippen fällst.« Ich nahm meine Bierflasche, goß mein Glas voll, sah ihn an und entgegnete: »Ich muß vorsichtig sein mit meiner Ernährung. Die Galle treibt alles, was ich esse, immer gleich nach oben. Die letzte Mahlzeit bestand aus einer

Tüte Kartoffelchips, und ich bin froh, daß ich sie unten behalten konnte.« Sein Gesicht wurde ernst, als er mich aufforderte: »Nun erzähl mir mal, wer dir so übel mitgespielt hat.«

Ich raffte meine fünf Sinne zusammen und erzählte ihm die ganze Geschichte bis ins kleinste. Als ich geendet hatte, zog er sanft an meinem langen Bart und sagte: »Kann man dich denn keine fünf Jahre lang alleine lassen, ohne daß man sich Sorgen machen muß?«

Ich war froh, daß er mich nicht fragte, wie das alles begonnen hatte, denn ich war plötzlich viel zu müde, um ihm darauf zu antworten. Ich ließ den Kopf hängen und schwieg in mein Bierglas. Jetzt spürte ich die Schmerzen wieder. Mein ganzer Körper war ein einziger pochender Schmerz. Meine Hände und Füße waren die reinsten Eiszapfen, und im Kopf hämmerten die Schmerzzellen auf dem Gehirn herum wie auf einer Sambatrommel. Im Nacken zog sich ein bohrender Schmerz abwärts zu den Rippen, in denen es nur so stach und spannte. Die Geräusche um mich herum nahm ich nur noch zum Teil wahr und schaute wie benebelt in die Runde. Ich mußte schon sehr viel Mut aufbringen, um die Leute anzuschauen, die sich im Restaurant befanden, weil ich befürchtete, erkannt zu werden – und das wurde ich auch. Von einem der Tische grölte es plötzlich herüber: »He, Steiger, kannst du dir keine Rasierklingen mehr leisten, oder was?«

Nicht daß es mich wie ein Blitz getroffen hätte; ganz im Gegenteil. Ich hatte mich daran gewöhnt, daß ich verspottet und beleidigt wurde. Ich blickte in die Richtung, aus der das Gegröle kam, und entdeckte einige Kerle beim Kartenspielen. Sie lachten und schienen sich über mich lustig zu machen. Ich guckte aus dem Fenster und dachte über die Typen nach, denen das Leben die Berechtigung gab, mich zu beleidigen. Ich addierte sie zu all den anderen Menschen, die mich je beleidigt hatten. In ihren Augen war ich ein menschlicher Schandfleck. Ein Stück Dreck auf zwei Beinen, das man nur allzugern mit Dreck bewarf.

35

Machte es sie glücklich, wenn sie mich beleidigten? Ich glaube nicht. Ich glaube auch nicht, daß es ihrem Ego diente, das sie hochzuschrauben versuchten, indem sie mich auslachten. Ich denke ganz einfach, daß solche Menschen vergessen haben, über sich selber nachzudenken. Wenn man über sich nachdenkt, ist man ehrlich zu sich selbst. Man gelangt mit viel Glück zu der Erkenntnis, daß, wenn man mit Dreck schmeißt, man sich selber schmutzig macht.

Schweigend saß ich da und versuchte meine Gedanken zu ordnen, als es von neuem ertönte: »Steiger, du Penner! Geh auf den Friedhof, und bleib gleich liegen. So spart sich die Stadt wenigstens die Kosten für dein Begräbnis!« Ein anderer meinte: »Versuch's mal mit Waschen, und wenn das nichts nützt, nimm Hammer und Meißel, ha ha ha.«

Ich wußte nicht, wer sie waren oder wo ich sie hinstecken sollte; ich wußte nur, daß es unvermeidlich war, was jetzt geschah: Ich versuchte Häppie erst gar nicht aufzuhalten – es hätte ja doch nichts genützt. »Jetzt werd ich die mal ein bißchen Friedhofsluft schnuppern lassen, sie betteln ja geradezu danach«, sagte er und stand auf.

Im Slalom ging er um die Tische herum und baute sich vor der Kartenspielergemeinde auf. Plötzlich war absolute Ruhe, und man hätte eine Stecknadel fallen hören können. Von den Gästen im Restaurant war nur noch das Klappern und Klirren des Bestecks zu hören. Ich schaute angespannt zu dem Tisch hinüber, der jetzt im Zentrum der Aufmerksamkeit stand, und wieder einmal wurde ich Zeuge menschlicher Mißverständnisse. – Man hat ja alles nicht so gemeint, und es war doch alles nur ein Spaß etc. etc. (Außerdem konnte man ja nicht damit rechnen, daß mein Gegenüber so groß und breit war.) Häppie nahm den Wortführer beim Kragen und schleppte ihn zu unserem Tisch. Das Hemd hing ihm aus der Hose, und seinen Jackenkragen hatte Häppie ihm über den Kopf gestülpt.

Wie ein kleiner Junge, dem das Eis aus der Hand gerutscht ist, stand er vor mir und sah mich blöde an.

»Du sagst jetzt deinen Spruch auf, und dann scherst du dich mit deinen Arschlöchern raus hier! Hast du das verstanden, du Wichser?« Der Kerl zitterte wie Espenlaub, und ich dachte, jeden Augenblick pißt er sich die Hosen voll. Mit einem Frosch im Hals sagte er: »Wirklich, Thomas, ich habe es nicht so gemeint, und es ... es tut mir leid. Ich kenn dich ja noch von früher, vom Big Charly her, und ich weiß, daß du eigentlich ganz in Ordnung bist.«

Ich schaute genau in sein Gesicht und erinnerte mich, daß er früher einmal dieselbe Stammdiskothek besuchte wie ich. Mich konnte an diesem Tag nichts mehr aus der Bahn werfen, deshalb sagte ich gleichgültig: »Alles, was du von mir kennst oder über mich weißt, ist ein Scheißdreck, mein Junge. Du bist heute noch genauso gescheit wie früher, und jetzt ist es besser, du läßt mich in Ruhe.« Häppie stieß ihn von sich, daß er stolperte. Mit wackligen Knien erreichte er seinen Platz, um seine Sachen zu packen. Seine Kumpels standen nun ebenfalls auf, und zusammen gingen sie schnellen Schrittes Richtung Ausgang. Die Gäste fingen wieder an, sich zu unterhalten, und taten so, als ob nichts geschehen wäre. Häppie zog sich seine Trainingsjacke an, trank sein Bier aus und sagte: »Los, Tommy, hauen wir ab hier; ich nehm dich jetzt mit runter auf die Ranch, dort hast du wenigstens deine Ruhe vor solchen Arschlöchern!«

Ich zwängte mich in meinen Parka und folgte ihm. Ich wußte zwar immer noch nicht, was er mit der »Ranch« meinte, aber ich sollte sie kennenlernen; ich lernte sie so gut kennen, daß ich sie bis heute nicht vergessen kann.

* * *

Die Karl-Friedrichstraße wird in Niederemmendingen, dem nördlichen Stadtteil Emmendingens, sarkastisch »Idiotenrennbahn« genannt.

Warum sich die Emmendinger Bürger in diesem Teil der Stadt

selbst diffamieren, habe ich nie verstanden. Als B3 schlängelt sich die Idiotenrennbahn aus südlicher Richtung auf das Emmendinger Tor zu, das sie nach Niederemmendingen führt. Sie ist eine der vielen Hetz- und Streßstraßen in Emmendingen. Auf beiden Seiten der Straße sind diverse Geschäfte, Firmen und Kneipen, die die Straße bis an den nördlichen Ausgang der Stadt begleiten. Mitten auf der Idiotenrennbahn befindet sich das Amtsgericht, hinter dessen heller und freundlicher Fassade Justitia und ihre Jünger zu Werke gehen.

Gegenüber vom Amtsgericht steht das alte Goethe-Gymnasium. Auf mich wirkt das Gebäude wie eine altehrwürdige Majestät, die noch nie ihre Kleider gewechselt hat. Heute gehen dort nicht mehr Gymnasiasten durch die Türen, sondern Sonderschüler.

Der Kiosk, der vor dem alten Goethe-Gymnasium steht, stand schon zu meiner Kinderzeit an der Straße. Heute steht er etwas weiter hinten und ist, wie der Bahnhofskiosk, zum Treffpunkt der Stadtstreicher und Saufbrüder geworden. In seiner heutigen Form gleicht er eher einem kleinen Selbstbedienungsladen als einem Kiosk.

Als kleiner Bub hatte ich mir hier meine Taschengeldträume verwirklicht. Ich kann mich noch sehr gut an die kleine bucklige Frau erinnern, die mir die Süßigkeiten immer in kleine braune Tüten verpackte, auf denen rote Blüten abgebildet waren.

Häppie und ich blieben vor dem Kiosk stehen, denn ich brauchte dringend Tabak und etwas Wegzehrung. Ich kaufte eine Flasche Weinbrand und zwei Flaschen Wein als Nervennahrung. Der Tag war noch jung, und die Nacht würde wahrscheinlich lang werden. Häppie deckte sich ebenfalls ein. Als ich sah, wie er sich die Jacken- und die Hosentaschen mit Flachmännern vollstopfte, begann ich über ihn nachzudenken. Er hatte zwar früher hin und wieder mal einen draufgemacht, aber er hatte sich stets im Griff, und seine gepflegte Erscheinung ließ auch nicht die Spur eines Verdachts aufkommen, daß er etwa abhängig sein konnte. Als

Sohn eines Kneipenwirts aus Weil am Rhein kam er schon sehr früh mit Alkohol in Berührung. Noch heute hat er einen leichten Schweizer Akzent. Er war der jüngste von fünf Brüdern und mußte früh lernen, sich gegen sie zu behaupten. Die Leistungen, an denen er gemessen wurde, bestanden aus: sich durchsetzen gegen alles und jeden; niemals Schwäche zeigen und immer mit dem Kopf durch die Wand. Er wurde stets nur nach seiner Körpergröße beurteilt, nie nach seinem Herz. So mußte er von Kindesbeinen an gegen sich selber kämpfen, so daß er bis heute eine zwiespältige Person geblieben ist.

Es gelang ihm sehr gut, diese Zwiespältigkeit zu kaschieren, denn wenn er in seinem Element war, konnte er eine ganze Kneipe alleine unterhalten. Ich bemerkte sehr schnell, daß er irgend etwas verbarg, und das zog mich zu ihm hin. Außerdem bewunderte ich ihn wegen seinem Allgemeinwissen. Der Kerl wußte Dinge, die ihm keiner zugetraut hätte. Wir sprachen über Musik und Literatur; wir diskutierten über Poesie und Romantik. Wir philosophierten über die Liebe und unser Verhältnis den Frauen gegenüber. Ich sah in ihm immer mehr den großen Bruder und war stolz, der einzige zu sein, dem er sich so öffnete. Er war ein großer breiter Grizzly mit dem Herzen eines Teddybären.

Jetzt stand er mit mir an diesem Kiosk, und ich spürte, daß es da eine Sache gab, die ihn verändert hatte. Auf geradezu groteske Weise wirkte dieser große Mann gebrochen. Es war nicht meine Absicht, in ihm rumzuwühlen, und so ließ ich die Sache auf sich beruhen. Ich wollte abwarten, bis er selbst anfing, darüber zu reden.

Er trank sein Bier aus, sah mich an und sagte: »Wenn wir unten auf der Ranch sind, werde ich mich mal mit dem Drenk unterhalten; vielleicht kannst du eine Zeitlang bei ihm wohnen – na ja, wir werden sehen.« Wir machten uns auf den Weg und bogen in die Neustraße ein. Mein böser Verdacht bestätigte sich mehr und mehr, als wir durch die Bahnunterführung gingen. Wir brachten den Anstieg jenseits der Unterführung hinter uns und standen jetzt oben auf der Straße, die nach Teningen führte. Da lag sie vor mir, die »Ranch« – das verwahrloseste Haus in ganz Emmendingen. Der Treffpunkt krimineller Elemente und Tummelplatz sämtlicher Asozialen; das Paradies der Säufer und Herumtreiber, im Volksmund auch abwertend »Kaibengrün« genannt.

Ich hatte immer einen großen Bogen um diese Baracke gemacht. Im Laufe der Zeit hatte das Kaibengrün so einen schlechten Ruf bekommen, daß selbst die hartgesottensten Schläger und Banditen es mieden. Das Gebäude erinnerte mit seinem spitzen Giebeldach an ein in die Länge gezogenes Hexenhaus. Überall zeigten sich Mauerrisse, und die Fensterläden hingen schief in ihren Angeln. Es gehörte Mut dazu, die Treppe zu besteigen, die in das erste Stockwerk führte. Das Holz war brüchig und morsch geworden. Um die kleinen Kellerfenster wuchsen bereits Pilze, und die Fenster waren notdürftig zusammengenagelt worden. Um das Haus herum lagen leere Bier- und Schnapsflaschen. Hier und da konnte man die Rattenlöcher erkennen, die mit den Jahren in das Haus hineingefressen wurden. Es roch nach Abfällen und sonstigem Unrat. Vor der Hauswand lagen alte Dachlatten und diverses Holz zum Verbrennen. Ein fauliger Geruch stieg aus diesem Holzstapel.

Früher standen hier einmal sechs solcher Häuser, die man in den dreißiger Jahren erbaut hatte, um Flüchtlinge unterzubringen, die in den Kriegswirren obdachlos geworden waren. Die Gebäude wurden damals in Reihen zu je drei Häusern gebaut, die es erlaubten, daß sich jede Familie einen kleinen Kräutergarten anlegen konnte.

Damals waren unter den Bewohnern des Kaibengrüns auch Familien, die man früher schlicht fahrendes Volk nannte. Hier bot ihnen die Stadt die Möglichkeit, einen neuen Anfang zu finden. Das Kaibengrün war also eine Art Sprungbrett zurück in die Gesellschaft. Viele haben es geschafft, sich wieder zu integrieren, denn das Wirtschaftswunder machte in den sechziger Jahren auch vor dem Kaibengrün nicht halt. Trotz allem aber war es ein schwerer Weg, wieder herauszufinden. Das Kaibengrün entwickelte sich durch seine Abgeschiedenheit zu einer Art Stiefkind der Stadt. So hat man zum Beispiel erst in den sechziger Jahren damit begonnen, Kanalisationsrohre zu verlegen. Der Fortschritt kam regelmäßig mit Verspätung; aber lieber später als nie. Mit der Zeit aber entwickelte sich unter den Bürgern der Stadt ein regelrechter Widerwille gegen das Kaibengrün. Einige seiner Bewohner waren alles andere als biedere Bürger, die ihrer Arbeit nachgingen und Steuern zahlten. Die Bewohner der Siedlung wurden gemieden wie die Pest, und im Zuge der Stadtsanierung wurde das Kaibengrün in den siebziger Jahren dem Erdboden gleichgemacht. Wo es früher stand, verläuft heute eine Verbindungsstraße, die von Emmendingen nach Teningen führt. Ein einziges Haus hat man übriggelassen, das wie ein Mahnmal auf den früheren Zustand hinweist. Hier brachte man die Ärmsten der Armen unter. Der Ruf des Hauses wurde so schlimm, daß das Wort »Kaibengrünler« eine schwere Beleidigung war.

Jetzt stand ich hier oben und blickte auf das Haus hinab, das Häppie als »Ranch« bezeichnete. Häppie und ich gingen den schmalen verdreckten Fußweg entlang, der von ein paar Bäumen gesäumt wurde, auf das Haus zu, aus dessen Schornsteinen schwarzer Rauch aufstieg.

Ahnungslos lief ich mitten in die Hölle hinein.

2. Kapitel

Das Kartenhaus

Die Eingangsfassade des Hauses war so verschmutzt und verdreckt, daß ich mich wegen meines lumpigen Aufzuges nicht zu schämen brauchte. Die Eingangstür rechter Hand war zersplittert, und was früher mal braune Farbe gewesen sein mußte, wurde durch Qualm, Dreck und Ruß verfärbt.

Häppie wuchtete sich mit der Schulter dagegen, denn die Tür klemmte wie eine Hose in der Fahrradkette. Er trat ein und zog mich hinter sich her. Wir blieben im Raum stehen, in dem es nach verfaultem Obst und ranzigem alten Fett roch, dazu kam der alles durchdringende Mief von Nikotin, abgestandenem Alkohol und Männerschweiß. Ich machte die Tür zu, so gut es ging, drehte mich um und dachte, mich trifft der Schlag.

Das, was früher mal das Wohnzimmer gewesen sein mußte, hätte jeder Vandalenbehausung alle Ehre gemacht. Rechts neben der Tür stand ein alter verrosteter Kanonenofen, aus dem es knisterte und knackte. Dahinter, an die Wand gelehnt, standen, vom Erdboden noch feucht und verschmutzt, alte Bretter und Dachlatten, die langsam in der Hitze vor sich hin dampften. Rings um den Ofen verstreut lagen abgesägte Holzstücke, garniert mit Spänen, Reisig und rostigen Nägeln.

Die Wand hinter dem Ofen wurde von Rissen durchzogen, und an manchen Stellen schauten die Backsteine hervor, wo der Putz besonders stark abgebröckelt war. Die ehemals weiße Decke war rußverschmiert, und in den Ecken der Wände wuchsen graue Pilze, die aus grünem Schimmel hervorlugten.

Unter dem Sprossenfenster, das notdürftig im Rahmen gehalten wurde, stand ein ausgedienter vorsintflutlicher Gasherd, auf dem leere Bier- und Schnapsflaschen wie die Zinnsoldaten aufgereiht nebeneinander standen und einen deprimierenden Eindruck machten. Zur linken Seite des Fensters stand die Spüle oder was von ihr noch zu erkennen war. Auf ihr ruhten verbeulte Konservendosen, Essensreste in schmutzigem Geschirr und ein alter Kochtopf, in dem die Fäulnisbakterien ein Fest feierten. Im Abwaschbecken türmten sich alte, harte, grünschimmelnde Brotkanten und abgenagte Knochen. Über dem Becken hing ein Spiegel, der nur noch in seiner Mitte ein Wiedererkennen erlaubte. Neben der Spüle befand sich eine Art Küchenbuffet, dessen Hersteller wahrscheinlich schon längst gestorben war. Die Anrichte war dermaßen verstaubt, daß man nur ahnen konnte, was sich in den Vitrinen verbarg. Zwischen den Vitrinen standen leere Gläser, und alle waren sie verstaubt, da man sowieso nur aus der Flasche trank. Das Herzstück des Zimmers bestand aus einem Küchentisch, den die Müllabfuhr geliefert haben mußte. Knapp vor dem Küchenbuffet standen nebeneinander zwei Sessel, die früher einmal von Leder bezogen waren. Jetzt drückte sich dort nur noch der Schaumstoff durch handtellergroße Löcher. Die Sitzflächen waren durchgesessen und zerrissen. Ich blickte mich im Raum um und starrte von einer Ecke in die andere. Die Luft hätte man mit einem Messer schneiden können, ebenso den Gestank, der im Raum herrschte. Durch die Hitze, die der alte Kanonenofen von sich gab, wurde der Mief derart gesteigert, daß, wenn man das Fenster aufgemacht hätte, die Vögel von den Ästen der Bäume gefallen wären.

Mein Blick fiel auf den Bewohner dieser Bruchbude: Ich übertreibe wirklich nicht, wenn ich sage, daß sich mir ein wenig die Haare sträubten. Er saß hinter dem Tisch wie ein gestürzter König, dem seine Untertanen übel mitgespielt hatten.

Seinen rechten, unförmigen Fuß hatte er so über den linken Oberschenkel gelegt, daß es aussah, als hätte er statt Knochen Gummi in dem Fuß. Es war ein gräßlicher Anblick, und mir schien der Fuß eher zu einem Kleinkind zu passen als zu einem erwachsenen

Mann. Ein rabenschwarzer ungepflegter Rauschebart verdeckte sein verschwitztes schmutziges Hemd, das früher einmal weiß gewesen sein mußte. Als mein Blick auf sein Gesicht fiel, mußte ich mich festhalten. Wenn man mir gesagt hätte, daß Rasputin wieder auferstanden wäre, hätte ich gesagt: »Na klar doch, unten im Kaibengrün haust er und überlegt sich fieberhaft, wie er es Fürst Jussupow heimzahlen kann.« Er hatte stechende und alles durchdringende Augen. Diese Augen waren auch ohne Schmutz und Staub kohlrabenschwarz. Die Augenbrauen waren eine Zweitausgabe von Knecht Ruprechts. Seine lange Hakennase zeugte von unzähligen Schlägereien, denn sie mußte mindestens zweimal gebrochen worden sein; sie machte einen Knick, der in einer Kurve gegen die Stirn führte. Seine Lippen waren breit und wulstig, und die Backenknochen traten in slawischer Form aus dem Gesicht. Die Haare, die ihm ungekämmt ins Gesicht fielen, waren verfilzt und so von Dreck und Staub durchzogen, daß sie wie eine Perücke wirkten, die er sich jeden Morgen aufsetzte. Schulterlang standen sie mehr, als daß sie flossen, und wo sie seinen Bart berührten, stoben sie auseinander.

Natürlich hatte ich ihn längst erkannt, denn in Emmendingen war er eine Legende; eine traurige zwar, aber immerhin. Sein Name war Hartmut Keil, und kein Mensch wußte so recht, wo er eigentlich herkam. Gerüchte rankten sich um ihn. Einer Version zufolge soll er früher mal in der alten Emmendinger Ziegelei gearbeitet haben, solange sein Fuß noch heil war. Wenn man ihn auf seine Herkunft ansprach, wurde er schwermütig und sprach von Flucht, über die Russen, die Bomben und die Heimat, die er verloren hatte.

Hartmut litt unter einer verschleppten Kinderlähmung, die ihm dann in der Emmendinger Ziegelei den Rest gab – so erzählen es jedenfalls die Leute. Daraufhin wurde er sehr früh arbeitslos und mußte stempeln gehen. Sein verkrüppelter Fuß machte ihm dermaßen zu schaffen, daß er keine Arbeitsstelle mehr fand. Sein körperlicher und seelischer Zerfall war nur eine Frage der Zeit. Die kleine Rente reichte ihm hinten und vorne nicht; zuwenig zum Leben und zuviel zum Sterben. Als man ihm die kleine Einzimmerwohnung im Kaibengrün gab, fing er an, sich vollends gehenzulassen, und vegetierte nur noch vor sich hin. Der Alkohol hatte seinen Körper total zerstört, und kein Mensch im Kaibengrün hatte es je erlebt, daß er sich wusch. Er wußte auch nie, an welchem Tag der Woche er aufwachte, und vergaß sogar manchmal, wer die Leute um ihn herum waren. Er konnte sich keine Namen mehr merken, und immer wieder fragte er nach der Uhrzeit.

Es war unmöglich, ihm länger als ein paar Sekunden in die Augen zu schauen. Ich hatte das Gefühl, daß er in die Rumpelkammer meiner Seele blickte, in der sich die Angst an die Hoffnungslosigkeit klammerte. Ich mußte irgend etwas tun, um dem Bann seines Blickes zu entkommen. Meine Gedanken waren nicht mehr frei; mir war, als ob er jeden einzelnen davon lesen konnte, und ich fühlte mich nackt und hilflos wie ein Säugling auf der Waage.

Die Hitze im Raum wurde unerträglich. Ich wollte gerade meinen Parka ausziehen, als ich seine Stimme donnern hörte: »Wer hat dir erlaubt, deinen Kittel auszuziehen; willst du dich hier breitmachen, oder was?« Ich fuhr zusammen, denn diese Stimme ging mir durch Mark und Bein. Zuerst dachte ich, Viktor de Kowa in einem Wutanfall zu hören, und überlegte angestrengt, was ich ihm antworten sollte. Ich kratzte den Rest Mut von meiner Angst und räusperte mich wie ein Zeitungsverleger, als ich mit unsicherer Stimme erwiderte: »Aber nein, Grigorij Jefimowitsch, ich möchte nur in aller Ruhe meinen Weinbrand mit dir teilen und mich ein bißchen bei dir aufwärmen.«

Wieder dröhnte Viktor de Kowa: »Mein Name ist Keil, Hartmut Keil, hast du das verstanden, Jungchen; und nicht Willi Millowitsch, merk dir das!« Er hieb mit der Faust auf den Tisch, der erstaunlich sauber war. Seine Augen nagelten mich am Küchenbuffet fest. Ich fühlte mich von einer unsichtbaren Hand gefesselt, und meine Knie waren eben im Begriff nachzugeben, als ich die erlösende Stimme von Häppie hörte: »Mensch Keil, mach nicht so ein Theater hier! Du solltest froh sein, daß dich überhaupt jemand besucht in diesem Rattenloch. So, und jetzt hältst du das Maul und läßt ihn in Ruhe.« Keil brummelte etwas Unverständliches in seinen verfilzten Bart, nahm aber den Blick keinen Millimeter von meinem Gesicht.

Häppie setzte sich in einen der Sessel und streckte die Beine von sich. Ich kniff meinen Hintern zusammen und setzte mich ebenfalls in einen der zerrissenen Sessel. Jetzt brauchte ich unbedingt einen Schluck Schnaps, denn meine Nerven vibrierten wie die Drähte einer Starkstromleitung. Als ich die Weinbrandflasche aus meiner Plastiktüte befreite, hellte sich Hartmuts Gesicht ein wenig auf, und plötzlich wurde er freundlich: »Nenn mich, wie du willst und reich mir die Flasche rüber.« Sein Tonfall wurde um einige Oktaven niedriger, als er hinzufügte: »Ich hab das nicht so gemeint, ich bin es nur nicht gewohnt, daß fremde Leute zu mir rüberkommen.« Ich nahm einen großen Schluck aus der Flasche und reichte sie ihm: »Wenn zwei Mann in einem Boot sitzen, sollten sie aufhören zu schaukeln, vor allem, wenn beide nicht schwimmen können. Am besten ist, du vergißt die ganze Sache und läßt es dir schmecken.« Das ließ er sich nicht zweimal sagen: Er setzte die Flasche an seine Lippen, daß ich dachte, er wolle sie zum Nachtisch fressen. Halb leergetrunken stellte er sie auf den Tisch, sah mich immer noch abschätzend an und rülpste, daß die Heide wackelte. »Schön, daß du dem Nachwuchs auch eine Chance gibst und dich wenigstens solidarisch zeigst«, sagte ich zu ihm, nun doch etwas lockerer geworden. Rasputin wandte sich an Häppie und sagte: »Kannst du mir das mal auf deutsch übersetzen, ich glaube, der spricht chinesisch. Erst hält er mich für Willi Millowitsch, und jetzt soll ich ihm was zeigen; ich glaube, der hat ne Meise.«

»Schau im Lexikon unter S nach, dort findest du vielleicht auch das Wort ›saublöd‹, wenn du Glück hast.« Häppie stand auf, fütterte den Ofen mit ein paar Holzscheiten und fragte Rasputin, ob der Alte schon wach sei. Das war das Stichwort. Sie redeten nun ständig über den Alten, was für ein Idiot er sei und daß seine Launen immer schlimmer würden.

Ich holte eine der zwei Weinflaschen aus meiner Plastiktüte, drückte mit dem Daumen den Korken in die Pulle und sah Häppie nach, der den Raum verließ, um drüben an der Nachbartür zu rütteln, daß das Haus zitterte. Dann hörte ich eine fremde Stimme, die sich mit Häppie unterhielt. Ich verstand zwar nicht ein einziges Wort, aber ich spürte, daß Ärger in der Luft hing. Die Stimmen verebbten, und das Haus wurde von neuem geschüttelt. Auf einmal flog krachend die Tür auf, und ein Mann trat in den Raum. Er blickte sich um wie ein Feldherr, der die Lage eines Schlachtfeldes peilte. Er mußte schon in den Vierzigern sein und machte einen gepflegten Eindruck. Seinem Aufzug nach hätte er eher in eine gepflegte Kneipe gepaßt als in diese Bruchbude. In der grauen Stoffhose, die sorgfältig gebügelt war, steckte ein beiges sauberes Sporthemd, über dem er einen eleganten, modisch geschnittenen braunen Sakko trug. Ich hatte sein Gesicht schon einmal irgendwo gesehen. Angestrengt grübelte ich nach, aber ich konnte ihn nirgends einordnen. Ich spürte nur die Gefahr, die von ihm ausging. Instinktiv drückte ich mich tiefer in den Sessel, als er Rasputin fragte: »Sag mal, Hartmut, ist das ein Bruder von dir? So wie der rumläuft, könntet ihr direkt von derselben Mutter stammen.« Jetzt wußte ich, wo ich ihn hinstecken sollte. Diese Stimme erkannte ich ohne Zweifel wieder. Sie gehörte Günter Seiffert, der jetzt zur Eingangstür hinüberschrie: »Schlag ihm doch die Tür ein, Herbert! Der alte Depp schläft wahrscheinlich wieder mal seinen Rausch aus.« Seiffert sah wieder zu Rasputin rüber und wiederholte seine Frage eine Spur energischer: »Ich hab dich gefragt, aus welcher Mülltonne du diese Sau da gefischt hast! Krieg ich jetzt bald eine Antwort, oder soll ich noch deutlicher werden?«

Was jetzt folgte, paßte genausowenig ins Bild wie ein Pelzmantel in die Sauna. Rasputin bekam Angst – er bekam sogar fürchterliche Angst. Die Worte von Seiffert wirkten wie Schläge auf ihn. Er versuchte krampfhaft, seine Angst zu verbergen, doch das Zittern seiner Hände war nicht zu übersehen. Fast demütig antwortete er: »Ich ... ich weiß nicht, wer das ist, und ich habe ihn auch noch nie vorher gesehen, das mußt du mir glauben. Ich weiß nicht mal, wie er heißt; ich weiß nur, daß er komisches Zeug redet, aber frag mal den Dingsbums, der hat ihn mitgebracht.«

Es war einfach grotesk zu sehen, wie dieser Mann sich ängstigte. Er brach plötzlich zusammen wie ein Kartenhaus. Draußen polterte Häppie noch immer gegen die Tür des Nachbarn, den sie den Alten nannten.

Seiffert schaute angeekelt zu mir herab und sagte: »Du bist ja eine noch größere Drecksau als der da drüben!« Er zeigte mit dem Finger auf Rasputin und sagte weiter: »Wann hast du dich eigentlich das letzte Mal gewaschen, he???«

Die Befürchtungen, die mich schon die ganze Zeit gefangenhielten, verwandelten sich nun in panische Angst. Ich trank einen Schluck aus der Weinflasche, atmete tief durch und sagte mutig: »Schade, daß du dich nicht mehr an mich erinnern kannst, aber ich kann jetzt auf die Schnelle auch nicht wieder der sein, der ich mal war!«

»Der redet wirklich einen Scheiß zusammen«, sagte Seiffert und gab mir eine Ohrfeige, daß ich über den Sessel fiel.

Meine Nase fing an zu bluten, und in meinem Kopf gab es eine Explosion. Mir wurde plötzlich übel, und ich eilte zur Spüle, um mich lautstark zu übergeben. Rasputin stellte sich auf die Seite von Seiffert, als er zu mir rüber brüllte: »Mensch, kotz mir hier nicht die Bude voll, du Schwein!«

Erneut flog krachend die Tür auf, als Häppie hereinkam und fluchte: »Ich glaube, das alte Wrack steht auf. Sein Köter schleicht jedenfalls schon im Vorbau herum.« Erst jetzt bekam Häppie mit, daß ich gebeugt über der Spüle hing, und er wandte sich an Seiffert: »Hast du ihm eine gescheuert und wenn ja, warum?«

»Ich hab ihn was gefragt, und er hat mir die falsche Antwort gegeben, so einfach war das.«

»Du weißt wohl nicht mehr, wer das ist?«

»Keine Ahnung; ich kann mir auch nicht vorstellen, woher du ihn kennst, heruntergekommen, wie der ist.«

»Na, dann schau ihn dir mal genau an. Vor fünf Jahren habt ihr noch zusammen Brüderschaft getrunken.«

Seiffert ging in die Hocke und betrachtete mich wie ein Fossil aus prähistorischer Zeit. Er schüttelte den Kopf, sah Häppie fragend an und sagte: »Ich wüßte nicht, wann und wo ich mit dem mal Brüderschaft getrunken haben soll, das mußt du mir schon näher erklären!«

Wir hatten vor etwa fünf Jahren tatsächlich Brüderschaft miteinander getrunken. Es muß auf dem Emmendinger Weinfest gewesen sein, als ich ihn in der Begleitung von Häppie kennenlernte. Nur mit dem Unterschied, daß ich damals noch kein Penner war, sondern ein normales Mitglied der Gesellschaft und in deren Augen ein Mensch. Das Sprechen fiel mir schwer, denn mittlerweile hatte einer meiner Backenzähne seinen Geist aufgegeben. Was an diesem Morgen die drei Rowdies nicht geschafft hatten, brachte Seiffert mit einer einzigen Ohrfeige zu Ende. Schwerfällig trat ich von einem Bein auf das andere, lockerte den Zahn mit der Zunge und spuckte ihn ins Spülbecken, wo er gut aufgehoben war. An der Wunde saugend, sagte ich: »Im allgemeinen hoffe ich immer, daß mich keiner erkennt, doch eben wäre es mir sehr recht gewesen. Trotzdem, Häppie hat schon recht; wir haben uns damals köstlich amüsiert und haben im Laufe des Abends tatsächlich Brüderschaft miteinander getrunken. Kannst du dich nicht erinnern?«

Seiffert zog die Stirn in Falten und schien angestrengt nachzudenken. Er nagte auf seinem Daumennagel herum und schüttelte den Kopf. Er kratzte sich wie in Zeitlupe im Genick, und plötzlich starrte er mich ungläubig an. Nach einer längeren Betrachtung sagte er bestürzt: »Aber das gibt's doch nicht; ich erinnere mich jetzt ganz genau. Du warst doch der, der immer so gepflegt und modern angezogen war. Ja ja, auf dem Weinfest haben wir einen draufgemacht damals. Ich kann mich sogar daran erinnern, daß dir deine Manieren wichtig waren und du immer nur aus dem Glas getrunken hast statt aus der Flasche – Tommy ... äääh Steiger, ja genau – Thomas Steiger, aber um Gottes willen, was ist mit dir geschehen?«

Es gibt Situationen, da wundere ich mich noch heute, wie es Menschen fertigbringen, im Handumdrehen von einer Emotion auf die andere umzuschalten. Derselbe Mann, der mich eben noch als Drecksau betitelt hatte, spielte plötzlich den Fürsorglichen. Da es sich um eine Charakterrolle handelte, spielte er sie verdammt schlecht – ich konnte sie ihm nicht abnehmen. Im Wechselbad der Gefühle, mit dem er sich reinzuwaschen versuchte, suchte er vergeblich nach der Seife. Was hätte er davon gehabt, wenn ich ihm meine soziale Talfahrt geschildert hätte? Deshalb antwortete ich auf seine Frage nur knapp: »Das ist eine viel zu lange Geschichte, um sie in zwei, drei Sätzen zu erläutern.« Ich war froh, daß er den Mund hielt. Es schien, als würden völlig andere Dinge in seinem Kopf vor sich gehen. Außerdem hatte ich im Moment ganz andere Sorgen, als ihm das Drama meiner gesellschaftlichen Umwandlung zu schildern. Mein Zahnfleisch war eingerissen, und in meinem Mund loderte das Feuer der Schmerzen. Selffert wollte gerade etwas sagen, als es draußen plötzlich laut wurde. Da drehte sich langsam eine Tür in den Angeln, die seit Jahren kein Schmieröl mehr gesehen haben konnte. Es knarrte und quietschte, bis das Geräusch in einem blechernen, scheppernden Knall erstickt wurde – wahrscheinlich der Briefkasten.

Häppie war der erste, der reagierte: »He, Günter, der Alte ist aufgestanden! Na, der wird eine Freude haben, so brutal aus seinem Alkoholnebel gerissen worden zu sein.«

Ich stand immer noch mit zittrigen Knien und schweratmenden Lungen am Spülbecken. Die Wunde, die mein Backenzahn hinterließ, sprudelte unaufhörlich, und mit jedem Herzschlag wurde erneut Blut herausgepumpt. Von draußen vernahm ich jetzt das Bellen eines Hundes und das zahnlose Schimpfen eines Mannes, der seinem Akzent nach aus Berlin stammen mußte.

Häppie kam auf mich zu, bat mich, den Mund zu öffnen, und schaute hinein. »Hör zu, Tommy, der Alte reibt sich seine Krampfadern abends immer mit reinem Alkohol ein. Ich gehe jetzt rüber, hol uns ein paar Flaschen Bier und versuche ihn wegen des Lärms zu beschwichtigen, den ich vorhin gemacht habe. Wenn ich Glück habe, kann ich ihm etwas von dem Alkohol abluchsen. Am besten kommst du gleich mit, dann brauche ich mir nicht den Mund fusselig zu reden.« Mir war das alles nicht so wichtig. Viel wichtiger war mir die Frage, wie Häppie es geschafft hatte, auf diese Müllhalde von Absteige zu geraten; also sagte ich, so gut es ging: »Häppie, was zum Donnerwetter willst du hier unten? Das kann doch nicht der Traum sein, den du immer geträumt hast!?« Resigniert erwiderte er: »Das ist ebenfalls eine lange Geschichte, aber sie stammt aus einem Alptraum. Laß dich nicht durch meine saubere Wäsche und mein rasiertes Gesicht täuschen. Wenn ich mehr Zeit habe, werde ich sie dir erzählen. Im Moment mußt du aber erst mal wieder auf Vordermann kommen, und jetzt stell nicht so viele Fragen und komm einfach mit.« Er nahm mich bei der Hand, als wollte er einen ABC-Schützen über die Straße führen. So verließen wir Rasputins Residenz und schlurften zusammen in die Nachbarwohnung.

Die Bude vom Alten war eine Zweitausgabe von Rasputins Behausung, nur mit dem Unterschied, daß hier regelmäßig saubergemacht wurde. Ein riesiger Eßtisch, den man ausgezogen hatte, stand in der Mitte des Raumes. Davor waren etliche Stühle und sogar eine Festzeltbank aufgestellt. Auch hier mußte die Müllabfuhr der Möbellieferant gewesen sein, aber alles in allem war es recht gemütlich eingerichtet, und jedes Ding stand an seinem Platz. Das Wohnzimmer glich einer Art Schankstube, in der man es aushalten konnte. Rechts neben der Eingangstür saß auf einer ramponierten Schlafcouch ein Mann, der sich gerade ein paar Pillen in den zahnlosen Mund schob. Er erinnerte mich ein bißchen an den alten Zauberer aus der Fernsehserie Catweazle: Das Gesicht unter seinen feuerroten Haaren erinnerte an einen Kartoffelacker – zerfurcht und von Falten und Narben überzogen. Aus Nase und Ohren wuchsen ihm Haare, als hätte man sie eingepflanzt. Er wirkte dünn und zerbrechlich, wie Meißner Porzellan, und trotz allem erweckte er den Eindruck eines spartanischen Gladiators, dem es gelungen war, in Rente zu gehen. Ich glaube, er nahm mich gar nicht zur Kenntnis, als wir den Raum betraten. Seine wäßrigen Augen musterten Häppie von oben bis unten wie einen Lausbuben, den er auf frischer Tat ertappte, die Steinschleuder noch in der Hand. Wie aus einem verrosteten, durchlöcherten Blecheimer klang seine Stimme, als er Häppie anfuhr: »Siehst du den Günter hier, siehst du ihn?! Er hat mir eben seine Schulden bezahlt, und wie lange soll ich noch warten, bis du endlich deine bezahlst?!«

Häppie setzte sich auf einen der Stühle neben Seiffert, zückte seine Geldbörse und legte ihm zwei Zehnmarkscheine auf den Tisch. »Hier, damit du nicht verhungerst, du alter Halsabschneider!«

Ich stellte mich vorsichtshalber neben die Spüle, denn ich fühlte schon die ganze Zeit, wie sich mein Magen hob und senkte. Ich mußte mindestens einen halben Liter Blut geschluckt haben. Mir wurde hundeübel, und ich setzte mich auf einen Eimer, der mit Holzscheiten gefüllt war. Ich stützte das Gesicht in die Hände und wartete auf ein Wunder, das mich von den Blutungen erlöste, als ich Häppie sagen hörte: »Sag mal, Richard, hast du noch etwas von dem Alkohol im Haus, mit dem du dir abends immer deine Landkarten einreibst?«

Aus zahnlosem Mund schimpfte der Alte drauflos, daß ihm der Speichel nur so ums Kartoffelfeld flog: »Glaubst du eigentlich, du kannst hier machen, was du willst? Zuerst versuchst du mir die Bude einzureißen, daß ich dachte, das Haus stürzt ein, und jetzt verlangst du auch noch meine Medizin, verdammt noch mal. Brauchst du jetzt schon reinen Alkohol, um dich zu besaufen, oder reicht dir das Bier nicht mehr, das du jeden Tag in dich reinschüttest?!«

Jetzt herrschte auf einmal Totenstille im Raum, und ich sah etwas, was ich kaum zu glauben vermochte: Günter, der schon die ganze Zeit geschwiegen hatte, schaute unbeteiligt aus dem Fenster, und Häppie saß da und kaute verlegen an den Fingernägeln. Mich hatte der Alte noch immer nicht bemerkt. Aber wovor in Dreiteufelsnamen hatten die beiden solch eine Angst? Ich konnte mir keinen Reim darauf machen, außer daß der Alte irgend etwas in der Hand haben mußte, vor dem die beiden kuschten wie die Zirkuspferde.

Häppie rutschte unruhig auf seinem Stuhl herum und sagte etwas kleinlaut: »Siehst du den Typen da hinten an der Spüle? Er braucht ein wenig von dem Zeug, um sich den Mund auszuspülen. Sein Zahnfleisch ist eingerissen, sieht auf jeden Fall böse aus, und es hört und hört nicht auf zu bluten.«

Was der Alte darauf zur Antwort gab, möchte ich an dieser Stelle wirklich nicht wiederholen, aber mir drehte es schier den Magen um. Ich konnte deutlich fühlen, wie sich meine Poren öffneten und mir der kalte Schweiß den Körper runterlief. Das Schlucken war momentan meine Hauptbeschäftigung, und ich war krampfhaft bemüht, meinen Magen zu beruhigen. In meinen Ohren trillerten mindestens fünf Schiedsrichterpfeifen, und ich war überzeugt, daß mein Schädel jeden Augenblick platzen würde. Zusammengesunken saß ich auf dem Holzeimer und hielt mir instinktiv die Ohren zu. Der Fußboden verschwamm mir vor den Augen, und ich glaubte, an meinem eigenen Blut ertrinken zu müssen.

Der Weinkorken, der mich plötzlich am Kopf traf, kullerte gegen ein paar Briketts, die vor dem Ofen aufgestapelt waren, und riß mich aus meinem jammervollen Zustand. Ich schlug die Augen auf und sah den Alten gestikulieren wie einen Schimpansen, dem man eine Plastikbanane gegeben hat. Ich ließ die Hände sinken und hörte den Alten schimpfen: »Ja sag mal, bist du taub, oder hast du zuviel Dreck in den Ohren? Jetzt komm schon aus deiner Ecke raus, ich möchte gerne sehen, wer sich in meiner Wohnung aufhält!«

Der nennt diese Absteige tatsächlich Wohnung, dachte ich etwas benommen, bis mir wieder bewußt wurde, wer ich eigentlich war. Draußen fing es mittlerweile an zu regnen, und der Herbstwind fegte die Regentropfen gegen das Fenster, so daß ich froh war, überhaupt ein Dach über dem Kopf zu haben. Ich hatte das Gefühl, mich auf zwei Bällen zu bewegen, und war bemüht, die Balance zu halten, als ich in die Mitte des Raumes ging, um vor dem Alten stehenzubleiben. Da stand ich nun wie ein Rekrut vor dem Stabsarzt und wußte nicht, wohin mit dem Blick. Unbeholfen erhob sich der Alte von seinem Sitzkissen. Sein Gesicht war so dicht vor mir, daß ich die roten Äderchen in seinen Augen erkennen konnte. Das Bild vom Stabsarzt bestätigte sich, als er mir befahl, »das Maul zu öffnen«. Ich öffnete den Mund wie beim Zahnarzt und versuchte, Atmen und Schlucken unter einen Hut zu kriegen. Der Alte schaute in meinen Mund, als wollte er bis in meine Gedärme sehen. Er beugte sich zur rechten Seite der Couch hinab und kam mit einer kleinen bauchigen Flasche wieder nach oben. »Herbert, beweg deinen Arsch, und hol mir mal ein Glas aus dem Küchenschrank! Dem verpaß ich jetzt eine Roßkur, die er in seinem ganzen Leben nie wieder vergessen wird!« Häppie reichte ihm das Glas, und der Alte goß es halbvoll; dabei grinste er in schadenfroher Vorfreude. Vorsichtig setzte ich das Glas an meine geschwollenen Lippen, machte die Augen zu und stürzte die Brühe in einem Schluck in mich hinein. Ich dachte, der Teufel holt mich mit der

Gartenschere. Es war ein Gefühl, als hätte ich Flammen im Mund, die sich bis in den Rachen hinabfraßen. Das Wasser schoß mir in die Augen, daß es mir in wahren Sturzbächen die Wangen herunterlief. Ich kniff den Mund zusammen, daß meine Lippen weiß wurden, und versuchte angestrengt, durch die Nase zu atmen. Am liebsten hätte ich das Zeug runtergeschluckt, doch ich hatte meine fünf Sinne beisammen und konnte mich gerade noch beherrschen. Mit der Zeit legte sich das Feuer und machte einer wohligen Wärme Platz, die sich im ganzen Mund ausbreitete. Ich taumelte zurück zum Spülbecken, um mich der flüssigen Marter zu entledigen. Der Alte lachte schadenfroh, und ich wußte nicht, ob ich mich bei ihm bedanken oder ihn umbringen sollte. Ich reinigte das Spülbecken und setzte mich auf einen der Stühle.

Humor wird aus dem Schmerz geboren; wer auch immer das gesagt hat, hatte zweifellos recht, denn auch Seiffert und Häppie amüsierten sich über mich. Die Blutung ließ nun Gott sei Dank etwas nach, so daß ich wenigstens mitlachen konnte, obwohl mir zum Heulen zumute war.

Der Alte war gerade dabei, von diversen Kriegsverletzungen zu erzählen, als die Tür aufging und ein lebendiger Nußknacker in den Raum trat. Ich sah, wie seine Hände zitterten, und schloß daraus, daß er vollkommen nüchtern sein mußte. Er marschierte schnurstracks an uns vorbei und stieß die Tür zum Nebenzimmer auf. Dahinter verbarg sich ein Getränkelager, das es mit jedem mittleren Lebensmittelladen aufnehmen konnte. Da türmten sich ebenso viele leere Bierkästen wie hölzerne Weinkisten, die sauber aufgestapelt in einer Ecke standen. Der Nußknacker holte sich eine Flasche Bier aus der wohl letzten vollen Kiste und setzte sich zu uns an den Tisch. Er trat mit einer an Frechheit grenzenden Selbstsicherheit auf, die nicht so recht zu seiner Erscheinung passen wollte. Seinem Dialekt nach mußte er aus der Karlsruher Gegend stammen, und seinem Betragen nach gehörte ihm wahrscheinlich das ganze Haus. Das Röhren eines Hirsches bei Nacht hätte nicht durchdringender sein können als seine Stimme, die sich erkundigte, »aus welcher Narrenzunft« ich entsprungen sei.

Häppie erzählte ihm die ganze Geschichte, und als er geendet hatte, sah mich der Nußknacker neugierig an und stellte sich zu meiner Überraschung höflich vor: »Zu mir kannst du ruhig Frido sagen! Die meisten rufen mich zwar mit meinem Nachnamen, aber denen kann ich noch hundertmal erklären, daß ich der Frido bin – die scheren sich einen Dreck darum! Ich stamme aus Bad Wimpfen, weißt du, und dort hat man mich nur Frido genannt!«

Seine Selbstsicherheit paarte er mit einer Naivität, die nicht zu übersehen war. Sein Verhalten sollte wohl signalisieren: Nehmt mich bitte ernst, aber nicht zu ernst. Er nahm sich wahrscheinlich als einziger für voll und wußte doch zugleich, wie komisch er wirkte. Sein Schutzverhalten signalisierte: Tut mir nichts, dann spiele ich für euch den Clown, wann immer ihr wollt. Es gelang ihm, die Leute auf seine Seite zu bringen – und diesen oder jenen sogar gezielt zu manipulieren. Seine Menschenkenntnis mahnte ihn zur Vorsicht; und eben diese Vorsicht begründete sein schauspielerisches Verhalten. Sein Nußknackercharme war eine aufgesetzte Maske, die seine Harmlosigkeit unterstreichen sollte.

Mit seiner naiven Frechheit kam er jedesmal ans Ziel. Wenn der Alte etwa böse auf ihn war, weil er ihn wieder mal um das Wechselgeld betrogen hatte (er erledigte sämtliche Einkäufe für ihn), legte er Schwarzwälder Heimatmusik auf und stellte sich vor den Spiegel, um ein unsichtbares Orchester zu dirigieren. Die Ernsthaftigkeit, mit der er den Deppen spielte, wirkte dermaßen komisch, daß er im Endeffekt immer von sich ablenken konnte. So gelang es ihm meisterhaft, unangetastet zu bleiben.

Jetzt versuchte er mit wichtiger Miene, auf sich aufmerksam zu machen. Er beugte sich etwas näher zu mir rüber und sagte fast flüsternd: »Weißt du, ohne mich läuft auf der Ranch gar nichts. Wenn ich nicht jeden zweiten Tag zum Zentralkauf marschieren würde, gäbe es hier unten nicht einen Tropfen Bier – jeder ist zu faul zum Laufen, aber alle haben sie Durst.«

Der Alte klemmte sich ein weiteres Kissen unter den Hintern und sagte mürrisch zu ihm: »Wenn du schon dabei bist, große Sprüche zu klopfen, dann denk wenigstens an deinen heutigen Spaziergang, und nimm die leeren Kästen mit; mein Vorrat ist nämlich alle – acht Kisten Bier haben die gesoffen, und das in nur zwei Tagen, ist das noch zu fassen?!« Frido stand etwas schwerfällig von seinem Stuhl auf und jammerte über Schmerzen im linken Knie. Kameradschaftlich klopfte er mir auf die Schulter und bat mich, ihm zu helfen, die leeren Kisten rauszuschaffen. Ich erhob mich ein wenig taumelig und ging ihm zur Hand. Draußen vor dem Vorbau stand ein selbstgezimmerter Handwagen, auf dem alle acht Kästen Platz hatten, und gerade als wir sie festschnüren wollten, erschien Seiffert in der Tür und sagte zu mir: »Hey, Tommy, würde es dir etwas ausmachen, den Drenk zu begleiten; der braucht immer so lange, weil er sich überall mit jedem Idioten unterhalten muß, okay?!«

Wo hast du bloß deinen Charakter gelassen, dachte ich – erst schmiert er mir eine, daß ich die Engel im Himmel singen höre, und nun macht er auf freundlich. »Ich hatte sowieso nichts Besseres vor«, antwortete ich und ging in die Schankstube meinen Parka holen, um mich mit Frido auf den Weg zu machen. Frido schnappte sich den Handwagen, und ich lief neben ihm her. Als wir die Straße nach Teningen erreichten und das Haus hundert Meter hinter uns gelassen hatten, fing Frido an zu erzählen: »Vor dem Seiffert mußt du dich in acht nehmen! Der ist so unzufrieden mit sich selbst, daß er jeden dafür bestraft, der mehr Geld in der Tasche hat als er. Auf der Ranch hat fast jeder Angst vor ihm, außer dem Häppie und dem Alten. Der kommt immer geschniegelt und gebügelt hier runter und glaubt, sein Äußeres gibt ihm das Recht, uns zu beleidigen. Mir kann der schon lange nichts mehr vormachen mit seinem feinen Tuch und der gepflegten Erscheinung, die er an den Tag legt! Warum, zum Teufel, glaubst du, kommt er auf die Ranch? Wahrscheinlich hat er in der ganzen Stadt keine Freunde mehr, aus welchen Gründen auch immer – und da er sein Leben sowieso schon versaut hat, kommt er hier runter und spielt den großen Macker! Die Macht, die er auf der Ranch hat, genießt er in vollen Zügen und freut sich, wenn die Leute Angst vor ihm haben. Innerlich ist er verkommener als wir alle zusammen, aber keiner wagt es, ihm das ins Gesicht zu sagen!«

Ich hörte zu, ohne ihn zu unterbrechen. Nach ungefähr zwanzig Minuten bogen wir rechts von der Straße ab und steuerten auf den Zentralkauf zu. Den Wagen ließen wir vor dem Zentralkauf stehen und gingen zu einem Imbißwagen, der bei den Parkplätzen stand. Frido kramte in seiner Hosentasche, holte einen Hunderter heraus und sagte spitz: »Hundert Mark hat der Alte mir mitgegeben! So, und jetzt geb ich dir einen aus; du bist mir sympathisch, auch wenn du aussiehst wie eine Vogelscheuche. Weißt du, ich sage mir immer: leben und leben lassen! Erst der Mensch und dann der Anzug, damit bin ich bisher immer gut gefahren, und ich bin schon weit rumgekommen im Leben, das kannst du mir glauben!«

Er versuchte mich um den Finger zu wickeln, und das gelang ihm sogar sehr gut. Ich wehrte mich nicht dagegen, denn ich konnte mir meine Freunde schon lange nicht mehr aussuchen – außerdem war er mir ebenfalls sympathisch. Deshalb ließ ich es auch, ihm zu sagen, er solle sich in meiner Gegenwart so benehmen, wie er wirklich war. Wahrscheinlich spielte er den Naiven schon viel zu lange, um die Rolle einfach in ein paar Minuten ablegen zu können.

Als wir den Imbißwagen erreicht hatten, knurrte mir erstmals seit langem wieder der Magen. Zu einer Currywurst würde ich jetzt ganz bestimmt nicht nein sagen. Frido begrüßte das Wurstmädchen wie einen alten Kumpel und gab seine Bestellung auf. Während sie ihm eine Thüringer reichte, sagte sie: »Und was will dieser Lumpensammler, den du da mitgebracht hast?«

Frido lachte drauflos, als hätte sie einen guten Witz erzählt, doch ich hatte inzwischen die Schnauze voll. Es war zuviel für einen einzigen Tag. Normalerweise machte es mir schon lange nichts mehr aus, wenn mich die Leute beleidigten; doch diese blöde Kuh brachte das Faß zum Überlaufen. Ich spürte, wie der Zorn heiß in mir hochstieg und mußte etwas sagen, sonst wäre ich geplatzt. »Hast du heute schon mal in den Spiegel geschaut? Was glaubst du eigentlich, wer du bist, mit deiner schmierigen Schürze und deinem billigen Make-up, he?! Woher nimmst du die Frechheit, über mich zu urteilen? Wenn man selbst in die Hosen geschissen hat, sollte man seine Nase wenigstens unten behalten, du schmierige Schlampe, und jetzt leck mich am Arsch!« Frido bemühte sich, mich zu beruhigen, und es gelang ihm auch zum Teil; aber trotz allem war ich so in Rage, daß ich meinen Herzschlag bis zum Hals spürte.

Ich warf einen Blick in den Imbißwagen und stellte fest, daß das Wurstmädchen den Wagen verlassen hatte. Plötzlich ging im angrenzenden Holzbau die Tür auf. Im Rahmen der Tür erschien ein Mann in einem ölverschmierten Overall und sah mich drohend an. Hinter ihm stand das Wurstmädchen und gackerte wie ein Huhn, dem der Regenwurm geklaut wurde. »Dieser verdammte Scheißpenner hat mich blöd angemacht, Gerhard! Sag ihm, daß er verschwinden soll, der vertreibt mir sonst die ganze Kundschaft!« Der brave Gerhard, der wahrscheinlich wütend war, weil er seine Nachmittagspause unterbrechen mußte, schritt zur Imbißbude, packte ein paar Servietten von der Ablage und drehte sich um.

Mit dem, was er jetzt tat, konnte er mich an diesem Tag kaum noch mehr erniedrigen: Er legte sich sorgfältig die Servietten auf die Handflächen und kam auf mich zu. Der brave Gerhard packte mich, die Servietten um seine Hände, am Hemdkragen und sagte drohend: »Meine Hände sind zwar schon dreckig, aber sie sind von der Arbeit dreckig geworden, und ich will nicht, daß sie sich mit deinem Dreck vermischen, du Schwein, du verwahrlostes, und jetzt schau, daß du hier wegkommst, sonst garantier ich für nichts mehr ... los hau ab, du Penner!«

Dem Wurstmädchen stand die Enttäuschung ins Gesicht geschrieben, denn sie zerrte an Gerhards Overall und schrie: »Du hättest ihn zusammenschlagen sollen, diese Drecksau«, und an Frido gewandt, schrie sie weiter: »Wenn du den noch einmal mitbringst, kriegst du von mir auch nichts mehr, der gehört doch auf die Müllkippe!«

Frido war in der Klemme und versuchte die richtigen Worte zu finden: »Er hat es bestimmt nicht so gemeint; wenn er dich so gut kennen würde wie ich, dann wüßte er, daß du ganz in Ordnung bist. Aber ich möchte mich für ihn entschuldigen!«

Da war er wieder, der Lebenskünstler, und ich mußte gestehen, daß ich nicht wußte, was er wirklich dachte. Er wischte sich mit einer Serviette den Senf aus den Mundwinkeln, schlug mir auf die Schulter, und gemeinsam marschierten wir zum Zentralkauf zurück, wo die nächste Erniedrigung auf mich wartete. Frido, der ständig versuchte, mich zu beruhigen, und leise auf mich einsprach, schob mich in den Eingang, und wir kauften ein. Einen Kasten nach dem anderen trugen wir aus dem Laden, und als wir alle acht auf den Handwagen geladen hatten, kehrten wir zurück an die Kasse – Frido brauchte unbedingt Zigaretten. Das Zigarettenregal lachte mich an, und ich überlegte, ob ich mir zur Abwechslung nicht wieder mal eine Schachtel Marlboro leisten sollte. Für einen Penner sind Filterzigaretten der feinste Luxus, aber nach all dem Mist, den ich heute erlebt hatte, wollte ich mir selbst eine kleine Freude machen und eine Schachtel kaufen. Da ich noch warten mußte, bis Frido sein Zeug beisammen hatte, nahm ich eine Schachtel Marlboro aus dem Regal. Wie aus dem Nichts spürte ich plötzlich eine Hand auf der rechten Schulter und drehte mich erschrocken um. Hinter mir stand ein kleiner dicker Mann mit Halbglatze und Lederjacke – wahrscheinlich der Chef dieses Ladens. Die Jacke sah ziemlich neu aus und roch angenehm nach Leder. Er schwitzte wie im Hochsommer, wie eben dicke Leute so schwitzen, wenn sie mit einer neuen Lederjacke angeben wollen. Er krallte mir seine Wurstfinger in die Schulter und sagte in befehlsgewohnter Fistelstimme: »Das hast du dir so gedacht, Freundchen! Ich habe dich schon die ganze Zeit im Auge; aber bei mir gerätst du an den Falschen, das schwöre ich dir – die Zigaretten her, aber dalli!«

Ich versuchte mich zu beherrschen. »Ich wollte diese Zigaretten nicht klauen, verdammt noch mal, ich habe sie ja noch in der Hand; aber ich möchte wetten, daß Sie direkt darauf gewartet haben, Kommissar Maigret zu spielen. Sie wären ja enttäuscht gewesen, wenn ich die Zigaretten nicht in die Hand genommen hätte – Ihre Sorte kenn ich viel zu gut. Hast wohl zu Hause nichts zu melden, daß du hier den Löwen spielen mußt, was?!«

Meine heftige Gegenwehr ließ den Dicken unsicher werden, und sein strenger Blick verwandelte sich in die Knopfaugen eines Plüschhasen. Wie ein Vorschulknabe, der standhaft behauptet, sein Vater sei der Stärkste der Welt, krächzte er: »Das kannst du alles gleich der Polizei erklären, also spar dir deinen stinkigen Atem, du Penner, und jetzt gib die Zigaretten her!« Er nahm mir die Zigaretten aus der Hand und steckte sie als Corpus delicti in seine Jackentasche. Er war überzeugt, in diesem verbalen Tennisspiel soeben ein As geschlagen zu haben. Er war gerade im Begriff, mich am Arm zu packen, als ich ihm mit aller Kraft auf die Hand schlug. Ich stieß ihn von mir und schrie aus Leibeskräften: »Wenn du mich noch einmal berühren solltest, wirst du einen Grund haben, die Polizei zu rufen und den Krankenwagen ebenfalls, du miese Sau!« Niemals hätte ich Frido diese Charakterstärke zugetraut, doch plötzlich stand er auf meiner Seite und sagte in sachlichem Tonfall: »Seit zwei Jahren komme ich nun schon zu Ihnen und kaufe regelmäßig riesige Bestände an Bier und Wein! Ich gehöre zu Ihrer festen Stammkundschaft, aber wenn Sie weiterhin behaupten, daß mein Kumpel diese Zigaretten stehlen wollte, dann werde ich den Laden wechseln, merken Sie sich das!«

Dankbar über die plötzliche Hilfe von Frido wurde ich etwas ruhiger und sagte: »Frido, siehst du die Kameras hier überall in den Ecken?« Frido nickte und sagte: »Die haben sie schon lange hier drin, deshalb habe ich ja auch nie was ge ....«, abrupt brach er ab und biß sich auf die Lippen. Das peinliche Schweigen dauerte nur kurz, ehe ich weitersprach: »Also, noch mal von vorn: Die Kameras zeichnen alles auf, was in dem Laden so läuft; das kann Schweinchen Dick jederzeit abrufen. Wenn man die letzte halbe Stunde auf diesem Band abspielt, wird man ja sehen, daß ich mir nichts habe zuschulden kommen lassen. Die Zigaretten hatte ich ja noch in der Hand und nicht in der Tasche!«

Der Dicke lehnte sich an ein stählernes Weinregal und wischte sich mit seinem Taschentuch den Schweiß von der Halbglatze. Ich nutzte die Gelegenheit, in der er sein Maul hielt, ging auf ihn zu und sagte ganz leise: »Jetzt kannst du meinetwegen die Polizei rufen, Kommissar Maigret, aber du wirst dich selbst blamieren, du Arschloch!« Schweinchen Dick schnaufte noch immer wie eine Dampfwalze. Enttäuscht und wütend piepste er: »Mach, daß du rauskommst, du Mißgeburt, oder ich zeige dich halt wegen Hausfriedensbruch an ... und jetzt verschwinde, du Mistkerl!«

Ich war nicht gerade euphorisch, als Frido und ich den Laden verließen, aber eine gewisse Genugtuung verspürte ich doch. Unterwegs fing es an, heftig zu regnen, und ein schneidender Ostwind holte alle fünf Minuten neuen Atem, um uns den Regen ins Gesicht zu peitschen.

Völlig durchnäßt erreichten wir nach einer Viertelstunde die Ranch. Ich fror wie ein neugeborener Hund, und meine Kopfschmerzen machten sich auch wieder bemerkbar. Frido und ich lösten die Schnüre von den Kisten und luden sie vom Handwagen. Als ich die Tür zum Vorbau öffnete, empfing uns ein begeistertes Gejohle und Gegröle. Der Alte ließ die Wohnungstür offenstehen, damit der Zigarettenrauch besser abziehen konnte. Die Kaschemme des Alten glich nun einer mittelalterlichen Spelunke, denn in allen Ecken und Winkeln standen Leute, die offensichtlich schon sehnsüchtig auf uns gewartet hatten. Zwei abgerissene Typen mit abgewetzten Motorradjacken halfen uns, die kostbare Fracht hineinzutragen. Dabei sangen sie ein Sauflied nach dem anderen und klopften Frido mehrmals auf die Schulter. Der größere von den beiden trug eine Sicherheitsnadel im Ohr, an der ein kleines Kruzifix hin und her pendelte. Angestrengt versuchte ich einige von den Leuten zu erkennen. Ein paar von den Saufbrüdern kannte ich, aber sie erkannten mich nicht mehr. Viel zu lange war ich nicht mehr in diesem Stadtteil gewesen, und so betrachtete ich es als gutes Omen, nicht erkannt zu werden; denn so wie ich aussah, war ich wohl der einzige, der es zum Penner gebracht hatte und obdachlos in der Gegend rumlief. Das schwärzeste unter allen schwarzen Schafen, dachte ich bei mir. Mindestens fünfzehn Mann waren hier im Raum versammelt. Man konnte nicht alle als asozial bezeichnen. Bestenfalls traf sich hier das Fallobst der Gesellschaft, in dem ich mich als die verfaulteste Frucht fühlte. Sie alle waren auf der Straße des ordentlichen Lebens aus der Kurve geflogen. Sie lecken ihre Wunden mit Alkohol, und niemand fühlt sich dafür zuständig, sie zu verarzten – Menschen ohne Perspektive, ohne Arbeit und ohne Aussicht auf bessere Zeiten. Sie sind die Gescheiterten einer Zivilisation, die das Schwache nach außen drängt und absondert. Die Gesellschaft hat noch nie Rücksicht auf einzelne genommen und Nachsicht mit denen geübt, die auf der Schattenseite des Lebens aufgewachsen sind. Die Schwachen landen im moralischen Abfallhaufen.

Als die letzte Kiste Bier endlich verstaut war, stand ich schweratmend im Raum und rang mit pfeifendem Atem nach Luft. Das Gefühl, von allen angestarrt zu werden, ließ mich aufmerken. Die Stühle waren alle besetzt, deshalb setzte ich mich wieder auf den Holzeimer. Jeder Zweifel war ausgeschlossen: Die Gespräche verstummten, und alle starrten mich an wie eine Wachsfigur. Was ging hier nur vor sich? Draußen auf der Straße war ich es gewohnt, daß mich die Leute anstarrten wie einen Elefanten auf dem Eis, aber dieses Anstarren hatte etwas Eigenartiges an sich. Ich fühlte mich wie eine Maus, die zwischen den Tatzen einer Katze hin und her gestoßen wird. Nun wurde sogar die Musik leiser gedreht, als ob sie die Sicht beeinträchtigen könnte. Hier war irgend etwas im Busch; ich konnte mir zwar keinen Reim darauf machen, aber es mußte etwas geschehen sein, während ich mit Frido unterwegs war. Nur um irgendwie von mir abzulenken, zog ich meinen durchnäßten Parka aus und hing ihn an einen Besenstiel neben dem Ofen.

Wie eine Kerkertür, die nach vielen Jahren wieder geöffnet wurde, wurde die Stille nun unterbrochen: »Er ist es tatsächlich; Häppie, du hast recht, er ist es wirklich! Hey, Tommy, steh mal auf, das will ich mir genauer ansehen!«

Ich blieb auf dem Eimer sitzen und dachte fieberhaft nach, wer der Kerl sein könnte, der jetzt mit einem Cognacglas auf mich zukam. Nun war wieder alles so ruhig, daß die Stille mir in den Ohren weh tat. Sosehr ich auch in der Erinnerung kramte, ich konnte den Kerl nirgends einordnen, obwohl mir sein Gesicht bekannt vorkam. »Ja sag bloß, du kennst mich nicht mehr? Weißt du nicht mehr: Vor ein paar Jahren haben wir zusammen die Weiber reihenweise aufgerissen; ich bin's, der gute alte Jochen aus dem Wagenrad in Sexau!« Wie Unkraut, das langsam aus dem Boden schießt, setzte die Erinnerung an diesen Kerl wieder ein. Ich konnte ihn schon damals nicht leiden, als er sich ständig in meinem Windschatten aufhielt, nur um an den Kuchen zu kommen, von dem ich als Diskjockey jeden Abend genascht hatte. Er hing wie eine Klette an mir, um etwas von dem Licht abzubekommen, das mich allabendlich anstrahlte.

Der gute alte Jochen ist der gute alte Schmarotzer geblieben, dachte ich angewidert. Nicht, daß ich mich etwa vor ihm schämte:

Nein, dazu hatte ich nun wirklich keinen Grund; denn wer es bis auf die Ranch geschafft hat, dessen Leben dürfte auch nicht vom Feinsten gewesen sein.

Erleichtert nahm ich zur Kenntnis, daß das Geplapper wieder einsetzte. Der Alte schimpfte wie ein Rohrspatz mit Frido herum, der nicht wußte, welche Rolle er spielen sollte. Wie ein Geschenk nutzte ich die Regung der Leute und stand von dem Eimer auf; doch der gute alte Jochen versperrte mir den Weg. Er legte die Hand auf meine Schulter und sagte, so laut es ging: »Hör zu, Tommy, was auch geschehen sein mag, ich hol dich wieder aus der Scheiße raus – auf mich kannst du dich hundertprozentig verlassen; und jetzt saufen wir einen zusammen, und du erzählst mir, was ich für dich tun kann!«

Das leere Geschwätz, das ihn früher schon auszeichnete, wurde mir zuviel, und ich entgegnete: »Der einzige Gefallen, den du für mich tun kannst, besteht darin, daß du die Schnauze hältst und mich in Ruhe läßt!«

Ich zwängte mich an ihm vorbei und ging auf Häppie zu, der, die Füße von sich gestreckt, auf seinem Stuhl schaukelte. »Häppie, sei so gut und komm mal mit nach draußen, ich möchte dich etwas fragen.« Ich war mir sicher, daß er den Katalog meiner Vergangenheit aufgeschlagen hatte. Schwerfällig stand er auf und folgte mir zur Tür hinaus. Ich holte tief Luft und fragte ihn: »War das nötig, daß du dem ganzen Verein erzählen mußtest, wer ich bin?« Häppie schaute verlegen, und an seinem Schwanken erkannte ich, daß er nicht mehr so ganz nüchtern war. »Was ist schon dabei, Tommy, ich hab es ja nicht böse gemeint; außerdem hat Günter angefangen, von dir zu erzählen – ich habe die Dinge nur richtiggestellt. Komm, nun sei kein Frosch und krieg dich wieder ein, okay?«

»Ausgerechnet Jochen, dieser Schmarotzer; ausgerechnet der mußte erfahren, wer ich bin. Der hat doch jetzt nichts Besseres zu tun, als es überall rumzuposaunen, wen er in was für einem Zustand getroffen hat; am liebsten würde ich abhauen!«

66

Ich mußte raus hier; ich hielt es nicht mehr länger beim Alten aus. Die Fenster verschlossen, die Bude verqualmt und dann auch noch dieses Damoklesschwert, das Häppie aus der Scheide gezogen hatte. Ich kaufte zwei Flaschen Bier und ging hinüber zu Rasputin.

Mit einer alten rostigen Säge bewaffnet, hockte Rasputin neben dem Ofen und schnitt ein paar Dachlatten klein. Die Beine verrenkt, saß er auf dem Fußboden mitten im Sägemehl und sang das Lied vom alten Abraham. Es tat mir unendlich leid, ihn hier so allein sitzen zu sehen. Ich drückte ihm ein Bier in die Hand und sagte: »Deine Bude ist mehr oder weniger das Wartezimmer vom Alten, he?«

Noch nie hatte ich so traurige Augen gesehen. Auf irgendeine dumme Art und Weise fühlte ich mich auf einmal schuldig: Es stand nicht in meiner Absicht, ihn an seine Nichtigkeit zu erinnern, doch am liebsten hätte ich mir auf die Zunge gebissen. Er saß einfach so da, wie ein Clown, der in der Pause erfuhr, daß man ohne ihn weiterziehen wolle.

Als er bemerkte, daß ich ihn beobachtete, sammelte er sich wieder und erhob sich ruckartig. Obwohl er den rechten Fuß nachzog, bewegte er sich flink wie ein Schimpanse. Er ließ sich in den Sessel fallen, griff nach seinem Tabaksbeutel und sah mich abschätzend an. Wie bei einem Bären waren seine Gesichtszüge ohne Leben, aber seine Augen sprachen Bände; sie tasteten mich ab – soll ich ihm trauen oder nicht?

Ich wollte gerade ein anderes Thema anschlagen, als er mit der Faust auf den Tisch schlug, daß die Bierflaschen tanzten. Ich fühlte, wie mir das Adrenalin in die Adern schoß. Anstelle eines Donnerwetters, das ich nun erwartete, beugte er sich langsam über den Tisch und sagte leise: »Für diese Räuberbande bin ich nur interessant, wenn ich am Monatsende meine Rente bekomme; dann hocken sie alle hier drin, und ich muß sie füttern wie die Hunde. Ich weiß auch nicht, warum ich dir das sage, aber du bist der einzige, der mir in diesem Monat ein Bier mitgebracht hat, obwohl du vielleicht selbst nicht viel hast, was?« Die Antwort lag mir schon auf der Zunge, als von drüben ein Geschrei durch die Mauern drang, das nichts Gutes verhieß. Es hörte sich an wie eine Herde Rindviecher, die im Begriff stand durchzugehen. »Jetzt geht's wieder los«, sagte Rasputin, noch immer flüsternd, »wenn sie besoffen sind, schlagen sie aufeinander ein wie die Wilden; du wirst schon sehen.«

Einige Wortfetzen konnte ich verstehen: »Günter, laß sofort den Stuhl los! Du sollst den Stuhl loslassen, verdammt noch mal!« Da flog er auch schon krachend an die Wand. Jetzt bellte der Hund dazwischen, und gleich darauf war ein markerschütternder Schrei zu hören.

Die Tür zum Vorbau flog krachend an die Wand, und die laute Stimme von Häppie war zu hören: »Sei froh, daß er dir nicht an die Kehle gesprungen ist, du Arschloch! Wenn du es noch einmal wagen solltest, hier runter zu kommen, breche ich dir das Genick, darauf kannst du dich verlassen!« Dazwischen war das Stöhnen eines Mannes zu hören. »Oooh, mein Bein, ooohh, mein Bein, mein Bein.«

Durch die Wände vom Alten hörte ich nun Seiffert schreien: »Wenn er in fünf Minuten nicht verschwunden ist, komm ich raus und schlag ihn tot!« Die Tür des Vorbaus schlug wieder zu, um die Ruhe nach dem Sturm einzuläuten.

Jetzt war nur der regelmäßige Atem von Rasputin und mir zu hören. Tief im Sessel versunken, wartete ich darauf, daß irgend etwas geschah, als erneut die Tür vom Vorbau aufging. Ich wartete schon darauf, daß sie wieder krachend zuschlagen würde. Zu meiner Überraschung hörte ich nichts dergleichen; im Gegenteil: Die Tür wurde ganz normal geschlossen. Dafür flog die Tür zu Rasputins Behausung um so lauter auf, und Frido latschte herein. Er blieb mit zitternden Knien stehen und hielt sich am Küchenbuffet fest. »Hast du mal einen Schluck Weinbrand für mich, Tommy?

Der Alte will mir ums Verrecken nichts mehr geben, und ich brauch jetzt dringend einen Schnaps.«

Ich hatte so eine Ahnung, warum der Alte ihm nichts zu trinken gab, aber ich war neugierig, ob er mich belügen würde oder nicht, deshalb fragte ich: »Ich kann mir nicht vorstellen, warum der Alte dir nichts mehr geben sollte, wo du doch die ganzen Laufereien hast mit dem Bier.«

»Erstens, weil ich vergessen habe, ihm Tabak mitzubringen, und zweitens, weil er gemerkt hat, daß ich ihn beschissen habe!«

Langsam, aber sicher begann ich ihm zu vertrauen, daher reichte ich ihm die Weinbrandflasche und fragte: »Sag mal, was war denn eben da drüben los? Den Krach konnte man sicher bis auf die Straße hören!«

Frido setzte sich neben mich, nahm einen Schluck aus der Flasche, räusperte sich und sagte ärgerlich: »Schon tausendmal habe ich dem Dietmar erklärt, er soll seine Finger von den Bierkisten lassen; aber was macht der Idiot: Er klaut eine Flasche aus dem Kasten und grinst auch noch blöd dabei. Wenn du dir sicher bist, daß der Alte nichts merkt, hast du dich geschnitten. Der hat immer ein Auge auf seinen Schnapsladen im Hinterzimmer gerichtet – aber das habe ich Dietmar auch schon hundertmal gepredigt; es mußte ja mal in die Hosen gehen. Der Alte hat einen Mordsaufstand gemacht und gedroht, seine Bude zu schließen; da war natürlich der Teufel los, und Günter war der erste, der mit einem Stuhl auf ihn losging. Dabei ist dieser Blödmann auch noch über Attilas Freßnapf gestolpert; du hättest mal sehen sollen, wie er an seinem Hosenbein hing. Der Köter hat ihm die halbe Wade abgerissen. Ich sage dir, der hat geschrien wie am Spieß, bis Häppie dazwischengegangen ist und ihn rausgeschmissen hat. Jetzt aber mal was anderes; Tommy, würde es dir etwas ausmachen, zum Alten rüberzugehen und was zu trinken zu holen? Mir gibt er ja doch nichts mehr, der alte Saftsack!«

Frido drückte mir einen Zehnmarkschein in die Hand, worauf ich wieder in die Höhle des Löwen ging. Der Alte hockte auf seinen zwei Kissen und fragte mich schadenfroh: »Na, was macht dein Maul? Ist es besser geworden, oder blutest du immer noch?«

Ich glaube, ich hätte ihm den größten Gefallen getan, wenn ich ihm gesagt hätte, daß ich immer noch Schmerzen hatte; also sagte ich: »Es hat Gott sei Dank aufgehört zu bluten. Was für deine Landkarten billig ist, kann für meine Schnauze nur recht sein!«

Die meisten Typen saßen um den Tisch herum und würfelten. Die anderen standen in einer Ecke und hatten ihre Köpfe Richtung Fernseher erhoben, um sich irgendeinen Stallone-Film auf Video anzusehen. Ich bezahlte meine fünf Flaschen Bier und verließ die Spelunke wieder.

Da ich die Arme voller Flaschen hatte, hämmerte ich mit den Füßen gegen die Tür. Nach ein paar Sekunden wurde sie mit solch einer Wucht aufgerissen, daß Frido den Halt verlor und fast gegen den Ofen geschleudert worden wäre. Rasputin fluchte wie ein Bierkutscher, und ich mußte lachen, als ich Fridos erschrockene Miene sah. Als er die fünf Flaschen in meinem Arm erblickte, beruhigte er sich wieder. Sogar Rasputin grinste jetzt über beide Ohren und sagte vergnügt: »Tritt ein, bring Bier herein!« Ich stellte die Flaschen auf den Tisch und erwiderte: »Na dann prost, wenn's nix kost.«

Ich war froh, daß Fridos Mißgeschick die Atmosphäre etwas entspannte, und sagte: »Sag mal, Frido, geht es hier jeden Tag so rund?« – »Solange diese Bande Geld in der Tasche hat, sind sie nett und freundlich. Aber wehe, sie sind blank, und du bist noch der einzige, der was hat; dann zerreißen sie dich wie die Hyänen. Du bist mir sympathisch, Tommy, und deshalb sage ich dir, es ist das beste, wenn du wieder gehst. Glaub mir, es ist eine Frage der Zeit, bis sie dich satt haben, und dann wärst du nicht der erste, den sie völlig grundlos zusammenschlagen. Was meinst du, wie oft der Krankenwagen schon hier unten war! Es wundert mich sowieso, daß in den letzten drei Monaten noch keiner auf dem Friedhof gelandet ist. Eins solltest du wissen, mein Freund: Die machen hier dieselben Unterschiede wie die Leute in der Stadt. Sie sortieren einander aus. Ich kenne jeden einzelnen von denen – Alkoholiker, Kriminelle, Bettler und Schlägertypen –, und sie gehen über Leichen, wenn es ihrem Vorteil dient.«

Frido holte tief Luft und fuhr fort: »Einer muß den anderen unterstützen, wenn der nichts mehr hat, so lauten die Gesetze hier unten. Solange man gibt, ist man beliebt bei dieser Bande, und nichts sonst zählt. Für Menschen wie dich haben sie kein Verständnis, du bringst ihnen ja nichts, und wenn du glaubst, deinesgleichen gefunden zu haben, dann hast du dich gewaltig getäuscht. Solltest du nur einem von denen zur Last fallen, machen sie dich fertig, daß du nicht mehr bis drei zählen kannst. Darum ist es besser, du gehst, solange noch Zeit dazu ist.«

Ich hätte ihn ernst nehmen sollen, dann wäre mir einiges erspart geblieben. Statt dessen unterbrach ich seinen Redefluß und sagte: »Du solltest nicht so übertreiben, Frido. Was glaubst du, was ich schon alles hinter mir habe: Ich wurde bespuckt, getreten, geschlagen und gedemütigt – in Waldkirch wurde ich sogar schon mit der Reitgerte von einer Parkbank verjagt. Jetzt bin ich erst mal froh, daß ich nach langer Zeit wieder einmal ein Dach über dem Kopf habe. Also, du siehst, daß mich so schnell nichts erschüttern kann.«

Wie von der Tarantel gestochen, stand er von seinem Platz auf und hob den Pullover, so daß ich seinen flachen, weißen Bauch sehen konnte. »Da, sieh dir das an! Siehst du die Narbe hier unten an der letzten Rippe? Schau sie dir genau an. Ich sage dir, woher ich sie habe, verdammt noch mal. Als mir die Stadt Emmendingen diese Scheißbude im ersten Stock zugewiesen hat, habe ich mich mit Händen und Füßen dagegen gewehrt, aber es hat alles nichts genützt. Es blieb mir also nichts anderes übrig, als meine Siebensachen zu packen und hier runter zu ziehen. Am Anfang haben sie mich abgetastet, wie auf dem Sklavenmarkt, und als ich mich weigerte, einen auszugeben, haben sie mich zur Begrüßung erst mal richtig zusammengeschlagen. Dabei hat irgend so ein Arschloch mir ein Küchenmesser hier reingestoßen«, er zeigte auf seine Narbe. »Wenn das Messer eine längere Klinge gehabt hätte, würde ich jetzt auf dem Friedhof liegen und die Radieschen von unten betrachten! Warum, glaubst du wohl, spiele ich hier den Deppen? Zum Spaß ganz bestimmt nicht! Ich habe sie alle kennengelernt, und mit der Zeit habe ich herausgefunden, wie ich sie zu nehmen habe. Mittlerweile lassen sie mich in Ruhe, weil ich der einzige bin, der sie mit Bier und Schnaps versorgt. Außerdem besitze ich die einzige Waschmaschine in dieser gottverdammten Baracke; jeder bringt mir seine dreckige Wäsche, und manchmal koche ich sogar für die ganze Sippschaft – das ist sozusagen mein Schutzgeld, das ich hier unten bezahle. Wenn ich dem Hartmut nicht jeden Tag was zu fressen runterbringen würde, müßte er vor Hunger krepieren, weil seine Rente nur drei Tage reicht; dann ist sie versoffen, und er versäuft sie nicht alleine, das garantier ich dir! Ist dir eigentlich klar, wo du dich befindest? Du bist hier im größten Dreckloch von Emmendingen, und den Herren im Rathaus ist es scheißegal, was hier unten geschieht!«

Ich streckte mich im Sessel aus und sagte leichthin: »Warum, zum Teufel, ist hier denn so ein Zulauf? Ich meine, da drüben beim Alten hocken mindestens fünfzehn Mann um einen Tisch herum, und wie mir scheint, sind sie alle bestens gelaunt; da, hör zu! Sogar die Oberkrainer sind zu Gast.«

Frido sah mich an wie ein Oberlehrer, der einem ABC-Schützen vergeblich versucht, das kleine Einmaleins beizubringen. Er seufzte: »Sag mal, Tommy, bist du so dämlich, oder tust du nur so? Der Alte ist der ungekrönte König hier unten. Er ist es, der mich alle zwei bis drei Tage zum Einkaufen schickt. Er kauft das Bier für einen Spottpreis ein, um es dann wieder für einen Spottpreis weiterzuverkaufen. Er bezahlt für einen Kasten zwölf Mark und verkauft ihn gewinnbringend für zwanzig Mark weiter. Sag doch selbst: Eine Mark für ein Bier ist doch heutzutage fast geschenkt, oder nicht? Außerdem schenkt er ja auch noch Cognac aus – billiger Fusel zwar, aber immerhin. Geht dir jetzt ein Licht auf, warum hier unten so ein Gedränge herrscht? Das ganze Gesindel von Niederemmendingen trifft sich hier. »Was glaubst du, passiert, wenn denen der Stoff ausgeht? Ich meine, wenn sie nichts mehr zu schlucken haben? Dann gehen sie aufeinander los wie die Hunde; wie oft habe ich es erlebt, daß sie sich fast gegenseitig umgebracht haben, bloß weil ihnen der Launenspender flötenging! Hier unten dreht sich alles nur um den Suff; den Rest kannst du getrost vergessen.«

Ich trank den letzten Rest aus meiner Flasche, kratzte mich im Genick und sagte: »Ich habe ja auch nicht vor, hier einzuziehen. Ich suche für diese Nacht bestenfalls ein Dach über dem Kopf. Ich habe jetzt schon einige Nächte im Freien hinter mir, und du kannst mir glauben, daß es zu dieser Jahreszeit verdammt unangenehm auf einer Parkbank ist! Die letzte Nacht habe ich im Goethe-Park verbracht, aber damit ist's nun auch Essig; denn heute morgen haben mich drei Halbstarke überfallen, denen es einfach Spaß gemacht hat, mir in den Arsch zu treten. Du kannst dir nicht vorstellen, wie angenehm es für mich wäre, wieder mal auf einer weichen Unterlage zu schlafen.«

Frido vergrub seine Hände in den Hosentaschen. Er blies seinen angestauten Atem aus und sagte mit sorgenvoller Miene: »Bei mir oben pennt schon der Werner, sonst hätte ich dich gern für eine Nacht aufgenommen ... es tut mir leid, Tommy; aber hier beim Hartmut wäre noch was frei. Hinten in seinem Schlafzimmer steht eine alte Schlafcouch, auf der könntest du ruhig mal für eine Nacht pennen, vorausgesetzt, Hartmut hat nichts dagegen!«

Rasputin wehrte sich zunächst heftig dagegen. Er wollte keinen Fremden aufnehmen, der mit ihm im selben Zimmer schlafen sollte, und er befürchtete, daß es zu einem Dauerzustand werden könnte, und und und ...

Frido redete auf ihn ein, während ich nach drüben ging, um Nachschub zu holen. Mit weiteren fünf Flaschen Bier bepackt, trat ich wieder ein, worauf Rasputin seine Meinung änderte und sagte: »Aber nur für eine einzige Nacht! Und jetzt reich mir mal 'ne Pulle rüber.«

Frido setzte sich neben mich, öffnete eine neue Bierflasche und prostete mir zu. Unterdessen holte Rasputin aus dem Fernsehschrank rechts neben sich eine kleine Konservendose. Umständlich öffnete er sie, und Sardinen in Öl kamen zum Vorschein. Hätte er es sich angewöhnt, auf das Haltbarkeitsdatum zu achten, wäre er drei Jahre später nicht qualvoll an einer Fischvergiftung gestorben.

»Na, Tommy, hast du es dir überlegt, was ich dir eben gesagt habe?« fragte Frido.

»Wenn es wirklich so schlimm ist, wie du erzählt hast, dann kratz ich morgen wieder die Kurve«, sagte ich bestimmt. Seine Fürsorglichkeit tat mir gut. Er tätschelte mir die Schulter und sagte erleichtert: »Denk daran, was ich dir gesagt habe, und laß dich nicht von der Bierlaune täuschen, die sie jetzt haben. Ich bin froh, daß du es eingesehen hast. Ich gehe jetzt wieder nach oben, dort habe ich wenigstens meine Ruhe; immer wenn es drüben so kunterbunt zugeht, gehe ich nach oben.«

»Wieso gehst du nicht zu ihnen rüber? Die amüsieren sich wirklich prächtig, und der Ärger scheint sich ja auch gelegt zu haben. Außerdem denke ich, daß du sie alle im Griff hast; was hält dich also davon ab?«

Zornig funkelte er mich an und schrie: »Ja glaubst du vielleicht, ich will den ganzen Abend den Idioten für sie spielen? Drenk, sing mal ein Lied – Drenk, erzähl mal einen Witz – Drenk, dirigier die Berliner Philharmoniker – Drenk, zeig uns deine Narben – Drenk, mach uns den Hans Moser – Drenk, mach dieses, Drenk, mach jenes! Weißt du, wer ich früher mal war? Hast du eine Ahnung, was ich alles hinter mir habe? Elf Jahre Fremdenlegion, mein

Lieber, wenn du weißt, was das bedeutet! Glaub bloß nicht, du weißt schon alles über die Menschen, nur weil sie dich verachten und dreckig behandeln! Wenn du meinst, die Gemeinheiten der Menschen sind erschöpft, wenn sie dich von Parkbänken und von den Straßen verjagen, dann hast du dich gewaltig getäuscht. Das, was du kennengelernt hast, ist bloß eine Handvoll, verglichen mit dem, was ich kennengelernt habe; also was weißt du? Ich sage dir, was du weißt – *nichts* und noch mal nichts!«

»Der Mensch ist von Grund auf böse, merk dir das, und keine Sau fragt danach, warum du so geworden bist! Stell dir mal vor, alle Menschen würden die Zehn Gebote einhalten; du kämst dir vor wie auf einem anderen Planeten, weil alles stinklangweilig sein würde. Diejenigen, die das moralische Banner tragen, halten es so hoch, daß sie selbst nicht mehr erkennen können, was darauf geschrieben steht. Wir sind das Fußvolk und latschen hinter ihnen her wie die Kuh hinter ihrem eigenen Metzger; die Augen immer auf das Banner gerichtet, dessen Buchstaben und Farben längst abgebröckelt sind. Den Rubikon der Gebote und Gesetze haben wir schon vor Jahrhunderten überschritten, und da kein Feind in der Nähe ist, bekämpfen wir uns eben selbst!«

Mit offenem Mund hörte ich ihm zu. Unwillkürlich fragte ich mich, was ein Mensch mit solchen Ansichten in diesem Wanzennest zu suchen hatte. Frido war von seinem eigenen Schwung so ergriffen, daß er sogar Rasputin ansprach, der gelangweilt auf einer Banane herumkaute. Fridos Wut auf meine Naivität war noch längst nicht verraucht, als er erregt fortfuhr: »Die Gesellschaft trachtet nur nach Wohlstand, du Idiot, und wir sind der menschliche Wohlstandsmüll. Weißt du, was man mit Müll macht? Man beseitigt ihn und schafft ihn auf die Müllhalde, und das hier unten ist so eine. Eine riesige Müllhalde voller menschlicher Abfälle; und weil wir nicht wiederverwertbar sind, läßt man uns verfaulen, verrotten und krepieren! Glaubst du etwa noch an das Gute im Menschen? Denkst du vielleicht, es hat etwas mit Nächstenliebe zu tun, wenn dir jemand eine Mark in den Hut wirft? Bist du so naiv, daß du glaubst, die Leute haben Mitleid mit dir – ein paar alte Omas vielleicht, ja, aber dann ist auch schon Schluß! Setz dich mal an einem Sonntagmorgen vor die Kirche, nach dem Gottesdienst? Weißt du, wer dich da verjagen wird??? Der Herr Pfarrer höchstpersönlich; denn der will ja seine Kirche sauberhalten. Wenn du Glück hast, gibt er dir fünf Mark und sagt, du sollst dir was zu essen kaufen – nichts da mit: Lasset die Kindlein zu mir kommen und dem ganzen Mist, den sie immer an Weihnachten predigen. Glaubst du vielleicht, daß die Pfaffen die Bibel ernst nehmen? Theoretisch vielleicht, aber in der Praxis? Frag mal nur so zum Spaß einen Theologiestudenten, wo er seine Bibel gelassen hat, und er wird dich dumm anschauen – so sieht die Realität aus und nicht anders, mein Lieber!« Angestrengt von seiner Moralpredigt, schwitzte und zitterte er erregt. Er trank sein Bier in einem Zug aus, knallte die leere Flasche auf den Tisch, zitierte den Götz von Berlichingen und schlug hinter sich die Tür zu. Apathisch saß ich da und versank in Resignation.

»... ihn an den Füßen aufgehängt; hast du gehört, Jungchen!«
Ich war dermaßen in Gedanken vertieft, daß ich Rasputin zuerst gar nicht hörte. Seine letzten Worte drangen wie aus einem Tunnel an meine Ohren. »Wenn du schlafen willst, dann geh rüber auf die Schlafcouch, und wenn du zuhören willst, dann hör mir jetzt zu!« fuhr er mich an.
Rasputin setzte eine geheimnisvolle Miene auf, die ihn noch unheimlicher erscheinen ließ, und wiederholte seinen letzten Satz: »Sie haben ihn an den Füßen aufgehängt!«
»Wen haben sie an den Füßen aufgehängt?« fragte ich irritiert.
»Na den Dingsbums, ääh, den, ääh, den Drenk; zwei Stunden mit dem Kopf nach unten, an den Füßen.«
Jetzt war ich wieder einigermaßen wach, doch da ich die Zusammenhänge nicht sogleich begriff, fragte ich ungläubig: »Was, man

hat ihn hier unten auf der Ranch an den Füßen aufgehängt? Aber warum, um Gottes willen?«

Er wurde ein wenig ungehalten und zischte: »Nicht hier unten, so schlimm sind sie nun auch wieder nicht! Irgendwo in Afrika, glaube ich; so hat er mir es jedenfalls erzählt. Da hat er scheinbar Wasser gestohlen und ist dabei erwischt worden. Ich weiß es auch nicht mehr so genau – ist ja auch schon lange her. Na ja, was soll ich sagen, die haben ihn halt erwischt und haben ihn zu einem Hauptmann geschleppt, und der hat ihn dann an den Füßen aufhängen lassen. Unter seinen Kopf haben sie noch Skorpione hingelegt und seitdem, äähh, kann er nicht mehr arbeiten, sagt er.«

Scheiß Fremdenlegion, dachte ich, als ich mir den restlichen Weinbrand in den Hals laufen ließ. Das erklärt allerdings einiges, fuhr ich in Gedanken fort. Der mußte ja den Glauben an das Gute im Menschen verlieren, und ich saß da und wußte nicht, ob ich ihn auch schon verloren hatte. Es gelang mir einfach nicht nachzuvollziehen, was Frido durchgemacht hatte. Mir wurde wieder schwindlig, und mein Magen fing erneut an zu rotieren. Außerdem hatte sich eine bleierne Müdigkeit in mich eingeschlichen, und so sagte ich zu Rasputin: »Hör mal! Ich leg mich jetzt rüber auf die Schlafcouch, wenn du nichts dagegen hast. Ich muß unbedingt ein wenig Schlaf kriegen, sonst kipp ich noch aus den Latschen.«

Rasputin brummelte etwas in seinen Bart, das ich nicht verstand, und ich ging in sein Schlafzimmer. Dort stand sie, die Schlafcouch, und am liebsten hätte ich auf dem Absatz kehrtgemacht, um draußen im Freien zu übernachten, wenn ich nicht so hundemüde gewesen wäre. Die Schlafcouch war in einem unbeschreiblichen Zustand. Ich weiß nur noch, daß ich alle hygienischen Bedenken über Bord warf und mich so, wie ich war, hinlegte, um volle zwölf Stunden durchzuschlafen.

Am nächsten Morgen wurde ich gegen halb zehn Uhr wach, und die Achterbahn in meinem Kopf setzte zu einer rasanten Fahrt an, die einfach kein Ende nehmen wollte. Mein Herz fing auch wieder an zu sprinten, und meine Nerven verkrampften sich, wie immer, wenn ich erwachte. Eine eiskalte Angst umklammerte meinen Geist, als ob sie ihn erwürgen wollte. Schweratmend versuchte ich aufzustehen; ich zitterte am ganzen Körper, und die Zähne schlugen wie im Dauerfrost aufeinander. Der kalte Schweiß lief mir in wahren Sturzbächen am Körper herunter, und meine Beine wollten ihren Dienst versagen. Schwankend hielt ich mich an der Wand fest, um nicht umzufallen. Ich spürte, wie mir die Galle heiß in den Magen schoß, und stürzte aus dem Haus, um mich zu übergeben. Auf unsicheren Beinen schleppte ich mich in den Wohnraum zurück und kramte in meinem Parka herum, den ich gestern abend auf einem der Sessel liegengelassen hatte. Entsetzt stellte ich fest, daß nicht nur mein Flachmann fehlte, den ich immer als eiserne Reserve bei mir trug, sondern auch mein ganzes Geld war geklaut worden.

Ich durchwühlte sämtliche Taschen – nichts. Wie ein Verrückter nestelte ich meine Turnschuhe auf, in denen ich manchmal Papiergeld aufbewahrte – nichts. Mir war so elend zumute, daß ich nicht mal eine Wut bekam. Die Entzugserscheinungen, die mich schüttelten, waren momentan das größere Problem. Wie ein Irrsinniger blickte ich mich im Raum um, auf der Suche nach irgend etwas Alkoholischem. Endlich – meine Augen saugten sich an der halbvollen Weinflasche fest, die in einer Ecke neben dem alten Gasherd stand. Ich entkorkte die Flasche und trank sie in gierigen Zügen bis zum letzten Tropfen aus. Ich atmete ein paarmal kräftig ein und aus und reckte die Arme in die Höhe. Der Alkohol öffnete meine Adern und Venen. Wie eine Zentralheizung verteilte die Droge ihre Wärme in meinem Körper. Mit noch immer zitternden Händen steckte ich mir eine Zigarette an und inhalierte den Rauch, als ob ich eine volle Minute unter Wasser gewesen wäre. Danach war mir bedeutend wohler, und ich konnte wieder klar denken. Mit dem klaren Denken kehrte auch mein Wahrnehmungsvermögen zurück, denn erst jetzt bemerkte ich, wer sich außer Rasputin noch im Raum befand: Der größte Taschendieb von ganz Emmendingen saß da in einem Sessel und grinste mir mit der Falschheit einer Schlange ins Gesicht. O ja, dieses Grinsen war mir vertraut; ich hatte es schon als Kind kennengelernt, denn wir waren Nachbarn. Noch nie hatte ich erlebt, daß er etwas gearbeitet hätte. Schon als Kind klaute er alles, was nicht niet- und nagelfest war. Von seinen Eltern bekam er mehr Prügel als zu fressen, und manchmal wurde er regelrecht mißhandelt. Hin und wieder konnte ich ihn durch die dünnen Wände schreien hören, wenn seine Mutter ihn wieder mal mit der Hundeleine grün und blau schlug. Bei ihm hatte ich immer das Gefühl, daß er es mit seinen Gaunereien allen heimzahlen wollte, die ihm übel mitgespielt hatten. Daß er sich damit selbst keinen Gefallen tat, schien ihm scheißegal zu sein – mal saß er im Knast, mal war er wieder draußen. Er lebte von einem Tag zum anderen und machte die Kneipen von Emmendingen unsicher. Für größere kriminelle Delikte fehlte ihm der Mut; also beschränkte er sich in der Hauptsache auf den Taschendiebstahl – in dieser Sparte entwickelte er sich zu einem wahren Künstler, und überall, wo er auftauchte, mußte man seine Brieftasche festhalten. Im Laufe der Jahre impfte er seinen Eltern ein schlechtes Gewissen ein, weshalb sie ihn immer wieder bei sich aufnahmen und verköstigten. Mit seinen Einmeterfünfundachtzig war er korpulent gebaut und erinnerte ein wenig an den jungen Jean-Paul Belmondo – nur war er nicht so charmant. Ich selbst hatte mit ihm nicht viel am Hut. Als wir noch Kinder waren, hatte er mich mal zusammengeschlagen, und das konnte mein Elefantengemüt einfach nicht vergessen. Wir hatten uns auch sonst nie viel zu sagen, wenn wir uns mal zufällig in einer Kneipe trafen – er lebte sein Leben, und ich lebte meins.

Als Houdini, wie er wegen seiner Fingerfertigkeit überall genannt wurde, endlich mit seinem dämlichen Grinsen aufhörte, sagte er:

»Da kann man wieder mal sehen, wie klein die Welt ist! Was führt denn dich hier runter, haben die Kneipen in der Oberstadt geschlossen, oder was?«

»Was hättest du davon, wenn ich dir erzählte, warum ich hier unten gelandet bin? Du könntest dir ja doch nichts dafür kaufen. Wie ich sehe, geht es dir sehr gut: Du bist gut angezogen, hast saubere Wäsche am Arsch, und deine Haare sind auch frisch gefönt. Ist doch schön für dich, daß deine Mutter dich mit deinen dreiunddreißig Jahren immer noch umsorgt. Du bist und bleibst ein Parasit mit großen Sprüchen und nichts dahinter; und jetzt läßt du mich besser in Ruhe, sonst müßte ich dich fragen, wo du mein Geld gelassen hast – also halt's Maul, und mach dir einen schönen Tag mit meiner Knete!«

Er wollte gerade aufbrausen, als ich ihn an der Kehle packte und seinen Kopf hin und her schüttelte. Ich konnte seine Schnapsfahne riechen. Meine Wut drosselnd, sagte ich leise: »Solltest du nur noch einmal die Hand gegen mich erheben, tret ich dir in die Eier, daß du glaubst, die zwölf Apostel sind eine Räuberbande, das garantier ich dir!« Ich schlug ihm den Handballen gegen die Stirn und ließ ihn mit blassem Gesicht sitzen.

Wie aus dem Winterschlaf erwachend, schrie Rasputin dazwischen: »Wenn ihr euch schlagen wollt, dann geht raus, aber alle beide, habt ihr mich verstanden!?«

»Reg dich ab, Väterchen, es ist alles okay. Das, was ich ihm gesagt habe, wollt' ich ihm schon vor Jahren sagen; jetzt fühl' ich mich etwas wohler.« Ich hatte den Satz kaum beendet, als auch schon der nächste Gast die Tür halb eintrat. Zuerst dachte ich, ich sehe in den Spiegel: knielanger zerschlissener Parka, schwarzer hüftlanger Schal, ausgetretene schmutzige Gummistiefel und ein Gesicht, das von Wind und Wetter gegerbt und zerfurcht war. Die Schablone für seinen Haarschnitt muß ein Kochtopf gewesen sein; dreckig und fettig hingen ihm die Haare in den Nacken. Sein dunkelbrauner Petrusbart war so schmutzig, daß er von seiner

Brust abstand. Mit keiner Bürste der Welt wäre man da durchge-
kommen.

Schnaufend blieb er stehen und entledigte sich seines Rucksacks,
den er umständlich vom Rücken schnallte. Er schnürte ihn auf
und entnahm ihm eine Zweilitergallone billigen Rotwein. Den
stellte er mitten auf den Tisch und sagte: »Da habt ihr was zum
Aufwärmen; geht ein kalter Wind draußen! Seit drei Monaten bin
ich wieder unterwegs, da dachte ich mir, schau mal beim Hartmut
rein, und ruh deine Knochen ein wenig aus.«

Dem Dialekt nach mußte er aus dem tiefsten Allgäu stammen. Er
sprach die herbe Bauernsprache mit breitem Mund und dem Rest
von Alkohol – ein waschechter Tippelbruder oder Berber, wie
man heute zu ihnen sagt.

Meine Nerven fingen erneut an, verrückt zu spielen. Da ich mir
nichts mehr leisten konnte und total abgebrannt war, fragte ich
den Neuankömmling, ob ich einen Schluck aus der Zweiliterbombe nehmen könnte, und er antwortete: »Nimm nur und trink, ich
hab noch eine als Vorrat im Rucksack; laß es dir schmecken.«
Doch Rasputin war schneller – noch ehe ich mich versah, hatte er
schon beide Hände um die Pulle gelegt und trank wie ein Säugling
aus der Milchflasche. Er setzte die Pulle ab und sah den Neuankömmling begeistert an, wie er jeden begeistert ansah, der Alkohol mitbrachte.

Er wischte sich mit dem Ärmel seines Hemdes den Mund ab und
röhrte: »Mein lieber äähhmm, ääääähhh, na, ist ja auch egal – ich
freue mich jedenfalls, daß du den Weg wieder mal zu mir runter
gefunden hast. Wo hast du dich denn die ganze Zeit rumgetrieben,
du alter Landstreicher; also das ist wirklich eine Überraschung!
Komm, setz dich zu uns, und erzähl etwas von alten Zeiten.«
Da es sich offenbar um einen alten Kumpel von Rasputin handelte
und er aussah wie Iwan der Schreckliche, nannte ich ihn auch so.
Iwan erzählte und erzählte und hörte gar nicht mehr auf zu erzählen. Ich war dermaßen durstig, daß ich ihm die halbe Flasche

leerte. Vergnügt hörte ich ihm zu, denn sein Bauerndialekt amüsierte mich. Er sagte, er ginge von Haus zu Haus und bettle bei den Leuten um ein Almosen. Er meinte, daß er heute eine gute Straße gehabt habe und mindestens siebzig Mark in nur drei Stunden verdient hätte: »Heute mittag werde ich mich noch mal auf den Weg machen. Wenn ich hier unten ein paar Tage ausruhen kann, habe ich für den Rest der Woche ausgesorgt.«

Ich kann es mir bis heute nicht erklären, was für ein Teufel mich ritt, als ich ihn fragte: »Würde es dir etwas ausmachen, wenn du mich mitnimmst?«

Iwan sah mich überrascht an, und lachend erwiderte er: »Wenn du Lust hast ... Ich werde nach Teningen marschieren, denn dort hat es sich noch immer gelohnt. An jeder zweiten Tür drücken sie mir ein Geldstück in die Hand und sagen, daß sie mich nicht wiedersehen wollen. Aber wenn ich nach einem halben Jahr wieder aufkreuze, geben sie mir trotzdem was – es kommt eben nur drauf an, wie man es anstellt und was man sagt. Ich stelle gerne einen Lehrling ein; du mußt mich am Anfang nur alleine reden lassen, bis du kapiert hast, wie das Geschäft funktioniert. Wenn du bereit bist, brauchst du es mir nur zu sagen, dann marschieren wir los.«

Geld hatte ich keins mehr, und so brauchte ich mich auf dem Sozialamt gar nicht erst blicken zu lassen. Wenn es wirklich so einfach war, wie Iwan es schilderte, hatte ich nichts mehr zu verlieren. Ohne einen Pfennig in der Tasche kam ich selbst hier unten auf keinen grünen Zweig – noch hallten mir Fridos Worte in den Ohren. Doch meine Gedanken waren noch nicht im Gleichgewicht: Sollte ich mich tatsächlich so weit herablassen und betteln gehen? Welche Möglichkeiten hatte ich sonst noch? Ich hatte keine Lust mehr, Autos aufzubrechen und sonstigen kriminellen Dingen nachzugehen – nein, dann wollte ich das Geld lieber auf diese Art und Weise beschaffen. Den Ärger mit der Polizei konnte ich mir sparen. Ich faßte den Entschluß mitzukommen.

Zu Houdini, der mich mit eingezogenem Kopf beobachtete, sagte ich drohend: »Wenn du nur einem Menschen erzählst, was du gehört und gesehen hast, schlag ich dich windelweich, hast du mich verstanden!? Ich kann dir zwar nicht beweisen, daß du mir das Geld gestohlen hast, aber ich möchte wetten, du hast es dir unter die Vorhaut geschoben.« Er schaute aus dem Fenster und sagte kein Wort. Es war auch besser so. Iwan schaute mich an, und endlich sagte ich zu ihm: »Komm, laß uns abhauen!«

3. Kapitel

Die Tür schließt sich

Der halbstündige Fußmarsch nach Teningen war der schwerste Weg, den ich je gegangen bin. In meiner Jugend war ich in Teningen mehr zu Hause als in Emmendingen. Teningen ist eine Kleinstadt, die Nachbargemeinde von Emmendingen. Mitte der siebziger Jahre war Teningen die Anlaufstation für den sogenannten Weekendschwof. Diverse kleine Tanzkapellen hatten damals noch Hochkonjunktur. Fast jeden Samstagabend war die Teninger Mehrzweckhalle Treffpunkt aller Teenager, die sich die Last der Woche von den Beinen tanzten.

Damals war ich Mitglied einer Band, die bekannte Hits und Evergreens nachspielte. Wir tingelten rings um den Kaiserstuhl und darüber hinaus. Es war eine schöne wilde Zeit; wir nannten uns »Penny Lane«, und der Erfolg hielt uns zusammen. Ich fungierte als Leadsänger, und viele Leute sahen in mir einen zweiten David Cassidy, der damals gerade seine größten Erfolge feierte. Ich imitierte Peter Maffay, Howard Carpendale, Christian Anders, Michael Holm, John Lennon und Paul McCartney. Wir hatten eine feste Fangemeinde, und die Halle war jedesmal brechend voll, wenn wir auftraten. Die Mädchen himmelten mich an; in ihren Augen war ich ein Star. Ich genoß den Rummel, den man um meine Person machte. »Penny Lane« war eine regionale Größe, und manchmal konnten wir uns vor Aufträgen kaum noch retten. Es war ein schönes Gefühl, überall erkannt zu werden, und wildfremde Menschen klopften uns auf die Schulter. Rund um den Kaiserstuhl gab es kaum einen Teenager, der mich nicht kannte. Ich hatte Angst! Sollte ich nicht doch besser umkehren? Was wäre, wenn mich jemand wiedererkennen sollte?

Meine Hemmungen zogen meinen Kopf hinab. Den ganzen Weg

über zogen Wiesen, Bäume und Felder bedeutungslos an mir vorüber. Wir marschierten den kleinen schmalen Fußweg die Elz entlang. Die Krähen begleiteten meine Depressionen mit ihrem Gekrächze.

Ruckartig blieb ich stehen: Nein, das wollte ich nicht! Niemals würde ich es fertigbringen, an fremde Türen zu klopfen, um zu betteln. Panik stieg in mir hoch und setzte sich in meinem Kopf fest. Alle fünf Sinne schrien im Chor: Weg hier! Die Gedanken waren wie ein Hagelschauer, der meine Seele bombardierte. Ich dachte an meinen Sohn, meine Eltern, meine Geschwister und an all die, von denen ich Angst hatte, erkannt zu werden. Es war nicht auszudenken, was passieren würde, wenn mich tatsächlich jemand erkannte und es meinen Leuten erzählen sollte. Der Skandal war sowieso schon groß genug, und meine Eltern und Geschwister schämten sich ohnehin schon genug für mich. Mit flatternden Fingern drehte ich mir eine Zigarette und grübelte und grübelte. Iwan marschierte weiter, als ob er nicht bemerkte, daß ich stehengeblieben war. Ich schaute ihm nach, wie er mit krummen Schritten weiterlief.

Ich war gerade im Begriff, mir die Zigarette anzuzünden, als er stehenblieb, sich umdrehte und rief: »Wovor hast du eigentlich Angst? Bleibt stehen und macht sich in die Hosen wegen dem bißchen Schellenklopfen. Es ist alles halb so schlimm, du wirst sehen! Wenn du die ersten fünfzig Mark in der Tasche hast, wird es dir sogar Spaß machen. So, und jetzt komm her, damit ich dir ganz genau erklären kann, was du zu tun hast.«

Iwan schnürte seinen Rucksack auf und holte die Zweiliterbombe heraus. Er reichte mir die Pulle, und ich nahm einen kräftigen Schluck, um meine Nerven zu beruhigen.

Das Krächzen der Krähen hörte sich an, als ob sie mich auslachen wollten. Ich schickte einen Fluch in ihre Richtung, und wir setzten unseren Weg fort. Iwan drückte mir eine Gewürznelke in die Hand und sagte in ruhigem Ton: »Hier, zerkau sie gut, und nimm die nächste halbe Stunde keinen Schluck mehr zu dir, hast du verstanden? Wenn du mit einer Alkoholfahne vor einer Tür stehst, riechen es die Leute kilometerweit gegen den Wind. Du mußt auch darauf achten, immer höflich zu sein, das lenkt ein wenig von deinem Aufzug ab. Benimm dich immer entgegengesetzt von dem, was du darstellst. Werde nie aufdringlich oder gar frech. Niemals darfst du allzu deutlich auf dein Elend aufmerksam machen, sonst fühlen sich die Leute bedrängt und werden unsicher. Du mußt ihnen das Gefühl geben, daß sie Macht haben. In ihrem Alltag sind die meisten Menschen kleine Leute, die sich an dem erfreuen, was ihnen das Leben so bietet, und die einzige Autorität, die sie ausüben, beschränkt sich höchstenfalls auf ihre Kinder. Bei Hausfrauen mußt du besonders geschickt vorgehen: Sie leben in einem Trott, der sie tagtäglich daran erinnert, daß sie ja nur Hausfrauen sind. Warum, glaubst du, lesen die meisten Hausfrauen diese Schmierblätter mit den bunten Bildern von Königsfamilien und mit den Schicksalen von Fürsten und Prinzessinnen?! Insgeheim tauschen sie mit jenen den Platz und stellen sich vor, wie sie reagieren würden, wenn man ihnen die Hand küßt und sie mit Pelzen und Juwelen behängt. In jeder Frau steckt auch immer eine Madame, du mußt sie nur hervorlocken und manipulieren, das ist alles. Sei aber vorsichtig, und übertreib es nicht, denn Frauen haben eine andere Denkweise als Männer, und man kann ihnen nicht so leicht was vormachen. Sie merken sehr schnell, daß du ihnen nur Honig ums Maul schmieren willst; und dann ist die Tür zu, mein Lieber! Also achte immer darauf, daß du nicht übertreibst, und fang ein Gespräch nie mit ›Gnädige Frau‹ an. Ist das jetzt in deinem Kopf, ja?«

Mir war nicht ganz klar, ob ich ihn bewundern sollte oder nicht. Er redete daher wie ein Soziologiedozent, der eine Vorlesung hält – und das in diesen Lumpen. So stand ich vor ihm wie ein Azubi vor seinem Meister, und beim Gedanken daran, daß ich mein Vorhaben in die Tat umsetzen sollte, kam ich mir erbärmlich vor. Die

Gewürznelke zerkauend, sagte ich zu ihm: »Du kannst leicht daherreden; du kommst wahrscheinlich vom Arsch der Welt hierher, und niemand weiß eigentlich, wer du bist. Aber bei mir verhält sich das etwas anders: Teningen ist ein Ort, in dem ich früher mehr zu Hause war als in Emmendingen. Sogar meine Exfrau stammt von hier. Was glaubst du also, wie ich mich fühlen soll? Was geschieht, wenn mich jemand erkennt? Ich würde im Erdboden versinken, und da kannst du mir dann auch nicht mehr raushelfen.«

»Jetzt stell dich doch nicht so blöd an«, sagte er, »ich schwöre dir, daß dich kein Mensch wiedererkennt, und wenn es dir etwas hilft, dann gebe ich dir einen guten Rat: Leg dir einen anderen Dialekt zu, wenn du das kannst, damit fährst du am allerbesten. Na, was ist?!«

Als ich noch Diskjockey war, hatte ich in den Tanzpausen ab und zu Emil Steinberger imitiert, den Schweizer Humoristen. Es kam bei den Leuten an, und meine Parodien wurden von Abend zu Abend besser. Ich beschloß, es damit zu probieren. Ich würgte die Gewürznelke hinunter und erwiderte: »Okay, versuchen wir's. Ich werde mich die ersten paar Häuser hinter dir verstecken, bis ich etwas sicherer geworden bin, einverstanden?«

Er war einverstanden, und so steuerten wir das Neubaugebiet an. Das Herz klopfte mir bis zum Hals, als er die erste Treppe hochging, die zu einem Einfamilienhaus führte. Er klingelte zweimal hintereinander, zwinkerte mir zu und wartete vor der Eingangstür, während ich am Fuß der Treppe stehenblieb. Was ich jetzt zu sehen bekam, hätte jedem Schmierenkomödianten alle Ehre gemacht: Die Haustür wurde von einer älteren Frau mit Küchenschürze aufgemacht. Sie blickte erstaunt und ein wenig unsicher von einem zum anderen. Sie rieb sich ihre Hände an der Schürze ab und fragte etwas verwirrt: »Ja, was ist denn los, was gibt's denn?«

Mein Meister sprach: »Gott zum Gruß, zwei Wanderer zu Fuß bitten um eine Kleinigkeit!«

Also, das war einfach zuviel für mich. Ich mußte mich auf der Stelle umdrehen, sonst hätte es mich zerrissen vor Lachen. Das darf doch nicht wahr sein, dachte ich: Steht der Kerl da oben, lupft seinen Hut und macht dazu eine Verbeugung wie der Papst auf einem fremden Flughafen. Dazu noch dieser Spruch, den er soeben losgelassen hatte. Ich biß mir auf die Lippen, drehte mich wieder um und spitzte die Ohren. Die Frau fragte: »Was, um Gottes willen, verstehen Sie unter einer Kleinigkeit, und wo kommen Sie eigentlich her?«

Iwan erzählte eine Geschichte von seinem Bauernhof, der bis auf die Grundmauern abgebrannt war. Überzeugend erklärte er, daß er keinen Versicherungsschutz abgeschlossen hätte und somit von einem Tag auf den anderen völlig mittellos geworden wäre. Er meinte, daß er nun keine andere Wahl habe, als betteln zu gehen: »Es tut mir leid, daß ich Sie störe und belästige, aber sehen Sie: Lieber gehen wir betteln, als daß wir straffällig werden. Es macht uns zwar keinen Spaß, aber ich weiß ganz genau, daß es noch gute Menschen gibt auf der Welt.«

Die Frau schaute ihn von oben bis unten an und fragte, ob wir vielleicht etwas zu essen haben wollten. Das verneinte er bedauernd, indem er antwortete: »Mein ganzer Rucksack ist schon voll mit Lebensmitteln. Wir wären froh, wenn es vielleicht ein paar Mark sein dürften, damit wir uns für heute nacht ein Quartier in einem Gasthaus leisten können.«

Die Frau sah ihn mißtrauisch an und entgegnete: »So viel Geld kann ich Ihnen leider nicht geben. Wissen Sie, wir sind eine große Familie und bekommen auch nichts geschenkt. Aber warten Sie hier, ich gehe rasch in die Küche und hole Ihnen was – ich komme gleich wieder!«

Sie schloß die Tür, und ich sah schon unsere Felle davonschwimmen. Nach ein paar Minuten wurde die Tür wieder geöffnet, und die Frau drückte Iwan etwas in die Hand und sagte: »Aber nicht, daß Sie mir dafür Alkohol kaufen. Dafür gebe ich nämlich kein

Geld her. Sparen Sie es sich zusammen, bis es zu einer Übernachtung reicht, versprechen Sie mir das?«

Iwan verbeugte sich wie ein wohlerzogener Internatsschüler und bedankte sich tausendmal für »die milde Gabe«. Er verabschiedete sich höflich und kam die Treppe herunter. Die Frau schloß die Tür, und Iwan öffnete neugierig seine Hand, in der sich zu unserer Freude zehn Mark befanden. Wir wollten gerade um die Ecke biegen, als die Frau ein Fenster öffnete und uns zu sich her winkte: »Gehen Sie doch mal in Nummer sechzehn! Da wohnt ein Zahnarzt mit seiner Familie, vielleicht bekommen Sie dort etwas mehr. Gehen Sie nur hin, es trifft ganz bestimmt keinen Armen. Ich wünsche Ihnen auf jeden Fall viel Glück – auf Wiedersehen.«

Iwan verstaute den Zehner in der Hosentasche und sah mich an wie ein Entertainer, dem soeben eine gute Pointe geglückt ist. »Siehst du, es ist alles halb so schlimm, und ich garantiere dir, daß es noch besser wird, denn das war erst der Anfang! Wenn wir überall solches Glück haben, können wir heute abend auf der Ranch einen draufmachen, daß die Heide wackelt.« Entschlossen weiterzumachen, sagte ich: »Auch wenn mich Frido gewarnt hat, werde ich noch mal mit auf die Ranch gehen. Nur daß ich diesmal nicht so blöd bin und mich beklauen lasse. Das Geld werde ich irgendwo verstecken. Morgen wird sich zeigen, ob ich diese Nummer genausogut abziehen kann wie du. Dann will ich es mal alleine probieren. Rasputin wird sicher nichts dagegen haben, wenn ich noch einmal bei ihm übernachte. – Nun komm, laß uns die Zahnarztfamilie besuchen; jetzt bin ich nämlich auf den Geschmack gekommen.«

Hätte ich zu diesem Zeitpunkt gewußt, was auf mich zukommen sollte, wäre ich nie wieder zurückgekehrt.

Nachdem wir das gesamte Neubaugebiet abgegrast hatten, trafen wir um die Mittagszeit im alten Teil von Teningen ein. Die Füße taten uns weh, und wir beschlossen, in ein Café zu gehen, um uns ein wenig zu stärken. Das Café machte einen gepflegten Eindruck. Im Hintergrund spielte Tschaikowskys Klavierkonzert Nr. 1. Zwischen den kleinen Fenstern hingen die Geweihe von Hirschen und anderem Rotwild. Die Bänke und Stühle waren mit grünem Plüsch gepolstert, und auf den Tischen standen peinlich ordentlich die silberne Zuckerdose und das silberne Milchkännchen.

Ich liebe den Duft von verschiedenen frischen Backwaren und frisch gemahlenem Kaffee, den Cafés ausströmen. Iwan hängte seinen Parka an die Garderobe und entnahm ihm einen kleinen Lederbeutel. Seinen Schal hängte er an einen Stuhl neben seinem. Ich entledigte mich ebenfalls meiner Sachen und setzte mich ihm gegenüber. Die angenehme Wärme im Raum tat uns beiden so gut, daß wir uns zufrieden ausstreckten. Das Café war menschenleer, und wir waren die einzigen Gäste, die sehnsüchtig auf einen Kaffee warteten.

Vom Personal war nichts zu sehen, und so beschlossen wir, unsere Beute zu zählen. Es waren um die achtzig Mark, die nun in einem silbernen Häuflein vor uns auf dem Tisch lagen. Wir waren gerade im Begriff zu teilen, als ich hinter dem Verkaufstresen die Bedienung erspähte, die uns neugierig beobachtete. Anstatt an unseren Tisch zu kommen, um die Bestellung aufzunehmen, verschwand sie in einem Nebenraum. Wir steckten unser Geld blitzschnell weg, als plötzlich ein Mann vor uns stand: Er hatte die Fünfzig weit überschritten und war von bullig kräftiger Statur. Seinem autoritären Gesichtsausdruck nach zu schließen, mußte es sich um den Pächter oder den Besitzer dieses Cafés handeln. In seiner Bäckerkluft schaute er uns böse an und sagte in solidem Baß: »Ich nehme an, ihr habt euch in der Tür geirrt. Da draußen auf dem Transparent steht für jeden deutlich zu lesen ›Café‹ und nicht ›Aufwärmstube‹; also macht, daß ihr ganz schnell verschwindet, sonst hole ich meinen Hund rein!«

Dem war nichts mehr hinzuzufügen; auch ohne die Erwähnung seines Hundes hatten wir verstanden, daß unser Geld hier wohl nichts wert war. Wir standen auf, gingen zur Garderobe, schlüpften in unsere Parkas und verließen enttäuscht das Café. Draußen zupfte mich Iwan an der Kapuze und sagte angewidert: »Es hätte mich ja auch gewundert, wenn wir bedient worden wären. Was glaubst du, aus wieviel Kneipen man mich schon hinausgeschmissen hat, kaum daß ich richtig drin war?« Ich konnte es ihm gut nachfühlen, denn in dieser Hinsicht waren wir ja Leidensgenossen. Trotz allem sah ich ihn aufmunternd an und erwiderte: »Ja, ja, edel sei der Mensch, hilfreich und gut, und den hol der Teufel, der das nicht tut!«

Das letzte Wort blieb mir fast im Halse stecken. Im Bruchteil von Sekunden setzte mein Denken aus, um einer hilflosen Panik Platz zu machen. Dem heißen Stich in meinem Herz folgte eine Atemnot, begleitet von einer Angst, die aus dem tiefsten Keller des Unterbewußtseins zu kommen schien. Eine glühende Drahtschlinge drohte meinem Herzen alles Blut auszupressen. Es fühlte sich wie ein heißer Klumpen an, der immer größer zu werden schien – einem Formel-1-Rennwagen gleich, der bei 240 km/h plötzlich stoppte und alle Kraft verlor. In unbeschreiblicher kalter Angst, die mich umklammerte, spürte ich, wie meine Augen ihr Licht verloren. In meinen Ohren piepsten tausend Fernsehapparate zum Testbild meines Zustandes. Ein unsichtbares Erdbeben stieß mich ins Leere, so daß ich den Aufprall auf den Gehsteig kaum spürte. Plötzlich wurde der Rennwagen wieder angeschoben, um rasend Fahrt aufzunehmen. Ich röchelte wie ein Marathonläufer, der im Ziel angekommen war. Wie in eine aufgerissene Vakuumverpackung strömte zu meiner Erleichterung nun wieder Luft in meine Lungen. Der Rennwagen drosselte seine Geschwindigkeit, um konstant weiterzufahren. Das Testbild verschwand, und das Programm lief weiter: Die Sendung zeigte nun meine Gedärme, die sich zusammenkrampften und die Exkremente durch die Schläuche meiner Därme preßten, ohne daß ich sie aufhalten konnte. Von bohrenden Schmerzen gepeinigt, keuchte ich mehr, als daß ich atmete. Ich zog Iwan am Parka und hechelte wie ein Hund: »Komm, hilf mir; klingel an irgendeiner Tür, oder ich mach mir hier mitten auf der Straße die Hosen voll – mach schnell, verdammt noch mal, ich kann es nicht mehr länger halten!«

Während ich in embryonaler Haltung mitten auf dem Gehsteig lag und vor Schmerzen stöhnte, klingelte Iwan an der nächstbesten Haustür. Passanten gingen an uns vorüber und schüttelten die Köpfe. Ein paar Schaulustige blieben stehen, um neugierig auf mich herabzuschauen. Ich hörte, wie einer rief: »Jetzt schaut euch doch diese besoffene Sau an: Liegt auf dem Trottoir rum und kotzt wie ein Reiher!«

Mit der Spitze seiner Cowboystiefel fuhr er unter mein Gesicht und hob meinen Kopf an. Grüne Galle floß mir aus dem Mund, und ich hatte das Gefühl, als wäre ich in den Magen geboxt worden. In meinem Herz stachen immer noch tausend Nadeln, und ich war krampfhaft bemüht, meinen Schließmuskel zu kontrollieren. Um mich herum sah ich nur noch einen Wald aus Beinen und Füßen. Die Schaulustigen mehrten sich, und das Redegewirr wurde immer dichter. Einige Wortfetzen konnte ich verstehen; Sätze, die sich abwechselten und immer zu einem anderen zu gehören schienen: ... vielleicht einen Krankenwagen rufen ... Mit einer Alkoholvergiftung ist nicht zu spaßen ... Der ist auf jeden Fall nicht aus Teningen, sonst würde ich ihn kennen ... hat sich mindestens ein Jahr lang nicht mehr gewaschen ... Daß so was frei rumlaufen darf ...

Ich wälzte mich verzweifelt von einer Seite auf die andere. Der Typ mit den Cowboystiefeln verpaßte mir einen Tritt in den Hintern und rief: »He, du dreckiger Penner, steh auf und verschwinde, oder ich hole die Polizei! Los, mach, daß du aufstehst, oder ich verpaß dir eine Abreibung, die du dein Leben lang nicht mehr vergessen wirst!«

Iwan eilte mir zu Hilfe und versuchte mich wieder aufzurichten. Dann ließ er mich plötzlich los, und ich starrte angestrengt nach oben: Der tapfere Held mit den Cowboystiefeln schlug Iwan die Faust ins Gesicht, daß er über einen Fahrradständer flog, der vor einer Metzgerei stand. Autos blieben jetzt mitten auf der Straße stehen, um das Spektakel zu verfolgen. Es gelang mir trotz der Schmerzen, die in meinem Darm wüteten, mich ein wenig aufzurichten. In diesem Augenblick betrat eine alte Frau die Szene. Sie ging auf den selbstherrlichen Cowboy zu und schimpfte: »Jetzt habe ich aber lange genug zugesehen. Ja haben Sie denn Ihren Verstand verloren?! Wer gibt Ihnen das Recht, diesen Mann wie ein Stück Vieh zu behandeln? Sie sollten sich schämen! Und die anderen hier gucken sich das auch noch in aller Ruhe mit an!«

Der Cowboyheld putzte sich den Spann der Stiefel an den Waden ab und sagte aggressiv: »Jetzt hör mir mal zu, Oma: Dieses Dreckschwein und sein Kumpel sind nichts weiter als ein paar Schmarotzer, die zu faul sind, um zu arbeiten, und wir sind es, die sie auch noch ernähren! Wenn es nach mir ginge, würde ich das ganze Gesocks in ein Arbeitslager stecken, dann wäre ihnen nicht mehr langweilig.« Beifallheischend blickte er sich um – die einen nickten ihm zu, und die anderen guckten etwas ratlos aus der Wäsche. »Ach, macht doch mit diesem Gesindel, was ihr wollt«, fügte er hinzu und ging seinen Weg weiter, als ob nichts geschehen wäre. Meine Gedärme entspannten sich Gott sei Dank ein bißchen, und es gelang mir mit etwas Mühe, wieder gerade zu stehen. Die Oma blickte zuerst auf mich, dann wandte sie sich an Iwan, der sich mittlerweile von dem Faustschlag erholt hatte. »Haben Sie bei mir geklingelt, junger Mann?« Iwan erklärte ihr die Situation und schwor bei allen Heiligen, daß wir nicht betrunken seien.

Dankbar sah ich die alte Dame an und fragte sie höflich, ob ich vielleicht ihre Toilette benützen dürfte. Sie ließ uns herein, und erleichtert folgten wir ihr. Während ich auf der Toilette saß, hörte ich, wie sie Iwan eine Moralpredigt hielt. Als ich vom Klo zurückkam, führte sie uns in eine geräumige Küche und kochte Kaffee für uns. Sie erzählte von ihrem verstorbenen Mann und schimpfte immer wieder auf Norbert Blüm: Ihre Witwenrente sei viel zu niedrig, aber das war ja dem Norbert Blüm egal. Sie nannte ihn einen Kleintierzüchter und zog auch über Helmut Kohl her. Sie ließ wirklich niemanden aus, um ihrem Ärger Luft zu verschaffen. Wir tranken unseren Kaffee aus und waren gerade im Begriff, uns zu verabschieden, als sie uns bat, noch etwas zu warten. Wir schlüpften in unsere Parkas und warteten in der Diele, bis sie zurückkam. Sie drückte mir fünfzig Mark in die Hand und sagte: »Macht damit, was ihr wollt; es würde ja doch nichts nützen, wenn ich euch bitten würde, was zu essen dafür zu kaufen. Vielleicht gelingt es euch, das Geld ein wenig einzuteilen, und jetzt ab mit euch.«

Als ich das Geld nicht annehmen wollte, wurde sie ein wenig ungehalten und sagte: »Ganz so arm bin ich nun auch nicht wieder nicht; ich habe ja noch etwas Erspartes auf der Bank, aber wie gesagt: Teilt es euch gut ein, und streitet euch nicht. Es ist schon schlimm genug, mit ansehen zu müssen, wie euch die Leute behandeln. – Also auf Wiedersehen, und paßt auf euch auf!«

Den Rückweg nach Emmendingen legten wir schweigend zurück. Auf eine komische Art und Weise hatte ich das Gefühl, eine Schlacht gewonnen zu haben. Die alte Frau wollte mir einfach nicht mehr aus dem Kopf gehen. Sie gab mir für eine kurze Zeit die Hoffnung und den Glauben an die Menschen zurück – doch leider nur für eine kurze Zeit.

Unterwegs gingen wir in einen Supermarkt, wo man uns Gott sei Dank nicht davonjagte, und deckten uns mit Alkohol ein.

Mit jedem Meter, den wir uns der Ranch näherten, verließen mich die Hoffnung und Zuversicht wieder, die mich eben noch getragen hatten, und wurden durch Fridos Warnungen ersetzt.

Es gibt Momente im Leben, wo man das Unheil fast greifbar nahe fühlen kann: Augenblicke, in denen man den Kopf einzieht, um vorsichtig nachzusehen, aus welcher Richtung sich das Böse heranschleicht. Eine innere Unruhe macht sich im Unterbewußtsein breit, das gibt sie weiter an den Verstand, der einem gebietet, auf der Hut zu sein. Die Angst strömt leise aus allen Poren, und die Vernunft stellt sich ihr entgegen mit Argumenten, an die man selbst nicht so recht glauben mag. Man beschwichtigt sich selbst und hat doch nichts in der Hand als die Hoffnung auf einen Trugschluß.

Die Unruhe, die sich in meinem Inneren zusammenbraute, ließ mich immer nervöser werden. Ich schalt mich selbst einen Narren und hielt mir die fröhliche Zecherei vor Augen, die sich gestern abend auf der Ranch abgespielt hatte. Im großen und ganzen hatte sich der Tag gelohnt. Ich hatte einiges dazugelernt, und bald schon wollte ich allein losziehen, um den Leuten an der Haustür meine Aufwartung zu machen.

Die halbe Strecke hatten wir bereits hinter uns, als es wieder anfing, heftig zu regnen. Ein kalter schneidender Wind, der sich nicht entscheiden konnte, aus welcher Richtung er blasen wollte, pfiff uns um die Ohren. Dunkle schwere Wolken hingen am Nachmittagshimmel und schickten ihre Boten als Nebel über das Land. Da wir uns am Ufer der Elz nirgends unterstellen konnten, beeilten wir uns, um nicht allzuviel von dem kalten Regen abzubekommen. Die Aussicht auf ein Dach über dem Kopf und auf die mollige Wärme in Rasputins Bude ließ mich trotz aller Zweifel zuversichtlich werden. Alle meine Ängste flogen über Bord, wenn ich das viele Silbergeld in meiner Hose klimpern hörte.

Durch den Schleier des Regens sahen wir die Ranch erst, als sie im dichten Nebel vor uns auftauchte. Als wir näher kamen, hörten wir das Plätschern des Regens, der zu beiden Seiten des Hauses aus den verrosteten Dachrinnen auf die Erde stürzte. Es sah unheimlich aus. Der schmale Fußweg, der auf die Ranch zuführte, war über und über mit Pfützen bedeckt, so daß wir im Zickzack auf das Haus zuliefen.

Fast hätten wir den Mann übersehen, der sich an einen Baumstamm lehnte. Er krallte sich in die Rinde und schlug seinen Kopf monoton gegen den Stamm. Zuerst glaubte ich, er sei total betrunken, und dachte mir nicht viel dabei. Erst jetzt fiel mir die bedrohliche Ruhe auf, die von dem Haus ausging. Instinktiv versteckte ich mich hinter einem Erdhaufen, als ich den Mann stöhnen hörte. Türen flogen auf und schlossen sich mit lautem Knall wieder. Aus Rasputins Behausung drang wütendes Geschrei herüber, doch der Regen schluckte die Worte, so daß ich nichts verstehen konnte. Auf einmal flog die Tür vom Vorbau des Alten auf, und zwei Männer kamen heraus. Sie stellten sich hinter den Vorbau, um zu pinkeln. Beide waren fast gleichzeitig fertig, und synchron machten sie ihre Hosen zu. Einer der beiden ging ein Stück auf den Baum zu, an dem der Mann langsam wie eine Schnecke herabsank. Er blieb in Steinwurfnähe stehen und rief zu dem Mann, der sich jetzt auf dem nassen schmierigen Erdboden zusammenkauerte: »Das nächste Mal schlage ich dich tot, du Schwein! Solltest du es noch einmal wagen, mich beim Pokern zu bescheißen, mach ich dich fertig, daß dich nicht mal deine eigene Mutter wiedererkennt! Hier kommst du auf jeden Fall nicht mehr rein, das garantiere ich dir! Von mir aus kannst du da draußen verrecken, du Sauhund!«

Beide machten sie auf dem Absatz kehrt und gingen wieder auf den Eingang zu. Die Tür krachte mit einem mächtigen Knall in ihre Angeln, daß der Vorbau nur so zitterte. Der strömende Regen war das einzige Geräusch, das jetzt zu hören war. Iwan, der sich die ganze Zeit hinter mir versteckt hielt, stand auf und sagte: »Ich hol mir doch nicht den Wolf an den Hals wegen diesen zwei Idioten. Und außerdem. Was sollten sie einer armen Sau wie mir schon antun? Wenn du lieber hier draußen sitzen bleiben willst, ist das deine Sache. Ich jedenfalls gehe jetzt zum Hartmut rein – ich frier mir doch keinen ab hier draußen.«

»Tu, was du nicht lassen kannst«, sagte ich und sah ihm nach, bis ihn die Tür zu Rasputins Behausung verschluckte.

Ich blickte wieder auf den Mann, der sich am Boden hin und her wälzte. Er mußte enorme Schmerzen haben; ich konnte aber wegen des dichten Regens nichts Genaues erkennen.

Auch ich spürte jetzt die Kälte, die in meine Knochen drang, und bewegte mich vorsichtig hinter dem Erdhaufen hervor. Meine Kleidung war von dem nassen lehmigen Erdboden verschmiert, doch das war momentan zweitrangig. Mühsam versuchte sich der Mann gerade wieder aufzurichten. Sein Gestöhne und Gewimmer drang mir durch Mark und Bein. Als ich näher auf ihn zukam, konnte ich ein paar Worte verstehen: »Ich habe fair gespielt, aber dieser Hurensohn kann einfach nicht verlieren. Er hat noch nie verlieren können, der Hund.« Er weinte.

Er war dermaßen mit sich selbst beschäftigt, daß er nicht bemerkte, wie ich auf ihn zuging. Ich mußte ihm unbedingt helfen, denn so wie es aussah, war er schwer verletzt. Auf einmal fing er an, aus Leibeskräften zu schreien: »Das werdet ihr mir büßen, darauf könnt ihr Gift nehmen. Ich habe euch nicht beschissen; ich habe fair gespielt, und das Geld hol ich mir auch wieder zurück!«

Sein Geschrei ging in ein Schluchzen über. Mittlerweile war es später Nachmittag geworden, und die Regenfälle wurden immer heftiger. Ich versuchte zu erkennen, wo er verletzt war; dann sah ich in sein Gesicht und drehte mich auf die Seite, um mich zu übergeben. Das war kein Gesicht mehr: Es war eine breiige blutige Masse aus Hautfetzen und offenem Gewebe. Sein linkes Ohr war bis zur Hälfte abgerissen und eines seiner Augenlider ebenfalls. Noch nie hatte ich solch ein zerschlagenes Gesicht gesehen: Die Oberlippe hing ihm in Fetzen über die Unterlippe, und seine Nasenflügel waren zum Teil eingerissen. Die Nase selbst war mindestens zweimal gebrochen.

Ein wenig unbeholfen kam ich näher an ihn ran, um ihn zu stützen. Dieser Mann mußte schnellstens ins Krankenhaus, das war gar keine Frage. Er hielt sich auch seine Rippen, so daß ich annahm, daß einige gebrochen waren. Wenn ich gewußt hätte, daß ich später ebenfalls ins Krankenhaus eingeliefert werden sollte, hätte ich mein Samaritertum an den Nagel gehängt und die Beine in die Hand genommen – aber wer kann schon in die Zukunft sehen.

Jetzt galt es, diesem Mann zu helfen. Ich fragte ihn, ob er mich verstehen könne und ob er sich zutraue, mit mir bis zur nächsten Telefonzelle zu gehen. Seine Augen waren total zugeschwollen, deshalb blickte er in eine andere Richtung, als er antwortete: »Weißt du, was sie mit mir gemacht haben, diese Schweine? Sie haben mich beschissen und mir mein Geld geklaut! Fast zweitausend Mark haben sie sich unter den Nagel gerissen, und dann haben sie den Spieß einfach umgedreht ... Bitte hilf mir aus diesem Dreck raus, ich versuche mal, ob es geht mit dem Laufen.«

Er schlang seinen linken Arm um meine Schulter, und plötzlich sackten mir die Füße weg. Ich hatte sein Gewicht unterschätzt, und so landeten wir beide auf dem lehmigen Erdboden. So gut es ging, rappelte ich mich wieder auf, und auf einmal fing er an zu schreien: »Willst du mir den Rest geben, du Drecksack? Schmeißt mich hier in den Dreck zurück, der blöde Hund. Mach, daß du wegkommst, ich brauche deine Hilfe nicht – von niemandem brauche ich Hilfe, hau ab, los, hau ab!« Er wandte den Kopf in Richtung Vorbau, und von neuem fing er an zu schreien: »He, ihr da drin; habt ihr gehört? Ich brauche eure beschissene Hilfe nicht. Poker-Dieter hat noch nie eure Hilfe gebraucht, ihr Wichser!«

Undank ist der Welt Lohn, dachte ich gerade, als die Tür vom Vorbau wieder krachend aufflog.

Ich stand da wie angewurzelt, unfähig mich zu bewegen.

Die zwei Burschen, die vorhin an den Vorbau gepinkelt hatten, stürmten auf den »Poker-Dieter« zu, der sich auf dem Boden wälzte. Starr vor Schreck erkannte ich, daß einer von ihnen auf mich zulief. Ich wollte weglaufen und versuchte es auch, aber ich rutschte immer wieder aus. Jetzt hatte er mich erreicht, packte mich an den Füßen und zog sie mir weg, daß ich mit dem Kreuz auf einen Ast fiel. Ich schrie wie ein Wahnsinniger um Hilfe und strampelte mit den Füßen, aber es half alles nichts. Der Kerl nahm mich in den Würgegriff und schrie mir ins Gesicht: »Du wolltest dem also helfen, ja? Dieser linke Hund hat uns beim Pokern betrogen, und du willst ihm zum Dank dafür auch noch helfen, he? Na dann guck mal zu, was mein Kollege jetzt mit ihm anstellt, und wenn du wegschaust, drehe ich dir den Hals um, das schwöre ich dir. Wir haben ihn gewarnt, das Maul zu halten, doch wer nicht hören will, muß fühlen.«

Was ich jetzt mit ansehen mußte, ließ mir im wahrsten Sinne des Wortes das Blut in den Adern gefrieren. Eine Gänsehaut überzog meinen ganzen Körper, als ich sah, wie sein Kollege sich mit einer Dachlatte bewaffnete, die er von Rasputins Holzhaufen nahm, um auf »Poker-Dieter« loszugehen. Er schlug wie ein Berserker auf den hilflosen Mann ein. Das Krachen seiner Knochen hörte sich wie morsches Holz an, das zerbrach. Zwischen den Schlägen rief er immerzu: »Du bescheißt uns nicht noch mal, du bescheißt uns nicht noch mal!«

»Poker-Dieter« rührte sich nicht mehr, als er endlich von ihm abließ, um sich mir zuzuwenden: »Weißt du eigentlich, wo du dich hier befindest, du Penner? Wer hat dir gesagt, daß du diesem Schwein helfen sollst? Dich will ich mir mal genau ansehen. Los, Frank, bringen wir ihn rein zum Alten. Ich will wissen, was das für ein Penner ist, der sich hier runter traut.«

Die leise Hoffnung, daß sie mich vielleicht in Ruhe lassen würden, wenn ich ihnen erzählte, daß ich ein Freund von Häppie war, zerplatzte bald wie eine Seifenblase.

Sie stießen mich in den Wohnraum vom Alten und schleuderten mich zu Boden. Einige Typen, die gestern schon hier waren, saßen um den Tisch herum. Ich hatte gehofft, daß sich wenigstens Seiffert hier aufhalten würde, um mir zu helfen. Statt dessen saßen die Typen hier rum wie die Ölgötzen und hatten wahrscheinlich selbst die Hosen voll.

Ich zitterte am ganzen Körper, und meine Nerven schrien nach einem Schnaps. Der Kerl, der Frank genannt wurde, fragte mich nach meinem Namen, und als ich ihm über mich Auskunft gegeben hatte, lachte er so laut, daß es in den Ohren weh tat. Er packte mich am Kragen und schrie mir ins Gesicht, daß die Spucke nur so flog: »Steiger, kenn ich nicht, noch nie gehört hier unten. Und du sollst mal Diskjockey gewesen sein? Das wagst du uns ins Gesicht zu sagen, du Drecksau? Du warst bestenfalls der Dreckentferner vom Schlachthof drüben; das warst du doch, oder?«

Das Sprechen fiel mir schwer, denn eine unsichtbare Hand schnürte mir die Kehle zu. Ich krächzte: »Ihr kennt doch den Häppie; der kann es bezeugen, daß ich die Wahrheit sage. Außerdem habe ich euch nichts getan.«

Nun mischte sich der Alte ein. Er schien der einzige zu sein, der keine Angst vor den beiden zeigte, und sagte in aller Gemütsruhe: »Kommt, laßt ihn in Ruhe; er sagt die Wahrheit. Der Herbert hat ihn gestern mitgebracht, soweit ich mich erinnern kann.«

Der andere Kerl, der vor ein paar Minuten noch einen Menschen halb totgeschlagen hatte, brüllte dem Alten ins Gesicht: »Ja glaubst du denn, ich habe Angst vor dem Hilgert, oder was? Es ist mir doch scheißegal, wessen Kumpel das ist. Dieser Scheißkerl wollte Poker-Dieter wieder auf die Beine helfen, und das genügt mir vollkommen!«

Er gab mir eine schallende Ohrfeige, daß ich wieder zu Boden stürzte. Dabei klingelte mein Silbergeld in der Hosentasche. Er zog mich zu sich hoch und sagte gefährlich leise: »Die Moneten auf den Tisch, aber dalli!« Ich wühlte in der Hosentasche und zählte mein mühsam erbetteltes Geld auf den Tisch. Haßerfüllt sah er mich an und fragte: »Ist das vielleicht alles? Wo hast du gesungen, daß du dieses ganze Klimpergeld mit dir rumschleppst, he?«

Es war zu spät, um mir noch etwas vorzumachen: Diese zwei Scheißkerle weideten sich genüßlich an meiner Angst. Es war ihnen anzusehen, daß sie sich fieberhaft überlegten, was sie mit mir anstellen sollten. Sie waren wie zwei blutgierige Hunde, denen das Blut des einen Opfers, das da draußen lag, noch nicht genügte. Ich zog den Zwanzigmarkschein, der meine eiserne Reserve sein sollte, aus einem meiner Socken und legte ihn ebenfalls auf den Tisch. Der eine von den beiden wandte sich an den Alten und sagte befehlsgewohnt: »Wechsel mal den Zwanziger, den dieser Penner vielleicht den ganzen Tag in seiner stinkenden Socke getragen hat. Ich will mir doch keine Flöhe und Wanzen holen; na mach schon!«

Eine winzige Spur von Hoffnung keimte in mir auf, als ich dachte, sie würden mich vielleicht in Ruhe lassen, wenn sie mein Geld eingesteckt hatten. Es gelang mir, meine Angst ein wenig zu kontrollieren. Ich holte tief Luft und fragte: »Ich hätte gerne etwas getrunken, ihr seht ja, ich zittere wie Espenlaub, und ein Schnaps würde mir jetzt guttun.«

Der Kerl, der sich Frank nannte, baute sich vor mir auf und sagte spöttisch: »Es schadet nichts, wenn du zitterst. Ein richtiger Alkoholiker muß eben zittern, erst dann weiß er einen guten Schnaps zu schätzen, stimmt's?«

Die Drohung entging mir keineswegs, aber meine Nerven krampften sich dermaßen zusammen, daß ich jetzt unbedingt einen Schnaps brauchte. Ich öffnete den Parka und holte aus der inneren Seitentasche meinen Flachmann mit Kirschwasser. Ich wollte ihn gerade aufschrauben, als er mir von Frank aus der Hand gerissen wurde. In aller Ruhe schraubte er den Deckel auf und goß den Inhalt tropfenweise auf meinen Kopf.

»Hier hast du, was du brauchst, Penner. Es schadet nichts, wenn ich dir deine dreckigen Haare ein bißchen desinfiziere.«

Der Angstschweiß trat mir aus allen Poren, und meine Knie gaben nach, so daß ich zusammensackte wie ein Klappmesser. Aus weiter Ferne hörte ich den Alten rufen: »Wenn ihr schon eure Spielchen treiben wollt, dann nicht hier drin, ist das klar? Nehmt ihn meinetwegen mit zum Keil rüber, aber hier drin ist Ruhe, habt ihr gehört!«

»Wir sind ja nicht taub, Alter. Aber ... na gut, dann gehen wir eben zum Hartmut rüber, der freut sich bestimmt auch mal wieder, uns zu sehen.«

Die anderen Kerle, die das Spektakel schon die ganze Zeit schweigend genossen hatten, atmeten erleichtert auf und begannen sich vorsichtig zu unterhalten.

Ich erhielt erst mal einen Faustschlag in den Magen, daß sämtliche Sterne und der Vollmond vor meinen Augen tanzten. Sie schleppten mich an den Haaren zur Tür hinaus.

Dabei schlug ich mir schmerzhaft das rechte Knie auf. Sie schleiften mich an den Haaren hinter sich her wie einen Putzlappen, und ich spürte, wie die kleinen Wunden, die man mir gestern zugefügt hatte, wieder aufplatzten. Aus dem Hinterkopf rann es mir warm das Genick hinunter. Mein Peiniger stieß die Tür zu Rasputins Räuberhöhle auf und ging schnurstracks zum Waschbecken, um sich die blutigen Hände zu waschen. Derweil drückte mich der andere Scheißkerl in einen der Sessel, beugte sich zu mir herunter und fragte hämisch: »Du willst also etwas zu trinken, weil du so zitterst, ja? Nun, ich werde dir etwas zu trinken geben, das dir bestimmt ausgezeichnet schmecken wird, darauf kannst du dich verlassen, Penner. Wir sind doch keine Unmenschen.«

Iwan, der die ganze Zeit wie vom Donner gerührt neben dem alten Gasherd stand, flüchtete wie vom Pferd getreten in Rasputins Schlafzimmer. Der Kerl, der sich Frank nannte, flitzte hinterher; dann hörte ich nur noch Iwans Hilferufe und das Geräusch von Schlägen. Rasputin hob den Kopf und wollte etwas sagen, als sich mein Peiniger umdrehte, auf seinen Sessel zuging und ihm eine Ohrfeige verpaßte: »Du hältst das Maul, Kloakenkönig! Sei froh, daß du ein Krüppel bist, sonst würde ich dir auch noch eine Abreibung verpassen! So, und nun sei so gut und sag uns, ob du Essig im Haus hast, aber etwas plötzlich. Wird's bald?!« Rasputin deutete auf eine der Vitrinen, als plötzlich die Tür aufgestoßen wurde – Frido wollte schon auf dem Absatz wieder kehrtmachen, aber es war zu spät: Mein Peiniger befahl ihm, die Tür zu schließen und sich hinzusetzen. Frido schien die beiden gut zu kennen, denn als der andere wieder aus dem Schlafzimmer kam, begrüßte er ihn freundschaftlich. Ich hatte gehofft, daß Frido ein gutes Wort für mich einlegen würde, aber ich sah mich getäuscht.

Aus dem Schlafzimmer von Rasputin ertönte Iwans Stöhnen. Frido spitzte die Ohren und sank tief in seinen Sessel. Jetzt bemerkte ich, daß Frido ebenfalls die Hosen voll hatte, obwohl sie so freundschaftlich miteinander umgingen – er war vielleicht selber froh, wenn sie ihn in Ruhe ließen. Er schaute mich nur mit einer Miene an, die besagen sollte: »Ich habe dich ja gewarnt, aber du wolltest unbedingt schlauer sein.«

Die Angst blockierte mein Denken, und ich hatte nur noch den einen Wunsch, auf der Stelle tot umzufallen, um nie mehr aufzuwachen. Zitternd sog ich den Atem in die Lungen, und vor meinen Augen verschwamm jegliche Hoffnung auf Hilfe. Bei der Erwähnung des Essigs stach mir eine kalte Nadel in die Seele. Plötzlich wurde ich wiederum von hinten an den Haaren gepackt, so daß ich gezwungen war, die rußverschmierte Decke anzustarren. Man drehte mir beide Arme auf den Rücken, daß ich glaubte, sie wollten sie mir brechen.

»Schau mal, was wir da für dich haben, Penner; ist das nicht etwas Feines für einen Alkoholiker wie dich? Das wirst du jetzt saufen, dann geht das Zittern ganz schnell vorbei. Du wirst es in einem Zug austrinken, und wehe, du fängst an zu kotzen. Drenk, komm, hilf mir, den Penner festzuhalten; der bekommt jetzt erst mal seine Medizin.« Frido umfaßte mit beiden Händen meinen Kopf, und sie steckten mir den Hals der Essigflasche, die noch knapp halbvoll war, in den Mund. Ich rang nach Atem und strampelte wie ein Säugling auf dem Wickeltisch. Doch je mehr ich nach Luft schnappte, desto mehr mußte ich schlucken. Ich wehrte mich mit allen Kräften, die mir noch zur Verfügung standen, aber sie hielten mich so fest gepackt, daß es aussichtslos war.

Ich hatte das Gefühl, ertrinken zu müssen. Die brennende saure Flüssigkeit lief mir den Hals hinunter. Ich japste nach Atem – noch ein Schluck; ich röchelte nach Luft – wieder ein Schluck. Endlich war die Flasche leer, und ich drohte zu ersticken. Mein Magen hob und senkte sich; es war ein einziges Aufzugfahren. Mein Kopf fuhr Kettenkarussell, und ich erbrach mich lautstark in meinen zottigen Bart.

»Hab ich dir nicht gesagt, daß du nicht kotzen sollst, Penner!« Das war der letzte Satz, den ich an diesem Tag zu hören bekam, denn jetzt schlugen sie mich dermaßen zusammen, daß ich erst am nächsten Tag im Krankenhaus wieder erwachte.

4. Kapitel

Atempause

Nein, nicht schon wieder! Jeden Morgen dieselbe Prozedur: Augen zu, Maul auf und runterschlucken, ohne dabei durch die Nase zu atmen. Es wollte mir einfach nicht in den Kopf, wie das Kind in der Fernsehwerbung sich so auf das Zeug freuen konnte, das so widerlich schmeckte. Es half alles nichts – es gab kein Entrinnen. Sosehr ich mich auch dagegen wehren mochte, sie war einfach stärker als ich. Ich legte den Kopf in den Nacken und sperrte den Mund auf. Sie benutzte auch immer die gleichen Worte, wie bei einer Zeremonie: »Ich kauf doch nicht umsonst dieses teure Zeug. Du schluckst das jetzt runter, ob du willst oder nicht. Außerdem ist es gesund, und man bekommt dicke Backen davon!«
Ich biß auf den Teelöffel, stellte mir vor, es wäre einer ihrer Finger, und würgte das süße klebrige Zeug hinunter. Sie schraubte den Deckel auf das kleine dreieckige Fläschchen und stellte es zurück in den Küchenschrank. Ich verfolgte ihre Bewegungen. Mein Blick blieb an der gläsernen Vitrinentür hängen, hinter der das Dreckzeug stand und in die Küche glotzte. Auf dem Etikett stand in knallroten schrägen Buchstaben »TETRAVITOL«, statt Dreckzeugvitol, wie ich es zu nennen pflegte. »So ist es brav!« sagte meine Oma väterlicherseits und musterte mich wie einen Konfirmandenschüler, der zum Unterricht muß. Dabei machte sie mich nur für die Schule zurecht, deren zweite Klasse ich besuchte. Jetzt spuckte sie sich auf die Finger und verrieb ihren Speichel in meinem Gesicht, obwohl ich es schon gewaschen hatte. Wahrscheinlich war sie der Überzeugung, daß ihre Spucke mehr Waschkraft besaß als herkömmliches Wasser. Es war einfach ekelhaft, wenn mir draußen an der frischen Luft ihr Gebißgeruch in die Nase wehte. Nun fuhr sie mit der Hand unter mein Kinn und quetschte

mit Daumen und Zeigefinger meine Wangen, so daß mein Mund dem Maul eines Karpfens glich. Mit dem Ende ihres großen Kamms zog sie wie mit einem Lineal schmerzhaft einen Strich über meine Kopfhaut, daß mein Scheitel aussah wie eine Schneise, die man durch einen Wald gerodet hatte. Das war die Stelle, an der ich meiner Oma jeden Morgen einen Tritt vors Schienbein versetzte. In meiner Phantasie war der Tritt so schmerzhaft, daß sie aufheulte und mich aus dem Haus jagte. Mein Wunschdenken war so intensiv, daß ich ihr tatsächlich ins Gesicht schaute, nachdem sie mich gestriegelt hatte – doch es war leider kein Schmerz darin zu erkennen. Ich schnallte den Schulranzen um, in dem die Schiefertafel hin und her rutschte, deren Schwamm an einer Schnur aus dem Ranzen lugte und bei jedem Schritt auf und ab hüpfte. »Daß du mir auch immer nur auf dem Trottoir bleibst! Hast du gehört, Thomas? Nur auf dem Trottoir, nicht auf der Straße. Und du überquerst die Straße nur am Zebrastreifen! Hast du mich verstanden, Thomas ... ›Hallo‹ ... hast du mich verstanden, Tho ... ›Hallo‹ ... hast du mich ver ... ›Hallo, sind Sie wach?‹ ... hast du mich ... ›Können Sie mich verstehen?‹«

In den dunklen Wolken meines Traumes drückte mich der Gedanke, weshalb meine Oma »Sie« zu mir sagte – niemand sagt zu einem achtjährigen Knaben »Sie« und schon gar nicht meine Oma.

Die Wolken wurden immer schwerer und schwärzer. Hatte ich mich eben noch aufs Schulschwänzen gefreut, stand ich jetzt in einem heftigen Wolkenbruch, der meinen Traum von der Realität trennte. Die Wolken brachen gewaltig auf, so daß alles naß wurde, was sich nicht schnell genug unterstellen konnte. Der heftige Regen war aber nur von kurzer Dauer, und als ich die Augen aufschlug, blendete mich das blasse Weiß des Himmels, der trotz allem in Dunkelheit getaucht wurde.

»Können Sie mich verstehen? Wissen Sie, wo Sie sich befinden?«
Ich wollte etwas erwidern, aber die Worte glichen einem Pferd,

das vor der Hürde zurückscheute. Die Helligkeit, die mich plötzlich umgab, fraß sich in meinen Kopf und biß dort wütend um sich. Instinktiv schloß ich die Augen wieder, um die gefräßige Bestie vielleicht sehen zu können, doch ich konnte nichts erkennen. Der Wolkenbruch, der eben noch gewaltig auf die Erde heruntergestürzt war, schien auch mich überrascht zu haben. Mein ganzer Körper triefte vor Nässe. Ich drehte mich auf die Seite und wollte mich auf die rechte Hand stützen – beinahe hätte ich ins Leere gegriffen, als ich auf einmal eine fremde Hand in meiner fühlte. »Vorsichtig, ganz vorsichtig! Legen Sie Ihren Kopf zurück; Sie dürfen sich jetzt auf keinen Fall anstrengen.« Obwohl ich wußte, daß die Bestie zurückkommen würde, öffnete ich die Augen und blickte seitlich auf die weiße Schürze einer Krankenschwester, die noch immer meine Hand hielt. Die Bestie schlich sich wieder durch die Augen in meinen Kopf, der vor Schmerzen zu platzen drohte. Ich atmete tief ein und aus und versuchte, trotz der verheerenden Schmerzen einen klaren Kopf zu bekommen. Bei jedem Atemzug bohrte sich ein unsichtbares Messer seitlich in meinen Körper. Auch das Schlucken bereitete mir unglaubliche Schmerzen. Es war, als ob Holz auf Sandpapier rutschte, wenn ich versuchte, meinen Speichel nach unten zu befördern. »Glauben Sie, daß Sie mir ein paar Fragen beantworten können?« Ich gab dem Pferd, das noch immer die Hürde scheute, die Sporen: »Ich will es versuchen.« Mir schien es, als ob sich die Worte wie Kletten an meinen Stimmbändern festkrallten – ein Papagei hätte auch nicht besser sprechen können. Ich war gerade im Begriff, die Kletten loszureißen, als die Krankenschwester einen Zeigefinger auf ihren Mund legte und mir bedeutete, still zu sein. »Hören Sie, Ihre Speiseröhre ist leicht verätzt, dadurch ist sie etwas geschwollen und drückt auf Ihre Stimmbänder. Ich brauche ein paar Angaben zu Ihrer Person, dabei ist es besser, wenn Sie flüstern. Reden Sie so leise wie möglich.«

»Ist gut, Schwester, fragen Sie«, flüsterte ich, so gut es ging.

»Zunächst einmal brauche ich Ihren Namen.«

»Steiger, Thomas.«

»Wann sind Sie geboren, Herr Steiger?«

»Am 30. 7. 57, aber es war nicht nötig!«

»Jedes Lebewesen hat ein Recht, auf der Welt zu sein«, sagte sie bestimmt und fügte sachlich hinzu: »Schreiben Sie sich mit ei oder mit ai?«

»Mit ei. Hören Sie, Schwester, ich habe eine Bitte: Ich brauche dringend einen Schluck Schnaps. Ich kann nicht klar denken und – «

»Da müssen Sie warten, bis die Visite zu Ihnen kommt«, unterbrach sie mich freundlich. »Ich bin nicht kompetent, in dieser Hinsicht etwas zu entscheiden. Ich sehe, daß Sie zittern und beben, aber es tut mir leid. Versuchen Sie, ruhig und flach zu atmen. Die Visite beginnt in einer halben Stunde, bis dahin müssen Sie durchhalten. Sind Sie in Emmendingen geboren?«

»Ja, leider.«

»Herr Steiger, machen Sie es mir doch nicht so schwer. Ich komme später noch mal zu Ihnen, dann können wir uns ein wenig Zeit lassen und uns besser über Sie unterhalten«, sagte sie. »Momentan brauche ich eben Ihre Personalien, und da wäre es geschickt, wenn Sie mir konkret antworten würden.«

»Verzeihen Sie, Schwester, ich wollte Ihnen nicht auf den Keks gehen.«

»Wo sind Sie versichert?«

»Nirgends.«

»Haben Sie einen festen Wohnsitz?«

»Ja, die Straßen, die Parkanlagen und sämtliche Friedhöfe, auf denen ich übernachte.«

»Bitte, Herr Steiger; also ohne festen Wohnsitz?«

»So ist es.«

»Das ist kein Problem für uns. Dann wenden wir uns eben an das Sozialamt. Sollen wir jemanden benachrichtigen?«

»Ich wüßte nicht, wen.«

»Na ja, zum Beispiel Ihre Eltern oder Ihre Geschwister, wenn Sie welche haben.«

»Früher hatten meine Eltern mal vier Kinder; jetzt sind es nur noch drei – mich haben sie weggeschmissen«, entgegnete ich gleichgültig und fügte sarkastisch hinzu: »Meine Geschwister wechseln die Straßenseite, wenn sie mich sehen, und die vielen Freunde, die ich früher hatte, haben sich in Luft aufgelöst. Vielleicht waren sie aber damals schon Luft, und ich habe es nur nicht erkannt. Es ist zwar nett von Ihnen, aber Sie brauchen wirklich niemand zu benachrichtigen.«

Das Flüstern strengte mich mehr an, als ich zunächst gedacht hatte. Was mich aber am meisten beschäftigte, war die Frage, wem ich es zu verdanken hatte, dieses für meine Begriffe komfortable Dach über dem Kopf zu haben. »Sagen Sie, Schwester, wie bin ich hier reingekommen; ich kann mich an absolut nichts mehr erinnern.«

»Da müssen Sie bis heute abend warten, oder fragen Sie nachher Dr. Wegener. Ich glaube, der war gestern abend hier, als Sie eingeliefert wurden. Können Sie sich noch so lange gedulden?«

»Es bleibt mir ja nichts anderes übrig, Schwester!«

»Ich bringe Ihnen nachher etwas Tee, Herr Steiger; also, bis dann.«

Sie hatte die Türklinke schon in der Hand; ich konnte sie gerade noch stoppen: »Moment noch, Schwester! Wissen Sie, daß Sie der einzige Mensch sind, außerhalb meiner Kreise, der sich in diesem Jahr normal mit mir unterhalten hat?« Sie ließ die Türklinke los, drehte sich um und kam noch einmal an mein Bett zurück.

»Sie machen sich sehr viel Gedanken darum, was die Menschen über Sie denken, nicht?« fragte sie.

»Ich muß mich zwangsläufig mit ihnen auseinandersetzen, ob ich will oder nicht«, antwortete ich sachlich. »Es ist nicht schwer, die Gedanken der Menschen zu lesen, denn sie geben sich nicht die

111

geringste Mühe, sich mir gegenüber zu verstellen: Ob es im Supermarkt ist oder auf den Behörden; sie zeigen alle das gleiche Gesicht – ihr wahres Gesicht.«

Fiiiiiips, fiiiiiips. Der hohe Ton des Piepers unterbrach meine Anklage. Sie holte das kleine orangefarbene Kästchen aus der Brusttasche ihres weißen Kittels und drückte auf einen Knopf. »Schwester Marion!« Es knackte und rauschte in der Leitung, bis eine männliche Stimme ertönte: »Zimmer 207, Katheterbeutel wechseln. Wo halten Sie sich denn so lange auf?«

»Bin schon unterwegs!« sagte sie und steckte den Pieper wieder in die Brusttasche. »Sehen Sie«, sagte sie, »damit muß ich mich jeden Tag auseinandersetzen – und das ist nicht mal ein Mensch. Tschüß, Herr Steiger, bis nachher.« Mit eiligen Schritten verließ sie den Raum und überließ mich der sterilen Stille des Krankenzimmers.

Nachdem ich lange genug die weiße Decke angestarrt hatte, versuchte ich mich ein wenig aufzurichten. Die Bestie in meinem Kopf wollte mich zwar daran hindern, doch meinen Willen konnte sie nicht anfressen.

Ich stützte mich auf den rechten Ellenbogen und wollte das gleiche mit dem linken probieren, doch es sollte bei einem Versuch bleiben. Die Nadel, die in der linken Armbeuge steckte, stach in meine Haut. Ich stützte das ganze Gewicht auf den rechten Ellenbogen und erblickte links von meinem Bett einen Hutständer aus Aluminium, an dessen Haken eine Flasche hing, von der ein Schlauch in meine Vene führte. Doch das war nicht das Schlimmste, was ich entdeckte: Als mein Blick am Fußende des Bettes hängenblieb, sah ich zu meinem Erschrecken ein Gipsbein, das aller Wahrscheinlichkeit nach zu mir zu gehören schien. Mein ganzer Körper war mit nichts anderem beschäftigt, als im Takt meiner Nerven zu zittern und zu beben, so daß ich den Gips erst jetzt bemerkte. Meine Gedanken überschlugen sich, und angestrengt versuchte ich mich an irgend etwas zu erinnern. Ich wußte natürlich längst, wo ich mich befand, aber das Wie, Weshalb und Warum blieb in den dunkelsten Windungen meines Gehirns verborgen – konnte es sein, daß die Bestie meine Erinnerungen gefressen hatte? Ich ließ das große Fragezeichen links liegen und konzentrierte mich auf das Wesentliche. Der einzige Anhaltspunkt, den ich hatte – so dumm es auch klingen mag –, bestand darin, daß ich meiner Oma einen Tritt vors Schienbein versetzte, weil sie mich wieder mit Tetravitol fütterte.

Vorsichtig legte ich den Oberkörper zurück auf die Matratze. Nach über einem Jahr lag ich zum ersten Mal wieder in einem richtigen Bett. Der Umstand, daß es sich dabei um ein Krankenbett handelte, machte mir nicht im geringsten etwas aus – im Gegenteil: Ich empfand Erleichterung bei der Vorstellung, daß es vielleicht in den nächsten drei Wochen wieder Menschen gab, die sich um mich kümmerten – zwar nur von Berufs wegen, aber immerhin. Ich schloß die Augen, dachte an gar nichts und zitterte und schwitzte vor mich hin, bis es an die Tür klopfte. Langsam stützte ich mich wieder auf, und da marschierten sie auch schon herein, die Götter in Weiß. Schwester Marion, die hinter einem Pfleger ging, war ebenfalls dabei, und das beruhigte mich ein wenig.

Insgesamt waren es vier Personen. Allen voran ein älterer Herr, der schon über die Fünfzig war. Unter seiner antiken Römernase trug er ein Clark-Gable-Bärtchen. Seine rehbraunen Augen strahlten eine gelassene Ruhe aus, und seine Schläfen waren graumeliert. Er war von großer, breiter Statur, und trotz seiner weichen Augen ging von ihm eine überlegene Autorität aus. Seine Stimme war weich und sehr männlich zugleich. Zuerst dachte ich, er habe sie sich von Elmar Gunsch geliehen, als er sich vorstellte: »Ich bin Ihr behandelnder Stationsarzt. Mein Name ist Wegener. Wie fühlen Sie sich, Herr Steiger?«

Ich räusperte mich schmerzhaft und flüsterte: »Ich würde mich besser fühlen, wenn ich etwas zu trinken kriegen würde, Herr Doktor!«

»Das geht leider nicht! Auf Grund der Speiseröhrenverätzung kann ich Ihnen nicht gestatten, Alkohol zu trinken. Aber wir werden Ihnen nachher ein Mittel geben, das Ihre Nerven beruhigen wird. Wie lange sind Sie schon Alkoholiker, Herr Steiger?« Ich zuckte mit den Achseln und antwortete: »Wann das genau angefangen hat, kann ich Ihnen auch nicht mehr sagen, aber es ist schon über fünf Jahre her.«

»Na ja«, sagte er ruhig, »das ist ja auch momentan zweitrangig und das kleinere Problem. Wissen Sie, was mit Ihnen geschehen ist? Können Sie sich an irgend etwas erinnern?«

»Die ganze Zeit schon versuche ich mich an irgendeinen Anhaltspunkt zu erinnern, der mich weiterbringen könnte, aber es gelingt mir einfach nicht. Ich weiß auch nicht, wie ich hier reingekommen bin; ich habe einen totalen Filmriß!«

»Und eine schwere Gehirnerschütterung haben Sie auch, Herr Steiger«, nahm er die Diagnose auf. »Außerdem haben Sie sich Ihren linken Knöchel gebrochen, ein paar Rippen angeknackst und erhebliche Prellungen am ganzen Körper. – Sie können sich also an nichts mehr erinnern?«

»Leider nein, Herr Doktor!«

Er blickte auf sein Klemmbrett und fragte mit gerunzelter Stirn: »Ist Ihnen der Name Salewski ein Begriff, Dieter Salewski?«

Obwohl ich angestrengt nachdachte, konnte ich mit dem Namen einfach nichts anfangen. Die enormen Kopfschmerzen taten ein übriges dazu. So antwortete ich nur schlicht: »Nein, noch nie gehört«, und schloß die Augen.

»Machen Sie sich um Ihren Filmriß keine Gedanken«, entgegnete Dr. Wegener aufmunternd. »Die Erinnerungen kommen schneller wieder, als es Ihnen lieb ist. Auf jeden Fall haben wir es versucht, nicht wahr?« Er winkte den rothaarigen Pfleger zu sich, der die ganze Zeit schon stramm gestanden hatte, und gab ihm ein paar Anweisungen. Dann wandte er sich wieder an mich: »Diesen Salewski hat man an derselben Stelle gefunden wie Sie. Die Sanitäter hatten alle Hände voll zu tun und wir auch. Wir mußten Sie zuerst einmal desinfizieren, bevor wir daran gingen, Ihren Fuß zu richten; deshalb riechen Ihr Bart und Ihre Haare etwas scharf. Verglichen mit diesem Salewski, sehen Sie noch blendend aus.« Er drückte mir mit festem Griff die Hand und fügte lächelnd hinzu: »Wir kriegen Sie schon wieder hin, keine Sorge!«, und zu Schwester Marion sagte er kurz und knapp: »Zweimal fünfzig Milligramm Distraneurin.«

So wie sie gekommen waren, gingen sie auch, im Gänsemarsch. Schwester Marion kehrte nach ein paar Minuten wieder zurück und reichte mir zwei Kapseln, die ich mit einem Schluck Pfefferminztee hinunterspülte. Das Schlucken trieb mir die Tränen in die Augen. Dennoch erkundigte ich mich nach Salewski.

»Darüber kann ich Ihnen auch nicht viel sagen«, antwortete sie bedauernd, »aber es muß ihn schwer erwischt haben. Er liegt nämlich auf der Intensivstation, und was das bedeutet, können Sie sich ja denken.«

»Es ist alles so dunkel in meinem Kopf«, sagte ich mit einem kleinen Anflug von Verzweiflung. »Ich krieg einfach keinen Faden zu fassen. Ich weiß nicht einmal, was für ein Datum wir haben, und dann ist es auch ständig dunkel hier drin – können Sie vielleicht die Vorhänge aufziehen, Schwester?«

»Das hat schon seine Richtigkeit, Herr Steiger. Das Zimmer muß abgedunkelt bleiben. Jegliche Helligkeit würde Ihnen nur schaden. Die Helligkeit würde einen Reiz auslösen, der sich auf Ihr Gehirn überträgt, und das würde Ihre Lage in diesem Stadium nur verschlimmern, verstehen Sie?« Sie steckte beide Hände in die Taschen ihres weißen Kittels. Nur die Daumen schauten rechts und links über die Nähte und zeigten auf ihren leicht gewölbten Bauch.

Sie war ungewöhnlich groß für eine Frau, aber vielleicht kam sie mir auch nur so groß vor, weil ich mich in der Waagerechten befand. Ihr kastanienbraunes Haar hatte sie kunstvoll am Hinterkopf verschlungen und zusammengesteckt. Der halbkreisförmige Pony verdeckte ihre Stirn bis kurz über den Augenbrauen, die sie ihrer natürlichen Schönheit überließ. Obwohl sie dicht gewachsen waren, wirkten sie wie aufgerauhter Samt. Der Übergang zu ihren Augen war so nahtlos wie ein Ufer zu einem leise fließenden Bach. Haselnußbraun standen sie weit auseinander. Der schnurgerade Nasenrücken leitete ihre Nasenflügel zu zwei seitlich gewölbten Halbmonden. Ihr schöner Mund hatte auch ohne Lippenstift eine gesunde, tiefrote Farbe. Die Unterlippe schmollte ein wenig über die Oberlippe, die zwei kleine Hügel bildete. Eine Handbreit über ihren runden Knien verdeckte der Kittel ihre Oberschenkel, die in breite Hüften mündeten. Auch ihre Oberweite konnte sich sehen lassen: Der letzte Knopf an ihrem Kittel spannte ein bißchen.

Erotische Phantasien könnte ich jetzt am wenigsten brauchen. Mit Müh und Not konzentrierte ich mich auf meine Fragen: »Wie lange werde ich wohl hierbleiben müssen?«

»Mindestens drei Wochen, schätze ich mal. Danach bekommen Sie einen Gehgips. Bis dahin wird auch Ihre Gehirnerschütterung abgeklungen sein. Aber ein genaues Datum kann ich Ihnen auch nicht nennen. Apropos Datum, Herr Steiger: Heute ist der erste November. Das Jahr werden Sie ja wohl noch wissen?!« Sie lachte etwas verhalten und schenkte mir erneut die Teetasse voll. Meine nächste Frage entstammte purer persönlicher Neugier: »Schwester Marion, erlauben Sie mir eine private Frage?«

»Wenn sie nicht zu privat ist, bitteschön!«

»Was denken Sie, wenn Sie einen Menschen wie mich sehen?«

Sie kniff ihre schönen Lippen zusammen, legte die Stirn in Falten und seufzte ergeben. Sie sah mich lange an, bevor sie antwortete: »Wissen Sie, es geht nicht darum, was ich oder andere über Sie denken. Das spielt keine Rolle. Viel wichtiger ist, was Sie von sich selber denken oder wofür Sie sich halten. Aber wenn ich ehrlich bin, muß ich Ihnen gestehen, daß ich mich in solchen

Momenten manchmal schäme, ein Mensch zu sein.« Ihr Gesicht heiterte sich ein wenig auf, als sie freundlich hinzufügte: »Zerbrechen Sie sich jetzt nicht den Kopf darüber, sondern ruhen Sie sich aus und warten Sie, bis die Kapseln wirken. Ich schaue später noch mal bei Ihnen rein. Also, bis dann!«

Die Wirkung der Kapseln sollte nicht lange auf sich warten lassen. Die Vögel, die auf den dünnen Drahtseilen meiner Nerven herumhüpften, flogen davon, einer nach dem anderen. Der letzte nahm mich mit auf seinem Flug; immer höher und höher, in die unsichtbare Dunkelheit des Schlafes.

Der Flug dauerte leider nicht lange, und alle Vögel kehrten auf ihren Platz zurück. Zum Glück verhielten sie sich ruhig und gaben keinen Pieps von sich. Der letzte, der seine Reise mit mir beendete, nahm in dem Moment seinen Platz ein, als ich sanft an den Schultern gerüttelt wurde.

Der Schlaf glitt wie an einem Fallschirm Richtung Erde. Als meine Füße den Boden berührten, schlug ich die Augen auf, vor denen die Bestie mit speicheltriefenden Lefzen hockte und darauf wartete, hindurchschlüpfen zu können.

Meinen Zustand konnte man nicht gerade als wach bezeichnen. Nur die Kopfschmerzen zeugten davon, daß ich mich in der Realität des Krankenzimmers befand. Es kam mir so vor, als ob die Kapseln mich nicht nur der Wirklichkeit beraubten, sondern ich spürte auch kein Gewicht mehr. Das Bett unter mir fühlte sich an wie ein Luftkissen, aus dem ganz langsam die Luft entwich. Auch die Stimme, die ich hörte, paßte nicht ins Bild des Krankenzimmers: Sie klang, als ob sie langsam durch ein riesiges Kirchenschiff hallte, vor dessen Portal ich stand. »Sind wir nun endlich wach geworden, ja? Ich bringe Ihnen Ihr Mittagessen!« Der Versuch, mich ein wenig aufzurichten, scheiterte kläglich. Erschöpft und schmerzend sank mein Kopf ins Kissen zurück. Am Bett stand der rothaarige Pfleger, der auch schon heute morgen bei der Visite dabeigewesen war. Er klappte das Tablett aus dem Nachtschränkchen, das rechts neben dem Bett stand, und stellte einen Teller darauf, auf den man einen grünen Deckel gestülpt hatte.

Die Worte des Krankenpflegers verloren ihren Widerhall, als er sagte: »Versuchen Sie, Ihren Kopf ruhig zu halten. Ich werde Ihnen das Bett ein wenig hochklappen.« Er bediente einen Hebel unter dem Bett, und mein Oberkörper richtete sich automatisch auf. Obwohl ich nicht den geringsten Appetit verspürte, war ich neugierig, was sich unter dem grünen Deckel befinden mochte. Der Rotschopf hob den Deckel hoch und stellte ihn beiseite. Kaum war der Deckel weg, hob sich auch mein Magen nach oben, denn das, was ich im Teller erblickte, war alles andere als appetitanregend. Der Pfleger fuhr sich mit den Fingern durch seinen roten Stoppelhaarschnitt und lachte amüsiert, als er meinen Gesichtsausdruck sah. »Tja, da kommen wir halt nicht drum rum. Das müssen wir essen, ob wir wollen oder nicht. Das bißchen Haferschleim kann uns doch nicht aus der Bahn werfen. Warten Sie, ich helfe Ihnen!«

Er füllte den Löffel mit dem grauen schleimigen Zeug und war gerade im Begriff, ihn an meinen Mund zu führen. Ich räusperte mich schmerzhaft und flüsterte angewidert: »Wenn mir schon nichts anderes übrigbleibt, als dieses Zeug zu essen, dann will ich es wenigstens alleine versuchen – wenn Sie erlauben!« Ich nahm ihm den Löffel aus der Hand und begann das salz- und gewürzlose Zeug in mich hineinzuschlürfen. In meinem Hals brannten plötzlich tausend Feuer, als ob ich Blausäure geschluckt hätte. Das Wasser schoß mir in die Augen, und die Schleimhäute in meiner Nase fingen an zu jucken und zu schmerzen. Nachdem mein überaus hilfsbereiter Krankenpfleger mir die Nase geputzt hatte, ergab ich mich in mein Schicksal und schlürfte die fade, schleimige Brühe Löffel für Löffel aus. Als ich fertig war, schob ich den leeren Teller beiseite und legte den Kopf ins Kissen zurück. Der kalte Schweiß trat mir erneut auf die Stirn und lief mir seitlich die Schläfen hinunter. Die

Flamme in meinem Hals wurde immer kleiner, wie wenn man einen Docht herunterdreht. Mein Herz klopfte, als hätte ich Schwerstarbeit verrichtet. Jedes einzelne Pochen stach mir in die Rippen, so daß ich versuchte, flacher zu atmen. Meine Augen starrten wieder Richtung Zimmerdecke, auf die mein tranceähnlicher Zustand kleine schattige Figuren malte. Der Krankenpfleger, der mich ständig in der Mehrzahl ansprach, tupfte mir den Schweiß von der Stirn und sagte mit der Wichtigkeit eines Arztes: »Na, das haben wir doch fein hingekriegt. Es ist alles halb so schlimm. Der Mensch gewöhnt sich eben an alles.«

»Ach, übrigens: Sollten Sie aufs Klo müssen, so bleiben Sie um Gottes willen liegen. Drücken Sie einfach nur auf diesen Knopf hier.« Er nestelte an einem Kabel herum, das um den stählernen Arm eines Rohrs gewickelt war, das sich waagerecht über meinem Kopf befand. Am Ende des Kabels baumelte ein graues Kästchen, das einem Telefonhörer glich. Inmitten des Hörers war ein roter Knopf. Er fügte mit gespieltem Bedauern hinzu: »Heute nachmittag werden wir Sie ein bißchen quälen müssen.«

»Weshalb?« fragte ich müde.

»Weil wir da die Bettwäsche wechseln werden«, antwortete er geschäftsmäßig. Er nahm das Tablett und marschierte Richtung Tür. Nach ein paar Sekunden stand er wieder an meinem Bett und überprüfte die Infusion. »So, und jetzt versuchen wir wieder, ein wenig zu schlafen«, sagte er wie zu einem Kind und verließ auf quietschenden Kreppsohlen das Zimmer. Ich schloß die Augen, gesellte mich wieder zu den Vögeln, die sich noch immer ruhig verhielten, und schlief ein.

Der Tiefschlaf wollte gerade seinen schweren Mantel über mich breiten, als ich abermals an den Schultern gerüttelt wurde. Leicht verärgert verließ ich die Welt der Träume und schlug die Augen auf. Ich blickte direkt in die schönen Augen von Schwester Marion, und das besänftigte mich ein wenig. Schlaftrunken fragte ich sie, ob sie mein Bettzeug wechseln wolle. Leise antwortete sie:

»Nein, dazu kommen wir später. Da draußen steht ein Mann, der mich beauftragt hat, Sie zu fragen, ob Sie ihn empfangen würden.«
Ich konnte mir beim besten Willen nicht vorstellen, wer mich besuchen wollte, und so entgegnete ich überrascht: »Hat er Ihnen gesagt, was er von mir will oder wer er ist?«
»Sein Name ist Drenk oder so ähnlich. Mir scheint, als ob er ein schlechtes Gewissen hat«, sagte sie, und leise kichernd fügte sie hinzu: »Er steht da wie ein Lausbub, den man beim Äpfelstehlen erwischt hat. Soll ich ihn reinbitten?«
»Sein Name sagt mir zwar nichts, aber ich bin gespannt, was er von mir will. Von mir aus bitten Sie ihn herein«, entgegnete ich.
Schwester Marion lief zur Tür, und nach einer Weile trat ein Mann ins Zimmer, von dem ich geschworen hätte, ihn noch nie gesehen zu haben. Sein Büßerblick pendelte zwischen dem Fenster und meinem Bett hin und her. Er rang seine Hände unterhalb des Bauches, als ob er sie in der Luft waschen wollte. Die Mundwinkel zuckten in einem Gesicht, das mich an geschnitztes Holz erinnerte. Seine Stimme hörte sich an, als ob sie frisch über eine Küchenreibe gerieben wurde. »Ich ..., ääh ..., ich ..., ich wollte nur mal sehen, wie es dir geht und dir ... ääh, sagen, daß es mir leid tut.«
»Wer bist du, und was zum Teufel tut dir leid?« erwiderte ich ahnungslos. Das Holzgesicht schien angestrengt über seinen nächsten Satz nachzudenken, bevor es antwortete: »Die ... die Schwester hat mir gesagt, daß du eine schwere Gehirnerschütterung hast und ich nicht so viele Fragen stellen soll. Es überrascht mich nicht, daß du dich an nichts mehr erinnern kannst; so wie die auf deinem Kopf rumgeschlagen haben.«
Ich hätte am liebsten hundert Fragen auf einmal gestellt. Doch ich beschränkte mich zunächst auf die wichtigsten. »Wer hat auf meinem Kopf rumgeschlagen? Wenn du das weißt, dann kennst du sicher auch den Rest der Geschichte. Es stimmt schon: Ich habe einen totalen Filmriß, und das Sprechen fällt mir schwer. Deshalb ist es besser, du erzählst mir alles, und ich höre dir zu, okay?«

»... und nachdem du gekotzt hast, haben sie dich ständig auf den Kopf geschlagen; in die Rippen, in den Magen und immer wieder auf den Kopf. Wenn du nicht gekotzt hättest, hätten sie dir ins Gesicht geschlagen, diese Schweine. Sie befürchteten, ihre Hände mit deinem Gesabber zu beschmutzen. Irgendwie kannst du froh sein, daß du gekotzt hast. Als sie merkten, daß du bewußtlos warst, haben sie dich rausgeschleift. Dein linkes Bein war noch nicht ganz über die Schwelle, als sie die Tür mit voller Wucht zugeschlagen haben. Du hast noch einmal laut aufgeschrien, und dann war absolute Ruhe. Sie haben dich unter dem Vorbau vom Alten liegenlassen und dann hat ... und ... und dann hat«, er geriet ins Stottern und Schwitzen, »und dann hat einer von den beiden ... na ja, er hat eben seinen Hosenschlitz aufgemacht und auf deinen Kopf gepinkelt.« Er wand sich wie ein geprügelter Hund. »Es tut mir wirklich leid, was da geschehen ist, das mußt du mir glauben. Aber wenn ich dir geholfen hätte, würde ich jetzt neben dir liegen. Die beiden sind gefährlich – was hätte ich denn machen sollen? Mir blieb keine andere Wahl als zuzusehen; kannst du das verstehen?«

Völlig fassungslos schaute ich ihn an, und aus seinem Holzgesicht wurde allmählich der Nußknacker, den man an den Füßen aufgehängt hatte. Sehr langsam nahm der Film seine Fortsetzung, und in Zeitlupe sah ich einen Mann am Stamm eines Baumes liegen, der vor Schmerzen stöhnte. Die Bruchstücke meiner Erlebnisse auf der Ranch setzten sich Stück für Stück zusammen – wie ein Alptraum, den man vor langer Zeit geträumt hat und der sich schlangenhaft wieder ins Bewußtsein schleicht. Auf all die Fragen im Memoryspiel meiner Gedanken gab es plötzlich eine Antwort. Ich verspürte weder Haß noch Rache. Ich kam mir vor wie ein Blinder, der erfuhr, daß er die letzte Stufe erreicht hat. Diese Stufe bildete für mich eine Art Podest für meine weiteren Fragen: »Kannst du mir sagen, wer die beiden waren?« Ich sah ihm an, daß die Angst sein schlechtes Gewissen an die Wand nagelte. Er biß sich die Unterlippe weiß und antwortete zögernd: »Die zwei kommen vielleicht einmal im Monat auf die Ranch, meistens dann, wenn sie kein Geld mehr haben. Sie zocken, würfeln und pokern, und kein Mensch wagt es, gegen sie zu gewinnen!«

»Was ist mit Häppie und Seiffert?« warf ich dazwischen.

»Hast du schon mal erlebt, daß eine Krähe der anderen ein Auge aushackt? Die kassieren so etwas Ähnliches wie Schutzgeld. Hast du eine Ahnung, was da unten so an Geld über den Tisch wandert!«

»In dieser verkommenen Baracke?« fragte ich verwundert.

»Ja, diese verkommene Baracke ist nicht nur der Treffpunkt von allen möglichen Kriminellen, sie ist auch ein Umschlagplatz für Diebesgut jeglicher Art. Du müßtest mal beim Alten ins Hinterzimmer schauen, du würdest dich wundern und – «

»Ach deswegen hat der Alte diese Vormachtstellung da unten!« unterbrach ich ihn.

»Nicht nur das«, erklärte er, froh darüber, sein schlechtes Gewissen abgeschüttelt zu haben. »Der Alte ist der einzige da unten, der über ein Bankkonto verfügt, und auf dem wäscht er ihnen sozusagen ihr Geld. Die auf der Bank wissen natürlich von seinem Getränkehandel, der zwar gut läuft, aber trotz allem nur ein Deckmantel ist für die miesen Geschäfte, die da unten ablaufen!«

Endlich setzte sich ein Stein auf dem anderen zu einem Gebäude zusammen, in dessen Keller die Ratten hausten. »Dann hat der Alte mehr oder weniger seine eigene Hausbank, mit dem Unterschied, daß er keine Kredite gibt, sondern die Anteile aus den miesen Geschäften auszahlt – ganz schön raffiniert, der alte Catweazle!«

Mein Besucher klagte über Schmerzen im linken Knie. Umständlich griff er sich einen Stuhl und setzte sich ans Bett.

»Was weißt du über diesen Salewski, den sie vor mir zusammengeschlagen haben?« fragte ich ihn.

»So gut wie gar nichts«, antwortete er schnell und rutschte unruhig auf seinem Stuhl herum. »Als ich ihn besuchen wollte, wurde mir erklärt, daß er im Koma liegt. Schädelbasisbruch und unzählige andere Knochenbrüche; innere Blutungen soll er auch haben. Mein Gott, den haben sie ganz schön fertiggemacht. Ich habe den Krankenwagen gerufen, und als die Sanitäter kamen, hat einer von ihnen die Hände über dem Kopf zusammengeschlagen – so übel haben sie ihn zugerichtet!«

»Willst du mir jetzt endlich sagen, wer die beiden waren?« Meine Verärgerung war zwar nur gespielt, aber ich hoffte dadurch, eine Antwort aus ihm herausquetschen zu können.

Hilflos starrte er zum Fenster hinüber und erwiderte: »Es tut mir leid, Tommy, aber ich kann es dir nicht sagen. Sie haben mich hinterher am Kragen geschnappt und mir gedroht, mich abzustechen, wenn ich ihre Namen verrate! Herrgott noch mal, kannst du denn meine Angst nicht verstehen?«

Ich verstand ihn sehr gut. Deshalb gab ich mich zufrieden. Es hätte mir ja doch nichts genützt, wenn ich die Namen erfuhr. »Aber deinen Namen kannst du mir doch wenigstens nennen, oder? Du wirst es nicht für möglich halten, aber ich habe ihn vergessen.« Die Überraschung stand ihm ins Gesicht geschrieben: »Ich bin doch der Frido, der Junge aus Bad Wimpfen!«

Ich lachte, so gut es meine Kopfschmerzen zuließen. »Entschuldige, wie konnte ich nur so töricht sein und deinen Namen vergessen.« Ernsthaft fügte ich hinzu: »Frido, hast du Häppie etwas von der Sauerei erzählt?«

»Ich bin nicht mehr dazu gekommen«, entgegnete er. »Er war der erste, der heute morgen auf der Ranch erschien. Gleich danach kamen die Bullen und haben ihn mitgenommen.«

»Was hat er denn verbrochen?« fragte ich.

»Körperverletzung! Er hat irgendeinem Idiot den Arsch versohlt, der ihn mit einem gefälschten Scheck reinlegen wollte. Und der Vater von dem Idiot ist ein hohes Tier in Emmendingen; auf jeden Fall hat er ihn angezeigt.«

Der gute alte Häppie. Ich machte mir keine Sorgen um ihn. Es tat mir nur weh, daß ich ihn nicht mehr sehen konnte. Ich hätte ihm noch so viel zu sagen gehabt. Vielleicht könnte ich seine Adresse rauskriegen und ihm schreiben.

Unsere Unterhaltung wurde abrupt beendet, als Schwester Marion und die Erwachsenenausgabe von Pippi Langstrumpf ins Zimmer schneiten, um die Bettwäsche zu wechseln. Frido stand etwas unbeholfen auf und wollte sich verabschieden. Ich bat ihn, mir einen Gefallen zu tun: »Würde es dir etwas ausmachen, am Donnerstag zum Roten Kreuz zu gehen? Ich brauche dringend neue Klamotten. Die alten kann ich wohl schlecht in die Reinigung geben.«

»Wenn es weiter nichts ist«, antwortete er, »wird gemacht. Ach ja, beinahe hätte ich es vergessen: Hier hast du noch etwas Tabak und Blättchen.« Er legte mir einen vollen Beutel Schwarzer Krauser aufs Nachttischchen und verabschiedete sich.

Nachdem er gegangen war, bemühte ich mich, die Ranch zu vergessen. Aber noch heute wache ich schweißgebadet aus Alpträumen auf, die mich immer wieder dorthin führen.

Trotz meiner Schmerzen befand ich mich in einer angenehmen Situation. Ich hatte für mindestens drei Wochen ein stabiles Dach über dem Kopf und konnte in einem richtigen Bett schlafen. Nach langer Zeit fühlte ich mich wieder glücklich.

Frido besuchte mich jeden Tag. Er brachte mir die gewünschten Klamotten und war ein angenehmer Gesprächspartner. Den Tabak und die diversen Zeitschriften zwackte er vom Einkaufsgeld des Alten ab.

Drei Tage vor meiner Entlassung wurde mir ein Gehgips verpaßt. Ohne Aussicht auf ein neues Dach über dem Kopf drückte ich Frido ein Rezept in die Hand und bat ihn, mir ein Paar Krücken aus der Apotheke zu besorgen. In der vierten Novemberwoche 1986 humpelte ich aus dem Eingang des Krankenhauses in eine ungewisse Zeit.

5. Kapitel

Der Indianer

Mit den Krücken kam ich überraschend gut zurecht. Schon nach ein paar Metern machte ich sichere Schritte. Meine Klamotten vom Roten Kreuz waren zwar gebraucht, aber sauber gewaschen wie ich selbst – in dieser Hinsicht war ich schon lange nicht mehr wählerisch. Ich schwitzte ein wenig in dem fast nagelneuen Parka, denn die Temperaturen spielten mit der Jahreszeit wieder mal Katz und Maus.

Es war Montagmorgen; der heilige Tag aller Sozialhilfeempfänger. Da ich diesen Tag ebenfalls segnete, machte ich mich auf den Weg ins Sozialamt. Gregorowsky betrachtete mein Martyrium als schweren Unfall für die Sozialausgaben des Staates und schimpfte auf die Krankenkassen. Mit meiner Sozialhilfe in der Tasche, Distraneurin im Blut und einem ungeheuren Appetit auf ein Bier begab ich mich ins Kaufhaus Kraus. Mein Körper hatte sich während der drei Wochen im Krankenhaus stabilisiert. Nur ab und zu meldete das Herz mit kleinen Stichen an, daß ich Schindluder mit ihm trieb. Ich ließ die Alarmsignale außer acht und stellte mich den Tatsachen. Ich zählte die Möglichkeiten auf, die sich mir boten – nämlich gar keine. Meine Finger, an denen ich abzählte, wohin ich mich wenden könnte, zeigten automatisch nach unten, ganz tief nach unten. Allenfalls der Zeigefinger blieb übrig. Ich hinkte auf die Telefonbox neben der Geschenkabteilung zu und wählte die Nummer meiner Eltern. Mein Vater kam immer erst Viertel nach zwölf zur Mittagspause nach Hause. Niemals hätte ich es gewagt anzurufen, wenn er daheim gewesen wäre. Seine Abneigung, seine Enttäuschung und sein Zorn mir gegenüber standen unverrückbar fest. Mein Mund trocknete vor lauter Nervosität aus, und das Herz schlug mir bis zum Hals. Über ein Jahr war es bereits her, daß ich mich zuletzt bei meiner Mutter gemeldet hatte. Das Geräusch, als auf der anderen Seite der Hörer abgenommen wurde, drang tief in die Rumpelkammer meiner Seele. »Steiger!«

Ich räusperte mich, holte tief Luft und sagte: »Hallo, Mutter, ich bin es – Thomas!« Jetzt war sie an der Reihe mit Atem schöpfen. Ihre Worte holperten wie eine Bowlingkugel über eine unebene Kegelbahn. »Was ... wo ... wo bist du?«

Ich hatte meine Stimme wiedergefunden und antwortete: »Im Kaufhaus Krauss. Könntest du mir vielleicht eine Minute zuhören?«

»Ja, aber mach's kurz, ich muß wieder zurück zum Herd.«

»Na gut, ich mach's kurz: Ich habe mir den linken Fuß gebrochen und weiß nicht, wo ich ihn heute nacht hinlegen soll!«

»Aber warum ... wenn ... ääähh, du weißt ja, wenn Vater etwas – «

»Ja, ja«, unterbrach ich sie verärgert, »der liebe Gott persönlich. Ich würde dich auch nicht um einen Unterschlupf bitten, wenn ich nicht mit diesem beschissenen Gips rumlaufen müßte!« Ruhiger schlug ich vor: »Es wäre doch möglich, daß ich heute auf dem Speicher übernachte; da kommt er doch nicht hinauf.«

Inzwischen hatte sie ihre Sprache wiedergefunden. Die Bowlingkugel rollte schnell und sicher auf der Bahn und schmetterte alle neune an die Wand. »Das kann ich nicht machen! Das Risiko ist einfach zu groß. Wenn er etwas merken würde, wäre die Hölle los – du kennst ihn ja!«

Meine Enttäuschung verwandelte sich in heiße Wut. »Es tut mir leid, dich gestört zu haben.«

»Thomas, ich kann doch nichts – «

»Natürlich, ich weiß«, fuhr ich wütend dazwischen, »du hast noch nie etwas dafür gekonnt! Hör zu! Koch deine Suppe, und vergiß um Himmels willen das Salz nicht!

»Wie kommst du da ...«

Ich knallte den Hörer auf die Gabel und ging zurück ins Restaurant. Meine Gedanken überschlugen sich. Ich haderte mit mir selbst und hätte mir am liebsten die Zunge abgebissen. Konnte ich das alles nüchtern ertragen? – Nein! Die Verzweiflung wurde von Resignation abgelöst. Sie hielt mich mit ihren vielen Fragezeichen gefangen und verband mir die Augen mit einem schwarzen Tuch.

Ich verließ das Restaurant und fuhr mit dem Aufzug ins Parterre hinunter. Unten angekommen, bekam mein Verstand einen so heftigen Satz Ohrfeigen, daß es durchs ganze Kaufhaus geschallt haben muß: Am Zeitschriftenstand wartete er und betrachtete kritisch die Münzen in seiner kleinen Hand. Der Schock hätte mir beinahe die Krücken weggerissen. Alles in mir und um mich herum verlor plötzlich an Bedeutung, nur dieser kleine Junge nicht, der sich jetzt eine Badische Zeitung unter den Arm klemmte. Neugierig betrachtete er die bunten Feuerzeuge, die in einer gläsernen Box auf dem Verkaufstresen standen. Ich wollte ihn an mich reißen, ihn drücken und streicheln. Ich wollte meinem neunjährigen Sohn sagen, wie sehr ich ihn liebte und wie sehr ich ihn vermißte. Ich wollte mit ihm heulen und lachen. Ich wollte alles auf einmal und tat doch nichts dergleichen. Ich wußte nicht, was man ihm über mich erzählte, aber er sollte nicht sehen, was aus mir geworden war. Ich humpelte an ihm vorbei. Im nächsten Aldi kaufte ich mir eine Flasche Fuselwhisky. Ohne Ziel gelangte ich in den Rosengarten. Dort, oberhalb des alten Emmendinger Marktplatzes, standen vor der alten Stadtmauer vereinzelte Bänke, die von Sträuchern umrahmt wurden. Früher tummelten sich hier die Kinder in den Sandkästen, die vor den Bänken angelegt worden waren. Heute saßen hier die Wermutbrüder und Stadtstreicher. Vor dem Lenzhäuschen, das in der Mitte des Gartens stand, erstreckte sich zu beiden Seiten eine weite quadratische Rasenfläche, die bis ans Kopfsteinpflaster des Marktplatzes reichte, der jetzt als Parkplatz diente.

Mitten auf dem Rasen lag ein Mann auf dem Rücken mit weit

ausgestreckten Armen und Beinen. Neben ihm scharrte eine Promenadenmischung aus Schnauzer und Terrier in Mauselöchern. So wie es aussah, schien er seinen Rausch auszuschlafen. Die Bänke waren alle leer, und vom nahen Brettenbach kam das einzige Geräusch herauf, das die Stille unterbrach.

Als ich näher kam, erkannte ich ihn: Um seine Stirn das rote Stirnband, in das er am Hinterkopf eine Taubenfeder gesteckt hatte. Eine speckige Jeansweste war die einzige Oberbekleidung, und seine Beine steckten in einer verfleckten, ausgefransten Jeanshose. Der Mund war unter seiner Hakennase nicht zu erkennen. Das Gestrüpp eines zerzausten, von grauen Strähnen durchzogenen Vollbarts verdeckte seine Lippen. Die tiefliegenden Augen hielt er geschlossen. Neben ihm lag eine Plastiktüte, deren Inhalt nicht schwer zu erraten war. Manfred Waizmann: das lebende Denkmal sämtlicher Asozialen in Emmendingen. Kein Mensch hat ihn je ohne Hund gesehen. Was ihn von den anderen Stadtstreichern unterschied, war die Tatsache, daß er immer einen festen Wohnsitz hatte – er soll sogar schon auf der Ranch gewohnt haben. Die Leute erzählten sich die unglaublichsten Geschichten über ihn. Aber eben weil sie unglaublich waren, glaubte ich auch immer nur die Hälfte davon.

Fest stand, daß er ein Einzelgänger war. Selten sah man ihn mit anderen Stadtstreichern, zumal er sich selbst nicht zu ihnen zählte. Er war aus der Emmendinger Fußgängerzone nicht mehr wegzudenken. Seit Jahren streifte er in seiner armseligen Indianerkluft durch die Straßen, sein Hund immer vorneweg.

Reinhard Enz, ein ehemaliger Jugendfreund von mir, erzählte mir mal, daß er sich seine eigene Welt erschaffen habe. Er kannte ihn etwas näher und berichtete, daß er sich von den Menschen abgenabelt habe, weil sie ihn von Kind auf schwer enttäuscht hätten – aus welchen Gründen auch immer. Er mied die Menschen wie die Pest und lebte lieber in der mystischen Welt des Wilden Westens. Er selbst nannte sich Cochise, nach dem legendären Häuptling der

Apachen, und strafte jeden mit Verachtung, der ihn mit seinem richtigen Namen ansprach.

Ich lehnte die Krücken an die alte Stadtmauer, setzte mich auf eine Bank und beobachtete ihn. Ich öffnete die Whiskyflasche und ließ die flüssigen Sonnenstrahlen – wie Bernard Shaw den Whisky einmal nannte – in meinen Hals laufen. Während ich die Pulle wieder zuschraubte, erblickte ich die Promenadenmischung, die jetzt auf mich zurannte. Hechelnd kam er an, schnüffelte an meinem Gips und pinkelte zur Begrüßung mit gehobenem Bein an die Bank. Die Vorderpfoten auf die Bank gestützt, leckte er mir die Hand. Als ich ihm den Kopf streicheln wollte, machte er einen Satz nach hinten und lief aufgeregt bellend zu seinem Herrchen, das nun langsam, aber sicher wach wurde. Trübe und benommen blickte er um sich, bis seine Augen an mir haften blieben. Schwerfällig erhob er sich, ohne den Blick von mir zu wenden. Mit weit gespreizten Beinen reckte er die Arme, als ob er Manitu um Regen anflehen wollte. Er legte den Kopf in den Nacken und gab einen markerschütternden Schrei von sich. Ganz langsam ließ er die Arme wieder sinken und kam wie in Zeitlupe auf mich zu. Ungefähr fünf Meter vor meiner Bank blieb er stehen. Nur seine Augen wanderten hin und her. Eine leichte Brise wehte durch seine dunkelbraunen, schulterlangen Haare. So stand er da und bewegte sich keinen Millimeter vom Fleck. Ich saß da und schaute ihm ruhig in die Schlitze seiner Augen. Ohne Zweifel wollte er herausfinden, ob ich Angst vor ihm hatte.

Ich wollte sehen, wie er reagierte, wenn ich in seine Welt eindrang, und begrüßte ihn vollkommen ruhig: »Sei gegrüßt, Cochise, Häuptling der Apachen!«

Mißtrauisch öffnete er seine Schlitze ein wenig und lockerte seine starre Haltung. »Du kennst mich?« erwiderte er mit dunkler Stimme.

»Wer Cochise nicht kennt, hat die Welt verpennt!« antwortete ich. Der Hund sprang mit einem Satz auf die Bank und rieb seine feuchte Nase in meinen Bart – das brach das Eis. »Henri scheint dich zu mögen, und wen Henri mag, den mag auch ich, obwohl du ein Mensch bist.«

»Sehe ich etwa aus wie ein Mensch?« entgegnete ich.

»Nein, eher wie das, was die Menschen übriglassen, wenn sie einen zerstört haben«, antwortete er mehr zu sich selbst gewandt und fragte: »Wer bist du, Hombre?« Ich nannte ihm meinen Namen, mit dem er nichts anfangen konnte, und erzählte ihm den ganzen Leidensweg von der Ranch bis hierher. Er setzte sich neben mich und sagte mit vor Stolz geschwellter Brust: »Houdini wollte mir mal den Lederbeutel abschneiden, den ich immer um meinen Hals trug und in dem ich meine Dollars aufbewahrte. Der Sauhund dachte, ich sei besoffen und merke nichts. Ich habe meinen Dolch aus dem Stiefel gezogen und ihm an den Hals gehalten. Bei dem kleinsten Mucks hätte ich durchgezogen.« Ich drängte ihn weiterzuerzählen: »Und was ist dann passiert?«

Er grinste und antwortete: »Was soll passiert sein? Er hat sich fast in die Hosen geschissen. Heute macht er einen großen Bogen um mich, der Kojote.«

Jetzt bückte er sich und fummelte an seinen ausgelatschten Stiefeln herum. Der Dolch, den er plötzlich in der Hand hielt, machte einen furchterregenden Eindruck. Nicht minder furchterregend war das Schauspiel, das er mit ihm abzog: Als ob er zu Harakiri ansetzen wollte, hielt er mit beiden Händen den Holzgriff. Die Spitze zeigte genau auf seinen Solarplexus. Der Hund sprang auf, als ob er ein nahendes Erdbeben spürte. Mit eingezogenem Schwanz lief er davon, ohne einen Laut von sich zu geben.

Mit den leblosen Augen eines Reptils sah mich Cochise an, und dann ertönte wieder dieser gewaltige Schrei, den er schon auf dem Rasen ausgestoßen hatte. Ich wagte kaum zu atmen, als ich gebannt zusah, wie er die Spitze des Dolches eine Handbreit über dem Bauchnabel ansetzte und die scharfe Klinge langsam durch seine Haut zog. Aus einer dünnen Wunde lief das Blut heraus.

Die Gedanken rasten durch mein Gehirn: War er wirklich unberechenbar? Verlor er manchmal den Verstand? Oder wollte er mir mit diesem indianischen Ritual imponieren?

Ich suchte nach Worten: »Was hat das für eine Bedeutung, was du da eben getan hast, Häuptling?« Blitzschnell drehte er den Kopf in meine Richtung, daß ich erschrocken zusammenfuhr. Seine starren Augen bohrten sich in meine, als ob er mich hypnotisieren wollte. »Das hier«, zischte er und zeigte auf die fadendünne Wunde, »das habe ich für dich getan, Hombre!« Sein ausgestreckter Mittelfinger, den er mir jetzt vor die Augen hielt, war blutverschmiert. »Leck ihn ab, Hombre!« zischte er.

Da ich das Spiel eröffnet hatte, das ich mittlerweile verfluchte, mußte ich es auch zu Ende führen. Ich nahm den Finger in den Mund und leckte das süßlich-klebrige Blut ab, das er für mich vergossen hatte. Mit einer Schnelligkeit, die ich ihm nie zugetraut hätte, schleuderte er seinen Dolch gegen einen Baum, der zwischen den Sandkästen stand. Zitternd blieb die Klinge in der Rinde stecken. Ich war viel zu verblüfft, um so etwas wie Angst zu entwickeln.

»Du hast es getan!« sagte er so leise, daß ich ihn gerade noch verstehen konnte. »Du hast es tatsächlich getan, Hombre!«

»Was hab ich getan?« fragte ich unsicher.

»Du hast dich brüderlich mit mir verbunden, das hast du getan!« Er kramte in seiner Plastiktüte, holte zu meiner Überraschung einen guten Wein heraus und hielt ihn mir vor die Nase. »Trink, mein weißer Bruder, trink«, sagte er euphorisch, »denn nachher zeige ich dir mein Tipi, und das kannst du nur im Suff ertragen.« Die meisten Leute, denen wir unterwegs begegneten, rümpften die Nase. Einige blieben sogar stehen, schauten uns nach und schüttelten die Köpfe. Nach fünfzehn Minuten erreichten wir sein Tipi, das nichts anderes war als ein altes dreistöckiges Haus, in das das Sozialamt seine Schäfchen sperrte. An der Grenze zwischen Niederemmendingen und der City stand es direkt an der

Idiotenrennbahn. Zusammengefügt mit den anderen Gebäuden machte es einen verkommenen Eindruck. Die Dunkelheit hinter den schmutziggelben Gardinen war wahrscheinlich genauso groß wie die Hoffnungslosigkeit der Bewohner. Cochise schloß das große hölzerne Tor auf, das einen weiten Torbogen ausfüllte, und sagte feierlich: »Willkommen in der Reservation!« Hinter dem Torbogen gähnte eine breite halbdunkle Einfahrt, in der es entsetzlich nach altem Hausmüll stank. Blaue Müllsäcke standen herum, die an den Seiten zum Teil aufgerissen waren. Ein schmaler Hausgang mündete links hinter der Einfahrt in eine kleine wurmstichige Holztreppe, die zu seiner Wohnung führte. Oberhalb der Treppe befand sich rechter Hand das Etagenklo, auf dessen Geruch ich nicht näher eingehen möchte. Cochise schloß die verglaste Wohnungstür auf und bat mich einzutreten. Der üble Gestank, der mir entgegenschlug, krallte sich sofort in die Schleimhäute meiner Nase und ließ mich würgen. Die Küche war vollgestopft mit sämtlichem Unrat von mindestens einem Monat. Überall lagen leere Schachteln mit Hundefutter herum, und in den Ecken türmte sich hüfthoch alte schmutzige Wäsche. Kakerlaken und Silberfische huschten über filzige Fliesen, die sich an den Ecken aufwölbten.

Im angrenzenden Wohnzimmer herrschte das gleiche Chaos. Auf einem alten Stahlrohrbett saß ein glatzköpfiger alter Mann mit blutunterlaufenen Augen. In seinem verschwitzten, dreckverschmierten Unterhemd saß er da und drehte sich mit nikotingelben Fingern eine Zigarette. Kaum war ich eingetreten, blickte er mich feindselig aus trüben grauen Augen an. Er musterte mich, als ob es gelte, mein Kampfgewicht einzuschätzen. Mit der typischen Nase eines Profiboxers und den Hängebacken einer Bulldogge hatte er mehr Ähnlichkeit mit einem kahlrasierten Schimpansen als mit einem Menschen. Vor ihm auf dem vollbeladenen Tisch stand ein Marmeladenglas, in dem sein Gebiß ruhte. Nicht nur seine Hängebacken, auch seine Stimme glich der

einer heiseren Bulldogge. »Was soll das?« bellte er in gebrochenem Deutsch. »Ich habe ein Recht zu erfahren, wer das ist!«
Cochise forderte mich auf, mich zu setzen, und schrie dem Affen ins Gesicht: »Soll ich dir deine Rechte noch mal vorlesen, du alte Mistsau? Du kannst froh sein, daß ich dich hier drin überhaupt dulde!« Drohend fügte er hinzu: »Es kann dir scheißegal sein, wen ich mitbringe, und wenn du noch einen Ton von dir gibst, ertränke ich dich in deinem Pißeimer, Polacke!«
Unter dem Tisch stand ein blauer Plastikeimer, der viertelvoll war. Cochises Worte wirkten wie Peitschenhiebe auf den Affen. Zusammengekauert zündete er sich mit zittrigen Händen die Zigarette an und blies den Rauch langsam aus seinem zahnlosen Mund.
»Den hat mir General Custer ins Nest gesetzt«, sagte Cochise ärgerlich zu mir.
»Wer ist General Custer?« fragte ich beklommen.
Er nahm einen tiefen Schluck Wein aus seiner Pulle und erwiderte wütend: »General Custer ist mein Moralapostel und Vormundschaftsprediger vom Sozialamt!« Er wischte sich mit dem Handrücken über den Mund und fuhr fort: »Er hat mir die Wahl gelassen, entweder unter die Brücke zu ziehen oder dieses Dreckloch mit dem da zu teilen!« Er zeigte mit erhobener Faust auf den Affen und setzte sich auf ein knarrendes Holzbett, das direkt hinter der Schlafstätte des Affen stand. Ich lehnte mich in dem verlausten Sessel zurück, legte mein schweres Gipsbein auf eine leere Bierkiste und nahm erst mal einen Schluck Whisky. Unsicher, wie ich Cochise nehmen sollte, versuchte ich so sachlich wie möglich über meine Lage nachzudenken. Er saß auf seinem Bett und starrte plötzlich wie ein Irrsinniger von einer Ecke in die andere. Nun war mir doch etwas mulmig zumute. Ich versuchte die Angst zu unterdrücken, die langsam in mir hochkriechen wollte. Auf einmal ließ er den Kopf sinken und stierte mit leeren Augen auf den Fußboden. Mein Herz begann schneller zu schlagen, und

nur um etwas zu sagen, stieß ich hervor: »Für einen Einzelgänger wie dich ist es bestimmt schwer, seinen Wigwam zu teilen?«

Als ob er mich nicht gehört hätte, griff er unter sein Kopfkissen und brachte eine Bullenpeitsche zum Vorschein. Langsam, fast bedächtig erhob er sich und bewegte sich marionettenhaft auf mich zu, die Peitsche hinter sich herschleifend. »Bis jetzt hast du deine Sprüche schön aufgesagt, Fremder; aber jetzt ist Schluß damit!« sagte er gefährlich leise und kam näher. Wie ein gehetztes Tier blickte ich mich um. Doch wohin hätte ich mit meinem Gipsbein so schnell flüchten sollen? Er hatte mich durchschaut, und dafür sollte ich nun wohl büßen. Mit dieser Reaktion hatte ich nicht gerechnet.

Die Angst, die wie eine kleine Quelle in mir sprudelte, versickerte auf einmal im Sand der Niederlagen, Demütigungen und Schmerzen, die ich in letzter Zeit erlitten hatte. Aus demselben Loch schoß nun eine Fontäne der Wut, der Verzweiflung und des Hasses. »Na los, schlag doch zu, wenn es dir Spaß macht!« schrie ich wie ein Verrückter. »Du willst ein Häuptling sein? Nennt sich Cochise und ist nichts weiter als derselbe Penner wie ich!«

Wie angewurzelt blieb er stehen und verengte seine Augen wieder zu Schlitzen. »Du kannst mich anschauen, wie du willst!« schrie ich weiter. »Damit kannst du höchstens noch deinen Hund beeindrucken oder diesen alten Affen da drüben. Aber eins versprech ich dir: Ich habe diesen Gips nicht ewig am Haxen, und dann gnade dir Gott!«

»Schlag ihn tot!« brüllte der Affe dazwischen.

Jetzt war endgültig Sense. Ich konnte und wollte mich nicht mehr bremsen. Ich lehnte mich, soweit es ging, nach vorne, krallte mir eine leere Bierflasche aus der Kiste und warf sie dem Affen an den Kopf. Das alles geschah in nur wenigen Sekunden. Sekunden, in denen Cochise beschloß, sich wieder zu setzen. Er schaute mich amüsiert an und sagte heiter: »Du bist vielleicht eine Marke Ho...; wie war doch gleich dein Name?«

Ich riß mich zusammen, so gut es ging, und nannte ihm erneut meinen Namen, worauf er erwiderte: »Tom Sawyer! Ich nenne dich Tom Sawyer. Ich bin nämlich ein großer Fan von Mark Twain, weißt du.« Und er zitierte den großen amerikanischen Literaten aus einigen seiner Novellen. Danach herrschte eine Zeitlang absolutes Schweigen. Nur das Gejammere des Affen war zu hören, der seinen Kopf in beiden Händen hielt. Wie Besucher, die aus einem Fußballstadion strömten, so spazierten die Gedanken aus meinem Kopf, bis er vollkommen leer war. Zurück blieb das lauwarme Vakuum der Frustration. Cochise streckte sich auf seinem Bett aus, murmelte: »Buenas noches, muchachos«, und schlief ein.

Nach ein paar Minuten, als der Affe glaubte, daß Cochise fest eingeschlafen war, wurde er lebendig. Er klaubte sein Gebiß aus dem Marmeladenglas, steckte es sich in den faltigen Mund und sagte haßerfüllt, an mich gewandt: »Dafür bring ich dich um, du Drecksack!«

Diese Drohung versuchte er sechs Monate später tatsächlich in die Tat umzusetzen. Doch bis dahin war noch ein weiter Weg und das, was noch kommen sollte, war weitaus schlimmer als die Drohung eines alten Mannes, die ich dummerweise nicht ernst nahm.

Später am Abend diskutierten Cochise und ich noch über dieses und jenes. Er erzählte aus seinem Leben und ich aus meinem. Die gegenseitige Sympathie gedieh so weit, daß er mir erlaubte, die nächsten drei Wochen bei ihm zu wohnen. Nachdem wir das Cowboy-und-Indianerspiel schon am Nachmittag aufgegeben hatten, lernte ich in der Folgezeit einen überdurchschnittlich intelligenten Menschen kennen, der nichts von seinem Glanz verlor, auch wenn er in Lumpen gewickelt war.

Die ganzen drei Wochen über verfolgte mich der Affe mit versteektem Haß. Hin und wieder kam es zu handgreiflichen Auseinandersetzungen zwischen den beiden, in denen der Affe immer den kürzeren zog. Einmal erzählte mir Cochise, daß der Affe früher mal Chemiker gewesen sei. Angeblich verursachte er einen schlimmen Unfall, der das Chemiewerk, in dem er arbeitete, Millionen kostete. Da die Sicherheitsvorkehrungen auf dem letzten Loch pfiffen, sah man von einer Anzeige ab und schmiß ihn hochkant raus. Danach ging es mit ihm bergab. In den fünfziger Jahren versuchte er, sich als Amateurboxer durchzuschlagen. Später, als er über den Seeweg nach Deutschland gekommen war, wurde er Zuhälter, Dieb, Hehler und Stammkunde bei der Polizei. Jahrelang sah er den Knast von innen, und als er Mitte der siebziger Jahre wieder rauskam, begann er literweise zu saufen. Seine Spezialität war das Messer, und mehr als einmal wurde er ins Psychiatrische Landeskrankenhaus in Emmendingen eingeliefert. Der Alkohol zerstörte ihn restlos, und mit fortschreitendem Alter verwahrloste er immer mehr, so daß er ein Pflegefall für das Emmendinger Sozialamt wurde. Die steckten ihn von einem Dreckloch ins nächste, wo er mehr vor sich hinvegetierte als lebte.

Die Tage strichen bedeutungslos vorüber. Ab und zu setzte ich mich in den Rosengarten und betrank mich völlig sinnlos. Oder kann man sich auch sinnvoll besaufen?

An einem verregneten Wochenende erteilte mir Cochise eine philosophische Lektion: Es war Samstagvormittag, und ich kam gerade vom Einkaufen nach Hause. Wir drei legten unsere paar Kröten zusammen. Ich konnte es kaum abwarten, Cochise zu erzählen, was passiert war.

Auf dem Weg zum Aldi hatte meine Blase auf Hochtouren zu arbeiten begonnen – kein Wunder nach zwei Liter Bier und mindestens einem halben Liter Kaffee. Der Druck war so gewaltig, daß ich es kaum noch aushielt und auf die nächstbeste Kneipe zusteuerte. Ich war noch nicht einmal richtig drin, da stellte sich mir auch schon der Wirt entgegen. Einer von der Sorte, dem die Geldgier und das Speichellecken aus den Augen schauten. Aufgeblasen sagte er: »Komm, mein Freund, raus hier, aber ein

136

bißchen plötzlich! Geh meinetwegen zum Lips, wenn du Durst hast, aber hier kommst du nicht rein – wäre ja noch schöner. Ich suche mir meine Gäste aus, und nun raus, aber zackig!« (Zwei Jahre später sagte er zu mir: »Nehmen Sie doch Platz. Bedienung kommt gleich!«) Ich beteuerte mit Händen und Füßen, daß ich nur die Toilette benützen wollte, aber es half nichts. Die Gäste lachten vergnügt, und er ließ sich hinterher wahrscheinlich als Held feiern. Er beförderte mich mit Nachdruck nach draußen, wo ich mich mit kiloschwerer Blase in den Goethe-Park schleppte und sie erleichtert entleerte.

Als ich die Geschichte beendet hatte, schaute mich Cochise lange an und sagte: »Und was lernen wir daraus?«

Ich begriff seine Frage nicht ganz und antwortete empört: »Außer der Tatsache, daß er mir mit nichts auf der Welt die Toilette verbieten kann, ziehe ich das Fazit, daß Arschlöcher nicht aussterben.«

»Hier geht es nicht darum, daß du irgendeinem Arschloch begegnet bist, Tom«, entgegnete er belehrend, »sondern darum, daß zwei Welten aufeinandertreffen!«

»Mit den verschiedenen Welten magst du vielleicht recht haben«, beharrte ich, »aber die Gesellschaft hat nicht das Recht, mir das Pinkeln zu verbieten, verdammt noch mal!«

Cochise stand vom Bett auf und marschierte davor wie ein Dozent auf und ab. »Nehmen wir mal die Gesellschaft als eine geschlossene Einheit«, sagte er sinnierend. »Warum behandelt sie ihre gefallenen Kinder so verächtlich?« Ich riß eine Dose Bier auf und antwortete: »Wahrscheinlich, weil wir ihr vor Augen führen, wie man in ihr scheitern kann, und das paßt ihr nicht!«

»Du hast zwar recht mit dem, was du sagst, aber nur zum Teil«, entgegnete Cochise und fuhr fort: »Die Leute, denen wir jeden Tag begegnen, zeigen auch eine gewisse Angst, wenn sie uns sehen.«

»Ja, wenn sie alleine sind, zeigen sie mehr Angst, als uns eigentlich zusteht, und die alten Damen halten ihre Handtaschen fest«, stimmte ich ihm zu.

»Darauf wollte ich nicht hinaus, Tom«, erklärte er. »Was ich meine, ist ganz einfach, daß die Leute sich vor uns fürchten.«

»Sag mal, willst du mich auf dem Arm nehmen? Warum, zum Teufel, sollten sich die Leute vor uns fürchten?« entgegnete ich ärgerlich.

»Ich meine auch nicht die Furcht, die man entwickelt, wenn man aggressiven unbekannten Elementen gegenübersteht«, erwiderte er, »sondern die Furcht, die ich meine, hat eine existentielle psychische Grundlage, verstehst du?«

Ich ärgerte mich, daß ich ihm nicht folgen konnte, und fragte daher etwas aufgebracht: »Spann mich nicht so lange auf die Folter und sag schon, warum sich die Leute vor uns fürchten!«

»Weil wir ihre Urängste ausleben«, sagte er geheimnisvoll.

»Das mußt du mir schon näher erklären«, entgegnete ich ein wenig resigniert. »Ich habe im Augenblick einen geistigen Tiefflug.«

»Also langsam«, antwortete er geduldig, »und immer schön der Reihe nach: Wozu bist du in die Schule gegangen?« Ich wollte gerade antworten, als er hastig weiter erklärte: »Laß mich jetzt ausreden, Tom, und unterbrich mich nicht. Warum also, glaubst du, gehen wir in die Schule, lernen einen Beruf und versuchen ständig weiterzukommen? Weil wir gesichert leben wollen. Die Sicherheit ist eine der tragenden Säulen in unserem Leben. Wir bringen es zu persönlichem Wohlstand, wenn wir uns weiterbilden und es beruflich zu etwas bringen. Unser Leben ist abgesichert durch die verschiedenen Institutionen. Wir zahlen Steuern und haben dadurch das Recht, von unserem Sozialstaat Gebrauch zu machen. Wir legen uns bestenfalls einen Bausparvertrag zu, der es uns ermöglicht, es später zu etwas Eigenem zu bringen. Wir heiraten, gründen eine Familie, und der Materialismus treibt uns voran.«

Diesmal unterbrach ich ihn energisch und sagte laut: »Was soll das ganze Gerede? Meinst du, ich bin auf den Kopf gefallen, oder was? Die einzigen Gefühle, die mir entgegenschlagen, sind Haß und Verachtung und hier und da ein bißchen Mitleid. Aber daß sich auch nur einer vor mir fürchtete, habe ich noch nie erlebt. Vor ein paar Wochen haben mich sogar ein paar rotznäsige Schulbuben fertiggemacht; und nun kommst du mir mit diesem psychologischen Scheißdreck daher!«

Cochise schaute mich an, als ob er mit meiner Dummheit Mitleid hätte. »Hast du dich jemals davor gefürchtet, so tief zu sinken?«

»Auf jeden Fall nicht bewußt.« Plötzlich verstand ich: »Ich glaube, ich weiß, worauf du hinauswillst, aber davor fürchtet sich doch im Grunde genommen jeder.«

»Nennen wir es mal so«, dozierte er weiter, »alles, was wir nicht wollen, ist das, wovor wir uns am meisten fürchten. Wir fürchten, daß wir unseren guten Namen verlieren, wenn wir die Schablone der Gesellschaftsordnung durchbrechen und zu Außenseitern werden. Wir fürchten, daß wir an Achtung verlieren, wenn wir in unserem Leben keine Akzente setzen. Wir fürchten uns davor, unerkannt zu bleiben, wenn wir etwas geleistet haben. An unseren Leistungen werden wir gemessen. Das, was wir bringen, macht unsere Persönlichkeit aus. Der Charakter eines Menschen tritt somit an die zweite Stelle. Würden wir ein bißchen mehr auf den Charakter achten als auf Leistung, hätte sich Lahr die Schande mit Imhausen ersparen können. Ein bekannter Schauspieler, ich weiß nicht mehr, wer, vielleicht der Ustinov, hat einmal folgendes festgestellt: Der Mensch besitzt drei Charaktere. Erstens: den, den er tatsächlich besitzt. Zweitens: den, den er zur Schau stellt, und drittens: den, den er gern hätte.«

Cochise unterbrach seinen Vortrag, um einen Schluck Wein zu trinken. Der Affe nutzte die Pause, um sein Scherflein beizutragen: »Manfred hat recht!« sagte er, während er plätschernd in seinen Pißeimer pinkelte. »Kurt Tucholsky hat einmal ges ...« Das Geräusch der Ohrfeige hallte bestimmt bis auf die Straße hinaus. Während Kurt Tucholsky mal etwas gesagt haben sollte, drehte sich Cochise blitzschnell um die eigene Achse und verpaßte dem Affen eine Backpfeife, daß sein Gebiß direkt in den Pißeimer flog. »Nenn mich noch einmal Manfred«, schrie Cochise wie von Sinnen, »dann ersticke ich dich in deiner Pißfalle, du Drecksau!« Der Affe wischte sich das Blut von der Nase und rührte mit bloßen Händen in seinem Eimer herum. Als er sein Kauwerkzeug gefunden hatte, schlich er gebückt in die Küche hinaus, und gleich darauf war das Rauschen des Wasserhahns zu hören. Seinen Haß auf Cochise leitete er auf mich ab. Ich konnte ihm seinen lautlosen Satz von den Lippen ablesen: »Dafür bringe ich dich um, du Drecksack.« Er setzte sich wieder auf sein Bett und beschäftigte sich mit einem Kreuzworträtsel.

Ich wunderte mich, wie Cochise es fertigbrachte, so ansatzlos zu brutalem, aggressivem Verhalten umzuschalten. Verblüfft hörte ich ihm zu, wie er den Faden seiner Thesen wiederaufnahm, als ob nichts geschehen wäre.

»In unserem Unterbewußtsein tickt immer eine Uhr, die uns aufrechthält und das Versagen beiseite schiebt«, erklärte er vollkommen ruhig. »Diese Uhr wird ständig neu aufgezogen, zum Beispiel morgens, wenn wir zur Arbeit gehen. Der Minutenzeiger zeigt uns an, was wir geleistet und verdient haben, um unseren Lebensstandard zu sichern. Und der Stundenzeiger zeigt uns an, daß wir unsere Ängste bezwungen haben. Doch der Sekundenzeiger läßt diese Ängste nie zur Ruhe kommen, verstehst du? Wenn nun die Gesellschaft mit uns Pennern konfrontiert wird, dann schauen sie direkt auf das Zifferblatt dieser Uhr. Bei uns ist diese Uhr stehengeblieben, weil ein paar Zahnrädchen nicht funktioniert haben. Der Schlüssel zum Uhrwerk liegt meinetwegen irgendwo in den moralischen Wertvorstellungen der Gesellschaft. Doch niemand fühlt sich dafür zuständig, ihn zu suchen, um unsere Uhr wieder in Gang zu setzen. Die Leute, denen wir begegnen, fühlen sich hilflos, weil sie ihre eigene Uhr nicht manipulieren können; daher reagieren fast alle gleich: Sie verachten die Furcht, aber gleichzeitig haben sie einen Heidenrespekt vor ihr. Verstehst du jetzt, was ich meine, Tom?«

Ich verstand ihn gut! Aber was nutzte mir die beste Philosophie, wenn sie mir keine Erfüllung brachte? Mit anderen Worten: Was hätte ich mit diesem neuen Wissen anfangen sollen? Hätte ich damit etwas ändern können? Nein! Alle Fragen würden nur eine Antwort bekommen. »Es ist nun mal so«, ja, und so war es auch. Ich kam mir vor wie eine Flasche, die man versucht, mit Luft zu füllen. Trotzdem war ich Cochise sehr dankbar für dieses geistige Butterbrot.

Wenn wir nicht gerade sternhagelblau waren, führten wir oft sehr lange Gespräche bis in den frühen Morgen. Der Affe gab ab und zu seinen Senf dazu, vergaß aber nie dabei, mich zu hassen. Sein Zorn und seine Abneigung verfolgten mich auf Schritt und Tritt. Meine Geduld hielt so lange an, bis mir Mitte Dezember der Gips abgenommen wurde. Die Streitigkeiten zwischen Cochise und dem Affen fingen an, mir auf die geschundenen Nerven zu gehen. An einem Sonntagabend, nach einem handfesten Krach zwischen den beiden und nachdem Cochise dem Affen den Pißeimer über den Kopf gestülpt hatte, begann der Countdown für meine Abreise zu ticken. Ich hielt es einfach nicht mehr aus, jedesmal in die Streitereien mit einbezogen zu werden.

Genervt brach ich meine Zelte bei Cochise ab und erklärte ihm, daß ich die Kurve kratzen würde. Mit seiner Antwort: »Wir sehen uns schneller wieder, als du denkst«, sollte er zwar recht behalten, aber das beschäftigte mich momentan herzlich wenig.

Meine Pläne für die Zukunft waren zwar unklar, aber mein Ziel war unumstößlich: Ich wollte raus aus Emmendingen. Ich konnte diese Stadt einfach nicht mehr ertragen, in der ich geboren war und die jetzt mit dem Finger auf mich zeigte. Meiner Umwandlung von Doktor Jekyll in Mister Hyde hatte ich es zu verdanken, daß ich hier zu den Ausgestoßenen gehörte, die praktisch niemand kennen wollte, aber ein bißchen hatte ich es auch dieser Stadt zu verdanken, in der meine vielen falschen Freunde lebten. Ständig hielt die Stadt mir ihre Unfehlbarkeit vor Augen, wenn ihre Bewohner hocherhobenen Hauptes an uns vorübergingen.

Der Haß und die Verachtung, die mir in dieser Stadt entgegenschlugen, taten mir so weh, daß ich beschloß, sie zu vergessen. Daß mir das nicht gelingen wollte, war auch der Tatsache zuzuschreiben, daß sie mich neunundzwanzig Jahre lang geprägt hatte – ebensogut hätte ich mir vornehmen können, meinen Namen zu vergessen. Es war unmöglich, sie aus meinem Ich zu tilgen.

Am Montag, dem fünfzehnten Dezember, stand ich in Gregorowskys Büro im Sozialamt und bat ihn, mir das Geld für einen Schlafsack auszuzahlen. Nach langem Warum, Weshalb, Weswegen übergab er mir den Schein, auf den ich mir zusammen mit meiner Sozialhilfe hundertsiebzig Mark auszahlen ließ.

Mit meinem neuerworbenen Schlafsack, einer Flasche Korn in der Innentasche meines Parkas und einem Döschen Gewürznelken machte ich mich auf den Weg. Am Ufer der Elz entlang marschierte ich auf eines der schönsten Weinbaugebiete Deutschlands zu – den Kaiserstuhl.

Fast hätte ich das schwerste Gepäckstück zu erwähnen vergessen – meine Angst.

6. Kapitel

Gratwanderungen

Jeden Augenblick schmiert er mir eine, dachte ich, und der Schreck fuhr mir durch sämtliche Glieder. Drohend trat er näher und baute sich vor mir auf. »Hast du es schon mal mit Arbeit probiert, du Dreckschwein!« schrie er außer sich vor Wut und spuckte mir ins Gesicht. Ich machte auf dem Absatz kehrt und lief davon, so schnell ich konnte. Einmal mußte es ja so weit kommen, dachte ich, als ich um das nächste Haus bog und mit zittrigen Knien stehenblieb, um Luft zu holen. Es konnte doch nicht den ganzen Tag so weitergehen. Eigentlich hatte alles ganz gut begonnen: Nachdem ich am Nachmittag in der Biermetropole Riegel, am Fuß des Kaiserstuhls, angekommen war, erkundigte ich mich zuerst nach dem Friedhof. Ich mußte ja schließlich wissen, in welchem Teil der Stadt sich mein Schlafzimmer befand. Danach begann ich mit dem Werk, das ich bei Iwan gelernt hatte.

Die Reaktionen der Leute waren ganz verschieden, aber meistens doch positiv. Da gab es die Verärgerten, die Ängstlichen oder die Bösen. Doch nie kam es zu unliebsamen Zwischenfällen oder gar Handgreiflichkeiten – bis auf eben diesen einen Typ Marke Roßschlächter. Dabei hatte ich ihn nur höflich gefragt, ob er einem armen Wanderer auf seiner Reise in die Schweiz (mein Schweizer Dialekt war unschlagbar) mit ein paar Pfennigen aushelfen könnte. Ich lehnte mich an eine Hauswand und steckte mir erst mal eine Marlboro an. Welch ein Luxus! Seit fünfzehn Uhr war ich unterwegs, von einer Straße in die andere. Müde schleppte ich meine schweren Beine in die nächste Kneipe, wo man mich auch wieder hochkant hinauswarf: »Mach, daß du verschwindest, du Penner!«

Kurz vor Ladenschluß kaufte ich in einem kleinen Lebensmittelgeschäft eine Dose Würstchen und ein Netz Billigsemmeln. Ich hatte seit meinem Krankenhausaufenthalt wieder regelmäßig, mindestens einmal am Tag, einen riesigen Appetit. Die Flasche Korn, die mir als Wegzehrung von Emmendingen nach Riegel diente, war noch dreiviertelvoll, so daß sich meine Nerven nicht ängstigen mußten. Im Licht des Lebensmittelgeschäfts zählte ich die Früchte meiner Von-Haus-zu-Haus-Wanderungen. 61 Mark waren das Ergebnis meiner Bettelei, für die ich mich nach jedem Haus weniger geschämt hatte. Zusammen mit der Sozialhilfe kam ich auf 130 DM und war somit für meine Verhältnisse ein reicher Mann. Ich schlich in den Hinterhof des Lebensmittelgeschäfts und suchte mir einen Platz, an dem ich ungestört meine Mahlzeit einnehmen konnte. Neben einem großen Abfallcontainer standen leere Milchkästen, auf die ich mich setzte und mit Heißhunger die Würstchen und die Brötchen verschlang. Als ich satt war, warf ich den Abfall in den Container und schlenderte zum Hinterhof hinaus in die weihnachtlich beleuchteten Straßen von Riegel. Mittlerweile war es dunkel und kalt geworden. Wie gerne hätte ich mich jetzt in die beheizte Stube eines Gasthauses gesetzt und einen Glühwein getrunken. Doch die Chancen, in irgendeinem Gasthaus bewirtet zu werden, standen 1:1000 für mich, und so warf ich diesen Wunsch ebenfalls in den Abfall. In Gummistiefeln, die mir Frido vom Roten Kreuz mitgebracht hatte und die mir eine Nummer zu groß waren, marschierte ich durch die Straßen Richtung Friedhof. Die Toten würden mich ganz bestimmt nicht wegjagen, und außerdem sind Friedhöfe der ideale Platz, um in Ruhe gelassen zu werden. Vor einem Elektrogeschäft blieb ich stehen und amüsierte mich über die Dekoration: Ein rotbemantelter Nikolaus aus Pappmaché hielt einen modernen elektrischen Rasierapparat in der Hand. In einer Sprechblase stand in sauberen Buchstaben: »Für die gründlichste Rasur, die es je gab!« Ausgerechnet einem

Nikolaus, dem sein Bart bis an den Bauchnabel reicht, einen Rasierapparat in die Hand zu drücken! Muß ein Komiker gewesen sein, dem das eingefallen ist, dachte ich und setzte meinen Weg fort.

Auf dem Friedhof angekommen, suchte ich mir einen Platz neben einer kleinen Kapelle aus. Ich schnallte den Schlafsack vom Rücken, schlüpfte hinein und zog ihn zu. Bevor ich einschlief, beschloß ich, in den nächsten Tagen eine Rundreise um den Kaiserstuhl zu machen. Daß diese Reise dramatisch enden würde, ahnte ich nicht. In meinem Kopf kreiste immerzu die gleiche Melodie – Stille Nacht, heilige Nacht – die ich tagsüber schon so oft gehört hatte. Hundemüde schlief ich der Nacht entgegen, die zwar sehr still, aber keineswegs heilig war.

Der nächste Morgen sollte zum Start von sich immer wiederholenden Tagesabläufen werden. Von Langeweile konnte allerdings nicht die Rede sein. Die Vorweihnachtszeit und der Kaufrausch der Leute brachten mir ungeahnte Vorteile. Die Menschen zeigten sich in Geberlaune. Da kam es schon mal vor, daß ich innerhalb von fünf Stunden Klimpergeld in Höhe von sechzig bis siebzig Mark mein eigen nennen konnte. Kneipen und Gasthäuser mied ich wie die Pest, weil mir nämlich gleichzeitig ständig bestätigt wurde, daß auch in der Adventszeit die Nächstenliebe bis auf den Heiligen Abend aufgehoben wurde.

Die Morgenstunden verbrachte ich regelmäßig in den Schalterhallen der Bahnhöfe, um mir die Knochen ein wenig aufzuwärmen. An den Nachmittagen marschierte ich von Haus zu Haus und sagte meine Sprüche auf, die von Straße zu Straße besser wurden. Meine Touren beendete ich jeweils eine halbe Stunde vor Ladenschluß. In manchen Läden zeigte man sich überaus freundlich: »Das hat uns gerade noch gefehlt! Verlassen Sie sofort das Geschäft!« Oder: »Rühren Sie bloß nichts an! Das wäre ja noch schöner, wo kämen wir denn da hin. Machen Sie auf der Stelle, daß Sie rauskommen! Also so was!«

Es gab aber auch die normalen Leute mit normalen Manieren, die mich Abnormalen bedienten. Außerdem war ja Vorweihnachtszeit, und da konnte man jeden Pfennig gebrauchen.

Die Nächte verbrachte ich prinzipiell auf den Friedhöfen. Ich stopfte ein paar Seiten Zeitungspapier ins Fußende des Schlafsacks, um meine kalten Füße zu wärmen. Friedhöfe sind ein nächtliches Paradies. Ich teilte meine Ruhe mit den Toten, die absolut nichts dagegen hatten, daß ich auf ihrem Grund und Boden nächtigte. Meistens suchte ich mir Kriegsgräber oder Andachtskapellen aus – sie sind ein hervorragender Windschutz und die am wenigsten besuchten Stellen.

Zwei Tage vor Heiligabend hatte ich ein unerwartetes Erlebnis. Die Kälte saß mir tief in den Knochen. Den ganzen Nachmittag über hatte es geschneit, und anstelle von Füßen hatte ich zwei Eisklumpen in meinen Gummistiefeln. Mittlerweile hatte ich die Ortschaft wieder einmal gewechselt und befand mich in der Gemeinde Endingen. Etwas außerhalb des malerischen Städtchens beschloß ich, noch eine Straße durchzukämmen, bevor ich sozusagen Feierabend machte. Die Häuser standen dicht an dicht. Hier meinte es der soziale Wohnungsbau besonders gut mit den Werktätigen. Am ersten Häuserblock blieb ich stehen und las in der Flamme meines Feuerzeugs die Namen der Familien, die fein säuberlich in zwei Reihen nebeneinanderstanden. Ich drückte auf die unterste Klingel und brachte mein Anliegen vor, nachdem mir geöffnet worden war.

Ein Familienvater mit Bierbauch, Unterhemd und Hosenträgern schrie aus seinem unrasierten Gesicht das ganze Treppenhaus zusammen. Er beendete seine Tiraden mit dem Satz: »Und nun mach, daß du wegkommst, oder mir rutscht die Hand aus, du Penner! Geh meinetwegen zum Babel hoch, zu dieser versoffenen Sau, dann sind die zwei Richtigen zusammen; aber hier verschwindest du auf der Stelle!«

Auf einmal wurde es lebendig im Treppenhaus. Türen flogen auf

und wieder zu. Vom oberen Stockwerk schrie ein Mann aus Leibeskräften: »Halt bloß die Schnauze da unten, du blöder Hund,
oder ich komm runter, und dann kannst du was erleben!« Das war
mein Zeichen, und ich überlegte nicht lange. Wenn der Schreihals
im dritten Stock gegen den Bierbauch war, dann war er mit etwas
Glück vielleicht für mich. Ich nahm zwei Stufen auf einmal und
erblickte einen jungen Mann, der am Treppengeländer stand und
in gebückter Haltung seinen Wunsch zum Ausdruck brachte, der
da unten könne ihn am Arsch lecken. An mich gewandt, fragte er
schwer atmend: »Was willst du, verdammt noch mal!« Da ich
ebenfalls wie eine Lokomotive schnaufte, sagte ich zunächst gar
nichts, sondern ließ mein äußeres Elend auf ihn wirken. Ich setzte
das Gesicht eines Cockerspaniels auf, der auf seine Belohnung
fürs apportierte Stöckchen wartet. Mein Herrchen holte tief Luft
und sagte: »Du zitterst ja am ganzen Körper, und alles wegen
diesem Arschloch da unten. Na, komm schon rein, aber tu mir
einen Gefallen: Schau mich nicht so an! Ich bin selbst traurig
genug, und noch mehr Trauer kann ich einfach nicht ertragen.«
Das heillose Durcheinander, vor allem im Wohnzimmer, zeugte
viel mehr von Verzagtheit und Verzweiflung als von Schlamperei.
Die Schrankwand wirkte neu und stand voll mit Büchern und
Nippeszeug. Fernseher, Ledergarnitur und die Stereoanlage
machten gleichfalls einen neuen Eindruck. Wäre da nicht diese
Unordnung gewesen, die darauf hinwies, daß er allein lebte, hätte
man von einem perfekten Haushalt sprechen können. Der recht-
eckige Teakholztisch, in dessen Mitte schwarzer Marmor glänzte,
war vollbeladen mit Gläsern, überquellenden Aschenbechern und
einem ganzen Sortiment verschiedener Flaschen. »Da hast du
dich aber ganz schön verspätet, mein Lieber!« sagte mein Gast-
geber und warf seine Trainingsjacke auf einen Sessel. »Wie
meinst du ... was soll das; ich habe mich verspätet?« antwortete
ich völlig konfus. »Na ja«, meinte er und ließ sich in einen Sessel
plumpsen, »du siehst aus wie Knecht Ruprecht, und der kommt

bekanntlich schon am sechsten, während wir heute bereits den zweiundzwanzigsten haben.«

Diese Bemerkung lockerte ein wenig meine gespannte Haltung. »Knecht Ruprecht könnte man schon sagen, nur mit dem Unterschied, daß die Leute mich bescheren und hinterher belehren!«

Erstaunt starrte er mich an. Seine strohblonden Haare standen ihm wirr vom Kopf und fielen ihm in langen Strähnen in die Stirn. Das, was unter seiner Nase einen Schnurrbart darstellen sollte, wuchs ihm als eine Mischung aus Flaum und Haaren vollständig über die Oberlippe. Die Ohren standen ihm ab wie zwei Lautsprecher und hätten seinem Gesicht einen harmlosen Ausdruck verliehen, wenn da nicht seine Augen gewesen wären: Sie strahlten blau in seinem von Furchen durchzogenen und dennoch jungen Gesicht. Sie hätten es gut und gerne mit denen von Terence Hill aufnehmen können. Die angefaulten Schneidezähne standen im Kontrast zum gut geschnittenen Gesicht. Er schien meine Antwort nicht gleich begriffen zu haben. »Heißt das etwa ... sag bloß, du ver ... ja, sag bloß, du drückst Zeitschriften?«

Ich ließ die Katze aus dem Sack; mehr als rausschmeißen konnte er mich nicht. »Das einzige, was ich drücke, ist meine geschlossene Hand, wenn die Leute mir was reingedrückt haben. So gesehen könnte man es ein gegenseitiges Drücken nennen oder ein einseitiges Betteln, oder nenn es, wie du willst!«

Er stülpte die Lippen um eine Flasche Bier und ließ den Gerstensaft gierig in seinen langen Hals laufen. Danach rülpste er wie ein bayerischer Stallknecht und rief: »Ja, ist das denn die Möglichkeit! Das muß man erst mal erlebt haben. Nimmst du mich wirklich nicht auf den Arm?«

Ich erzählte ihm in kurzen Sätzen meine Pilgertour und wie es dazu gekommen war. Als ich mit meiner Geschichte am Ende war, zeigte er sich als die Hilfsbereitschaft in Person. »Eines dürfte klar sein, Tommy, du bleibst heute nacht bei mir, ohne Wenn und Aber. Und jetzt, mein Lieber – ich bin übrigens der Rudi – und

148

jetzt, mein Lieber, saufen wir auf alle Huren und solche, die es werden wollen – prost!«

Ich zog meinen Parka aus, hängte ihn im Flur an die ebenfalls neue Garderobe und gesellte mich wieder zu ihm. Das fünfte Bier löste seine Zunge. Angewidert erzählte er von seiner Mutter, die ihm jeden Tag auf den Wecker ging, weil er arbeitslos war. Jeden Morgen erschien sie pünktlich und machte ihm die Bude sauber und gleichzeitig die Hölle heiß.« »Dabei ist mir das scheißegal, wie sonst was!« schimpfte er. Sie solle ihn doch endlich in Ruhe lassen mit ihren Sprüchen, wie »wir hätten ja gleich gewußt, daß das in die Hose geht mit dieser Frau, die ihren Verstand zwischen den Beinen hat«. Er stand ein wenig schwankend auf und holte eine Flasche Apfelkorn aus der Schrankbar. Er schraubte sie auf, reichte sie mir rüber und sagte: »Klugscheißer sind das alle, mein Lieber! Klugscheißer wie aus dem Effeff! Am Anfang haben sie mir alle gratuliert zu der schönsten Frau am Kaiserstuhl. Auf die Schulter haben sie mir geklopft und gesagt, wie sehr sie sich freuen, daß ich endlich die Richtige gefunden habe!« Er nahm einen großen Schluck Bier, zog die Nase kraus und rief: »Weißt du, was mein Alter gesagt hat? Er hat gesagt, wie sehr er sich freue, endlich Großvater zu werden. Meine Frau war noch nicht mal schwanger, da wollte er auch schon ein Sparbuch für seinen Enkel anlegen, dieser Idiot. Er hat mir sogar vorgeschrieben, daß es ein Enkel sein muß. Auf keinen Fall eine Enkeltochter!«

Erneut stand er auf und verließ auf wackligen Beinen den Raum. Nach ein paar Minuten kehrte er zurück und drückte mir ein Bild im Postkartenformat in die Hand, dabei schrie er: »Da, schau sie dir an, und sag mir, was du siehst!« Ich hob das Bild ins Licht der Wohnzimmerlampe und sah in das Gesicht einer wunderschönen Frau. Ihre türkisgrünen Augen beherrschten das ganze Foto. Verträumt lächelte sie in die Kamera. Blauschwarze Haare umrahmten das ovale Gesicht und verliehen ihr etwas Rassiges. Zweifellos, da konnte man sich wirklich Hals über Kopf verlieben, dachte ich und gab ihm das Foto zurück. »Na, würdest du solch einer Frau nicht alles geben, was du hast?« sagte er erwartungsvoll, und das Wasser stieg ihm in die Augen. Sein plötzlicher emotionaler Umschwung ließ mich verstummen. »Da sagst du nichts mehr, was? Und ich weiß auch nicht mehr, was ich noch sagen soll. Die Welt wollte ich ihr zu Füßen legen, ich Idiot!« Er begann zu weinen. »Ich ... ich war ja mit meinem Golf zufrieden; aber ein BMW mußte es sein – es mußte ja ums Verrecken ein BMW sein. Und nach dem BMW mußte es die modernste Wohnung sein.« Er bemühte sich, seiner Stimme wieder einen normalen Klang zu geben. »Aber warum erzähle ich dir das alles. So wie du aussiehst, hast du bestimmt ganz andere Sorgen, nicht?« Was hätte ich ihm darauf antworten sollen? Ich streckte meine Beine aus und versuchte vorsichtig auf ihn einzugehen. »Weißt du, mit den Sorgen ist es wie mit der Liebe: Wenn du zuviel davon hast, verlierst du die Übersicht und machst die unglaublichsten Dinge, die du sonst nie tun würdest!« Mein Versuch, ihn zu trösten, fand Gott sei Dank sein Interesse. Obwohl er meine Bemerkung mehr als Frage verstand denn als Trost, entgegnete er verbittert: »Ich hätte nie gedacht, daß eine Frau so viel kaputtmachen kann! Die Sorgen und Probleme, die ich früher hatte, waren wie weggeblasen, als ich sie kennenlernte, und jetzt ...« Er brach ab und griff zur Apfelkornflasche. Inzwischen sehr schwankend, schlurfte er zur Stereoanlage. Er fütterte sie mit einer CD, und sogleich erfüllte Pink Floyd den Raum mit der Einleitung zu »Wish you were here«. Wieder in seinem Sessel, erzählte er weiter von der Misere, die ihn in den finanziellen Ruin getrieben hatte. Die Leute von der Bank haben ihm natürlich eins gehustet, als er seinen Kredit aufstocken wollte. Der BMW war schon mit 40 000 DM belastet und gehörte, bis die Raten abgezahlt waren, der Bank. Die alten Möbel seiner Junggesellenbude mußten unbedingt raus, weil Madame sich sonst nicht wohl gefühlt hätte. Eine neue Wohnung wollte sie haben, und die sollte sie auch bekommen. Als die Leute von der Bank fertig waren mit Husten, ging er zu einem Kredithai, den er aus der Zeitung gesucht hatte, und bekam ohne Zögern 30 000 DM. Es wäre ja eine armselige Welt gewesen, die er ihr zu Füßen legen wollte, wenn sie nicht mal komfortabel leben konnte. Wie verliebte Männer nun mal sind, unterschrieb er den Kreditvertrag und übersah das Kleingedruckte: 15 000 Zinsen.

Es kam, wie es kommen mußte, und bald schon sah er sich gezwungen, einen Nebenjob zu suchen. Am Tag auf der Baustelle und bis nachts um elf im Umschlaglager einer Spedition schuften, das zehrte an seiner Substanz und an den Nerven.

Am Anfang hat er natürlich nichts bemerkt. Wenn Frauen Kopfschmerzen haben, dann haben sie auch welche. Und wenn eine Frau krank sein will, dann ist sie es auch. So kommt es schon mal vor, daß man nicht mehr so leidenschaftlich ist und müde einschläft. »Ich rackere mir den Arsch in die Kniekehlen, komme abends nach Hause, und ständig jammert sie über etwas anderes. Meine Kollegen haben gegrinst und sich hinter vorgehaltener Hand über mich lustig gemacht. Gott sei Dank muß ich mich nicht mehr mit diesen Arschlöchern rumärgern. Seit vier Monaten bin ich nun arbeitslos. Ich habe einfach alles hingeschmissen; sollen mir doch den Buckel runterrutschen, auf der Bank, auf der Arbeitsstelle und meine Eltern gleichfalls – die können mich alle mal kreuzweise am Arsch lecken!«

Er nahm einen langen kräftigen Schluck aus der Apfelkornpulle und machte ein Gesicht wie Sherlock Holmes, der Watson auf seine Dummheit hinweist. »Weißt du, wie ich ihr auf die Schliche gekommen bin?« fragte er voll Stolz auf seine detektivische Meisterleistung. »Ganz einfach!« erklärte er.

»Ich bin einfach mal früher heimgekommen als sonst, und was sehe ich: Steht die Schlampe mit einem Typen unter der Dusche, der hätte ihr Vater sein können. Wahrscheinlich waren sie gerade fertig mit Vögeln und schrubbten sich gegenseitig ab.« Wieder ein langer Schluck, diesmal aus der Bierflasche. Er rülpste und fuhr fort: »Dann war hier drin die Hölle los. Beide, hörst du, beide habe ich aus der Dusche rausgeprügelt. Ihn habe ich zusammengeschlagen, bis er sich nicht mehr rührte, und hinterher habe ich sie rausgeschmissen, nachdem ich ihr die Koffer gepackt hatte.« Er fing wieder an zu weinen. »Es ist eine Frage der Zeit, bis ich genauso enden werde wie du, und dann fragt keine Sau danach, warum ich so geworden bin!« Wie recht du hast, dachte ich; es fragt wirklich keine Sau danach. Und wenn mal jemand danach fragt und du gibst ihm Antwort, hält er dir seine Unfehlbarkeit vor, und damit muß dir dann geholfen sein.

Im Laufe des Abends gelang es mir trotz allem, ihn ein wenig aufzuheitern. Wir hörten Musik und soffen bis zum Umfallen. Gegen Mitternacht kroch Rudi auf allen vieren in sein Schlafzimmer, während ich mich auf der Couch langmachte.

Anstelle eines Weckers ertönte am nächsten Morgen das schrille Keifen einer Frau. »Ja, was ist denn hier los?«

Es gibt nichts Schlimmeres, als morgens unangenehm aufzuwachen – das kann einem den ganzen Tag versauen. Wenn man aber aufwacht und in das Gesicht eines Drachen schaut, dann wünscht man sich seine Alpträume zurück. Mühsam rappelte ich mich auf. Zitternd, schwitzend und frierend griff ich nach dem Apfelkorn, der wundersamerweise noch halbvoll war.

»Das ist doch nicht möglich!« keifte der Drache und sah mich mit funkelnden Augen an. Sie schnaufte wie ein indischer Arbeitselefant, so dick war sie. Jetzt rümpfte sie ihre fleischige Nase: »Hier stinkt's ja wie in einer Schnapsbrennerei!« Beim Sprechen versprühte sie lauter nasse Buchstaben, so daß ihr der Speichel am Kinn runterlief. Als sie es merkte, wischte sie sich mit einem Papiertaschentuch den Mund ab und rief um einige Oktaven höher: »Rudi, Ruuudii, was ist das für ein Kerl hier?« Angewidert schaute sie mich noch mal an und marschierte schnurstracks in Rudis Schlafzimmer. Ihr schwerer Dutt hüpfte bei jedem Schritt auf und ab. Mit einem heftigen Knall flog die Schlafzimmertür an die Wand, und das Gekeife ging von vorne los. »Mach bloß, daß du aus den Federn kommst, wird's bald! Andere Leute gehen schaffen, und du liegst hier besoffen in der Gegend rum!«

Jetzt war aber Rudi an der Reihe, und wie: Sein Gebrüll war bestimmt im ganzen Haus zu hören: »Halt's Maul, du alte Vettel, und laß mich in Ruhe. Ich kann meine Bude selbst saubermachen. Ich hab dir schon hundertmal gesagt, du sollst dich zum Teufel scheren!«

Der Drache hatte sein Gift aber noch lange nicht versprüht. »So redest du also mit deiner Mutter, du undankbarer Lumpenhund. Wir haben es viel zu gut mit dir gemeint, aber jetzt ist ein für allemal Schluß!« Und mit dem restlichen Gift fügte sie hinzu: »Mit dem da draußen hast du den richtigen Umgang. Holt sich schon die größten Penner ins Haus, der Faulenzer.«

Ich zog den Ärmel des Rollkragenpullovers über meinen heilen linken Unterarm und blickte auf die Zehn-DM-Wegwerfuhr: Viertel nach zehn war es erst und noch viel zu früh, um auf Tournee zu gehen.

In dem Moment, als ich mir die Gummistiefel anziehen wollte, flog die Schlafzimmertür auf, und der Drache stürmte mit hochrotem Kopf ins Wohnzimmer zurück. Er stürzte an mir vorbei zur Garderobe und schlüpfte in einen teuren Kamelhaarmantel. Während er ihn zuknöpfte, kehrte er noch einmal um und blieb vor dem Wohnzimmertisch stehen. Haßerfüllt starrte er mich an, als wollte er mich jeden Augenblick fressen. »Sie machen sofort, daß Sie aus dieser Wohnung verschwinden, oder ich rufe die Polizei. Und wenn auch nur ein Gegenstand fehlen sollte, zeige ich Sie an, darauf können Sie sich verlassen!«

Wo die Alte bloß das viele Gift hernimmt, überlegte ich, als sie auch schon aus meinem Blickfeld verschwunden war. Dafür schlurfte Rudi in den Raum. Total kaputt, mit gerötetem aufgeschwemmten Gesicht ließ er sich in einen der schwarzen Ledersessel plumpsen und schaute mich resigniert an. »Es tut mir leid, Tommy, aber es ist besser, wenn du jetzt gehst. Jeden Augenblick kommt die Alte mit meinem Vater zurück, das habe ich im Urin, und gegen den haben wir nicht einmal zu zweit eine Chance. Der alte Bock ist leider noch sehr rüstig.« Er drückte mir zwanzig Mark in die Hand und sagte: »Vielleicht treffen wir uns mal unter irgendeiner Brücke wieder, wenn ich mich nicht vorher aufge-hängt habe.« Obwohl ich sehr in Eile war, machte ich einen Mo-ment halt und sagte: »Zugegeben, momentan ist es finstere Nacht für dich, aber es wird auch einen neuen Morgen geben. Du darfst dich nur nicht der Nacht ergeben. Nutze die Nacht, und denke über den Morgen nach. Und jetzt schau mich nicht so traurig an! Ich bin schon selbst traurig genug, und noch mehr Trauer kann ich einfach nicht ertragen!«

»Aber das ist doch ...«

»Das waren deine ersten Worte, die du mir gestern abend gesagt hast«, sagte ich zu seiner Verblüffung, »aber jetzt muß ich schau-en, daß ich wegkomme. Ich habe nicht die geringste Lust, deinem Alten in die Arme zu laufen. Tschüß, Rudi, und danke für alles!« So wie ich gestern abend hochgekommen war, so ging ich jetzt wieder hinunter: Im Sauseschritt. Im Erdgeschoß angekommen, hörte ich Rudis Stimme, die mir von oben nachrief: »He, Tom-my?«

»Ja!«

»Du bist wirklich der komischste Penner, den ich je gesehen habe!«

»Wie viele hast du denn schon gesehen?«

»Schon einige, das kannst du mir glauben!«

»Und mit wie vielen hast du dich unterhalten?«

»Bis jetzt nur mit einem: mit dir!«

»Du solltest dich mal mit meinen Kollegen unterhalten!«

»Warum?«

»Weil du dann feststellen wirst, daß ein Penner eine ganze Welt ist; eine traurige zwar, aber der lebende Spiegel dieser Erde!« Damit öffnete ich die Haustür und trat auf die Straße hinaus. Kaum war ich draußen, erinnerte ich mich an mein Bettlerdasein und begab mich mit meinem Schlafsack auf dem Rücken auf Tournee. Nicht oft beginnt ein Tag so positiv wie dieser Dienstag, der 23. Dezember. Wenn mir aber einer gesagt hätte, wie er enden würde, wäre ich gleich auf den nächsten Friedhof gegangen, hätte den Schlafsack zugezogen und den ganzen Tag verpennt – man sagt ja nicht umsonst »Penner«.

Die Bordsteine waren überhäuft von Schneematsch, der auf den Gehsteigen liegenblieb und gefror. Es war sehr kalt an diesem Morgen vor Heiligabend, und ich fror entsetzlich in meinen Gummistiefeln. Wenn die Füße frieren, friert bekanntlich der ganze Mensch; da kann er sich noch so warm anziehen, es nützt nichts. Mein Weg führte mich vom alten Teil des Städtchens Richtung Neubaugebiet. Dabei kam ich an ein paar alten Bauernhäusern vorbei. Es war ein herrlicher Anblick: Die verschneiten terrassenförmigen Weinberge wurden im Hintergrund von aufsteigenden Wäldern umrahmt, deren Bäume wie mit Puderzucker bestäubt waren. Bereits im dritten Haus wurde ich herzlich eingeladen einzutreten, um einen Schnaps zu trinken – wegen der Kälte. Die meisten Leute zeigten sich von ihrer besten Seite an diesem Tag. Hier und da stopfte ich meine Plastiktüte mit Lebensmitteln und jeder Menge Weihnachtsplätzchen voll. Die Almosen hatten es ebenfalls in sich. Mehr als einmal kam es vor, daß mir die Leute – vor allem die Frauen – zehn oder zwanzig Mark zusteckten. Dankbar nahm ich die Einladungen zu einem Kaffee an und war froh über die Freundlichkeit der Leute; ab und zu fühlte ich mich sogar richtig glücklich. Vielleicht – so dachte ich mir – vielleicht wollten die Leute noch vor Heiligabend ihr Gewissen erleichtern. Von Vorfreude ergriffen, sind die Menschen einfach fröhlicher, freundlicher und vor allem menschlicher. Natürlich gab es da auch die Griesgrämigen, die Unfreundlichen und die Aggressiven. Die

155

wird es immer geben. Am meisten amüsierten mich die Ausreden, die einige auf der Pfanne hatten. Man stelle sich vor: Vor dem schmucken Einfamilienhaus ein noch schmuckerer Daimler; edle marmorierte Steinplatten, die zu einer Haustür aus bestem Tropenholz führen. Die Tür geht auf, und du wirfst einen Blick in den Flur, der mit erlesenen Läufern und Brücken ausgelegt ist – von dem teuren Schnickschnack an der Wand gar nicht erst zu reden. Dann steht der Besitzer oder die Besitzerin vor dir und erklärt, es tue einem sehr leid, aber man habe momentan kein Geld im Haus. Oder die Sinfonie der Armut in reicher Umgebung: das Haus sei eben erst fertig geworden, man müsse sparen, und das tue einem ebenfalls leid. Nicht, daß diese Leute unhöflich wären. Auf gar keinen Fall! Da man den ungebetenen Gast aber wieder loswerden will, gebraucht man diese Ausreden. »Es tut mir leid, aber ich bin heute noch nicht zur Bank gekommen, sonst würde ich Ihnen gerne etwas geben.« Kinder betrachten die Menschen ganz anders als Erwachsene. Immer wenn mir ein kleines Kind die Tür geöffnet hatte, blickte ich in die Augen eines aufrichtigen Menschen. Es ist nicht ein Mal vorgekommen, daß mich ein Kind angewidert gemustert hätte – erstaunt, ja, aber niemals entsetzt oder angeekelt. Ohne Mißtrauen und Argwohn, ohne Beleidigungen und Beschimpfungen begegneten sie mir, während ihre Eltern mich dann zum Teil davonjagten.

Heiseres Hundegebell empfing mich am letzten Haus einer Straße, in der ich viel Freundlichkeit erfahren hatte. Es war inzwischen früher Abend, und ich beschloß daher, nach dieser Straße aufzuhören. Ich stand schon oben auf der Treppe vor der Haustür, als das Bellen immer heftiger und eine Tür quietschend geschlossen wurde. Wäre es mir möglich gewesen, um die Ecke zu schauen, wäre ich auf und davon gerannt. So aber blieb ich frohen Mutes stehen, schluckte meine Gewürznelke hinunter und klingelte zweimal kurz. In dem Moment, als sich die Tür öffnete, kam ein Mann um die Ecke, der einen Schäferhund an der Leine führte und wie Fidel Castro aussah. Eine magere, abgehärmt wirkende Frau mit dunklen Ringen unter den Augen fragte: »Wollen Sie zu uns?« Ich kam nicht mehr dazu, mein Sprüchlein aufzusagen, denn inzwischen hatte es mir die Sprache verschlagen. Ich wußte nicht, vor wem ich mehr Angst haben sollte: vor dem grobschlächtigen Mann oder vor seinem Hund, der drohend die Zähne fletschte. »Sagen Sie mal, sind Sie taub, oder was? Ich habe Sie gefragt, was Sie wollen.« Unfähig, auch nur ein Wort zu sagen, stand ich da und zitterte wie Espenlaub. Meine Kehle war wie zugeschnürt und ausgetrocknet. Aus meinem Gesicht entwich das Blut bis auf den letzten Tropfen.

Dafür sagte der Mann mit dem Kopf von Fidel Castro um so mehr: »Mach, daß du ins Haus zurückkommst, Luise, und du, Freundchen, kommst auf der Stelle hier runter!« Der Schäferhund raste und tobte an der Leine. Aus seinem Fang triefte der Speichel, als ob hundert Pawlowsche Klingeln in seinen Ohren schrillten. Die Kommandozentrale im Gehirn befahl meinen Beinen zu gehen, aber sie waren wie gelähmt. Der Verstand suggerierte mir vorsichtig, es mit Höflichkeit zu probieren. »Verzeihen Sie, aber ich wollte Sie nicht belästigen. Wenn Sie Ihren Hund kurz nehmen, komme ich runter!« Ein wenig erleichtert sah ich, daß er den Köter tatsächlich kurz hielt. Den Daumen am Karabinerhaken sah ich allerdings nicht.

»Du kommst auch so runter, das wirst du gleich sehen!« Im selben Augenblick, als der Hund auf mich zuraste, machte sich meine Blase selbständig. Da hing er auch schon an meinem Unterarm, der Scheißköter. Der Schmerz schoß mit unglaublicher Geschwindigkeit in meinen Kopf. Wie Schraubstockbacken, in die man Nägel eingefaßt hatte, schlug der Fang des großen Hundes wiederholt in den Unterarm. Mein Herz fing an zu stechen und auf Hochtouren zu arbeiten. Nur jetzt nicht stürzen, nur nicht das Gleichgewicht verlieren. Krampfhaft hielt ich mich mit der rechten Hand am Treppengeländer fest. Bis heute kann ich es mir nicht erklären, wie ich in dieser Situation logisch denken konnte. Der Ärmel meines Parkas wurde regelrecht zerfetzt. Verzweifelt versuchte ich in meiner unbeschreiblichen Angst, den Köter auf die Nase zu schlagen, während ich um Hilfe schrie. Erst als sich einige Fenster öffneten, gab Fidel Castro dem Hund den Befehl, von mir abzulassen. »Aus, Rex, aus! Willst du ... Aus, hab ich gesagt!«

Seine Majestät Rex ließ nun endlich von mir ab. Er zog den Schwanz ein und kehrte geduckt zu Fidel Castro zurück – ganz und gar nicht königlich. Der Schock saß mir in allen Gliedern, als ich langsam die Treppe runterkam. Meine Nerven waren wie gelähmt, so daß ich nicht einmal Schmerzen verspürte. Der linke Unterarm fühlte sich an, als wäre ich von fünf Bienen auf einmal gestochen worden. Das Blut lief mir warm über die Hand und tropfte auf den Gehsteig. Fidel Castro hatte den Hund wieder an die Leine genommen und rief zornig: »Mach bloß, daß du hier wegkommst, du Dreckskerl, und laß dich hier nie wieder blicken!«

Wer nun glaubt, daß ich gerannt, gedüst oder geflitzt wäre, sieht sich getäuscht. Völlig durcheinander vor Schreck und Entsetzen setzte ich vorsichtig einen Fuß vor den anderen. Mein Herz hörte einfach nicht auf zu rasen. Die Stiche zwischen jedem Herzschlag schmerzten so sehr, daß mich Panik erfaßte. Ich atmete so schnell und schwer, daß meine Lungen pfiffen. Mein Schädel drohte zu platzen, und vom linken Knöchel kroch langsam ein ziehender Schmerz das Wadenbein hoch. Die Strecke bis zum Ende der Straße zog sich unheimlich in die Länge. Humpelnd schleppte ich mich vorwärts. Plötzlich wurde mir schwarz vor Augen. Alle Kraft wich aus meinem Körper wie Luft aus einem Fahrradschlauch. Laut piepste die Alarmsirene, die von meinem Herz ausgelöst worden war. Ich rang nach Luft und faßte mit beiden Händen an die Brust.

Die hilfreichen Arme, die mich auf einmal stützten, waren so kräftig, daß ich mich erschöpft fallen ließ. Mein Samariter hob mich auf und schleppte mich eine Treppe hinauf in ein Haus, durch den Flur in das Wohnzimmer und hievte mich keuchend auf ein breites Sofa.

Nach ein paar Minuten spürte ich die angenehme Kühle eines nassen Waschlappens auf der Stirn. Die Beine wurden mir hochgelegt, nachdem man mir die Gummistiefel ausgezogen hatte. Durch das Piepsen, das in meinen Ohren dröhnte, hörte ich eine Männerstimme, die aufgeregt sagte: »Komm, mach schnell, er tropft den ganzen Teppich voll!« Ich schloß die Augen und ließ alles mit mir geschehen. Die Ärmel des Parkas wurden nach oben geschoben, und gleich darauf stand mein Unterarm in Flammen. Ich biß die Zähne zusammen und spürte kurz danach, daß mir ein Verband angelegt wurde. Ich öffnete die Augen und blickte in das hübsche Gesicht der Frau, die mir vor ungefähr fünfzehn Minuten fünf Mark in die Hand gedrückt und mir frohe Weihnachten gewünscht hatte. Sie steckte mir eine Tablette in den Mund und flößte mir vorsichtig etwas Wasser ein.

»Wir hätten Sie warnen sollen«, sagte sie schuldbewußt. Nicht fähig, auch nur ein Wort zu sagen, starrte ich an die Decke und betete im stillen, daß endlich mein Herz aufhören möge zu rasen. Die junge Frau wechselte den Waschlappen und prüfte meinen Puls. »Konzentrieren Sie sich jetzt nur auf das Atmen. Atmen Sie regelmäßig tief ein und aus, und versuchen Sie sich jetzt zu entspannen«, sagte sie, und eine männliche Stimme fugte hinzu: »Machen Sie sich keine Sorgen. Meine Frau war früher OP-Schwester und hat schon Schlimmeres gesehen. Wir kriegen Sie schon wieder hin!«

»Trotzdem«, wandte sich die Frau an ihren Mann, »wir hätten ihn unbedingt warnen müssen!«

»Das konnte doch keiner voraussehen«, versuchte er sie ein wenig zu beruhigen.

»Am liebsten würde ich den Kerl anzeigen, Harry. Unberechenbar war er ja schon immer, aber daß er so weit gehen würde, hätte ich nicht gedacht. Wer weiß, was passiert wäre, wenn der arme Mann hier nicht um Hilfe geschrien hätte!« Und voll Abscheu fügte sie hinzu: »Dieses verdammte Schwein!« Besorgt fragte sie: »Wie fühlen Sie sich?« Ich schloß kurz die Augen und nickte zum Zeichen, daß es mir etwas besser ginge. Es ging mir tatsächlich besser. Ich wußte zwar nicht, was für eine Tablette ich da geschluckt hatte, aber sie schaltete den Schmerz langsam, aber sicher ab. Mein Herzschlag begann sich auch wieder zu beruhigen und die Atmung wurde regelmäßiger. Nur das Schwitzen machte mir zu schaffen. Das Wasser floß mir am ganzen Körper herunter: »Ich möchte ...«, hurra, mein Sprachzentrum funktionierte auch wieder, »ich möchte einen Schluck Schnaps trinken, bitte, wenn das möglich wäre!«

»Ich weiß nicht, ob das jetzt das Richtige ist in Ihrem Zustand, aber ...«, sagte die Frau.

»Ist schon gut, Schatz! Der Mann kann ohne Zweifel einen Schluck brauchen«.

Seine Frau brachte eine Flasche Wodka, die sie aus dem Wohnzimmerschrank genommen hatte. Sie schenkte ein Wasserglas halbvoll und setzte es mir an die Lippen. Neuer Waschlappen, neue Besorgnis. »Ist es besser geworden mit den Schmerzen? Fühlen Sie sich einigermaßen okay?«

Der Alkohol tat seine Wirkung. Ich nickte. »Es geht schon wieder. Ich weiß nicht, wie ich Ihnen danken soll. Ich meine ... ich habe ...« Ich geriet ins Stottern. Ich schämte mich plötzlich wie ein Bettnässer und wünschte mich trotz der liebevollen Hilfe weit fort. Ich konnte es mir einfach nicht abgewöhnen, dieses Schamgefühl. Es gelang mir ums Verrecken nicht, mich wie ein normaler Penner zu benehmen. Ein waschechter Penner schert sich einen Dreck darum, was die Leute über ihn denken und sagen. Er tritt die moralischen Werte mit Füßen, weil sie ihn zuerst getreten haben, und schlägt auch auf Menschen ein, die es gut mit ihm meinen.

Ich war nicht fähig, auch nur ein Wort zu sagen. Es ist schwer, gleichzeitig zu weinen und zu sprechen. Als ich zusätzlich noch Nervenkrämpfe bekam, holte ich tief Luft und verlangte erschöpft nach einem neuen Glas Wodka. Mit zittriger Hand leerte ich das Glas und stammelte: »Es ... es tut mir leid, daß ich Ihnen so viel Unannehmlichkeiten bereitet habe. Sie ... Sie müssen entschuldigen, aber ... aber ich bin etwas beklommen; ich meine, ich schäme mich so furchtbar und denke ...«

»Meinen Sie«, sagte die Frau mit dem Pferdeschwanz und trocknete ihre Tränen mit einem Taschentuch, »meinen Sie, es ist etwas Unangenehmes, wenn man sich schämt? Es beweist doch nur, daß auch in Ihnen ein guter Kern steckt, egal wie Sie daherkommen!«

Ihre Worte wirkten wie eine Befreiung auf mich. Langsam lösten sich die Ketten meiner inneren Spannungen. Behutsam nahm ich die Beine von den Sofakissen und setzte mich vorsichtig, unter Protest der hübschen Blonden, aufrecht an den Tisch.

Harry nagte etwas verlegen auf der Unterlippe, dann ging die Neugier mit ihm durch: »Ich möchte Ihnen ja nicht zu nahetreten, aber ... ich meine, ääh, wie ist es mit Ihnen so weit gekommen, daß Sie ... nun, daß Sie eben diesen ...«

»Aber Harry! Komm, nun laß doch diese Fragerei!« sagte Beate mit einem vorwurfsvollen Blick auf ihren Mann. Der massierte sich verlegen das Kinn und entgegnete entschuldigend: »Es tut mir leid, aber ich bin Arzt und kann mir die Fragerei auch privat nicht abgewöhnen«.

Es war wirklich nicht zu fassen! Zuerst holen sie mich rein, lassen es zu, daß ich ihnen ihren schönen Teppich mit Blut versaue, legen mich mit meiner vollgepißten Hose auf das Plüschsofa, leisten obendrein noch Erste Hilfe, und jetzt entschuldigen sie sich mehr oder weniger wegen ihrer Neugier bei mir. Nun war die Verlegenheit an mir: »Ich bin es nicht gewohnt, daß sich Leute bei mir entschuldigen, und nach alldem, was Sie für mich getan haben, bin eher ich es, der sich wenigstens für Ihren schmutzigen Teppich entschuldigen sollte. Im übrigen sind Sie nicht der erste, der mich fragt, wie ich zum Penner geworden bin. Wissen Sie, das ist eine lange Geschichte. Vielleicht werde ich mal irgendwann ein Buch darüber schreiben, wenn ich die nächsten Jahre überlebe.«

Das Stichwort Buch setzte ein Gespräch in Gang, das bis zum späten Abend anhielt. Wir unterhielten uns über diverse Schriftsteller und Poeten.

Die beiden sahen mich ab und zu verblüfft an, wenn ich einen Klassiker zitierte oder eine Anekdote zum besten gab. Als wir bei Johannes Mario Simmel angekommen waren, war ich nicht mehr zu bremsen – kein Wunder bei den vielen Büchern, die ich von ihm gefressen habe.

Die Zeit verging wie im Flug, und als Beate feststellte, daß ich kein Fieber hatte, war es bereits acht Uhr abends. Man kehrte wieder zum Wesentlichen zurück, und die beiden erlaubten mir zu duschen, nachdem wir zusammen Abendbrot gegessen hatten. Harry gab mir eine von seinen alten Jeans und frische Unterwäsche. Danach kam die Frage aller Fragen: »Wie geht es jetzt mit dir weiter, Tommy?« fragte Beate besorgt.

»Ich werde auf den Friedhof gehen, mir die Birne vollhauen und mich warm einpacken«, antwortete ich. Mittlerweile war ich wieder zu Kräften gekommen und fühlte mich richtig wohl. »Friedhöfe sind für mich die besten Plätze der Welt!« erklärte ich. »Wenn sich die Menschen das ganze Jahr über so benehmen würden, wie sie sich auf Friedhöfen benehmen, gäbe es hundertprozentig keine Kriege, keine Verfolgung und keinen Haß mehr auf der Welt. Ist euch schon mal aufgefallen, wie die Leute auf einem Friedhof nicht nur über die Toten, sondern auch über sich selbst nachdenken, weil ihnen ihre Sterblichkeit vor Augen geführt wird? Ihr solltet die Menschen mal beobachten, wie sie ehrfürchtig vor den Gräbern stehen. Da ist keine Selbstsicherheit mehr oder Egoismus in ihnen. Da wird alle Aggressivität im Keim erstickt. Da werden sie ganz friedlich und harmlos. Da wird der Tod noch respektiert. Zu Hause hocken sie vor der Glotze und ärgern sich, wenn es in einem Krimi nur eine einzige Leiche gibt. Die ganze Welt müßte ein riesengroßer Friedhof sein – aber das ist sie ja ohnehin schon!« Die beiden schauten mich konsterniert an. Ohne Zweifel: Ich hatte wieder mal zuviel geredet. »Es kommt natürlich überhaupt nicht in Frage, daß du heute nacht auf dem Friedhof übernachtest, nicht wahr, Schatz?!«

Harry meinte nachdenklich: »Ich werde mal sehen, was sich da machen läßt. Meine Eltern kommen noch heute abend aus Pirmasens – eigentlich müßten sie schon längst hier sein. Sonst hätten wir dich für diese Nacht im Gästezimmer untergebracht, aber ich glaube, ich habe da eine Lösung.« Er stand auf und verschwand um die Ecke im Flur. Gleich darauf hörte ich ihn sagen: »Markus? Ich bin es, Harry. Ich habe da ein kleines Problem, bei dem du mir helfen könntest. Es handelt sich um folgendes – « Harry erklärte ihm meine Lage und beendete das Gespräch mit den Worten: »Okay, also dann, in einer halben Stunde wird er bei dir sein. Tschüß, Markus!« Als er in die Wohnstube zurückkam, erklärte er begeistert, daß ich heute nacht bei einem Kumpel von ihm übernachten könne, der eine Kneipe etwas außerhalb der Stadt gepachtet habe. Er beschrieb mir den Weg und drückte mir einen Geldschein in die Hand, bei dessen Anblick mir fast das Herz stehengeblieben wäre. Doch die beiden ließen keine Widerrede zu. Ich stopfte den Hundertmarkschein in die Bettelkasse meiner neuen Jeans und verabschiedete mich gerührt an der Haustür von Beate und Harry.

Auf dem Weg zum »Bierfaß« – so hieß die Kneipe – drangen vereinzelt Weihnachtslieder auf die Straße hinaus. In einem Haus rieselte leise der Schnee, in einem anderen machte man hoch die Tür und das Tor weit auf, und im letzten Haus einer Straße, die mich schon sehr nahe an mein Ziel führte, kamen die Kinderlein doch all, hin zur Krippe in Bethlehems Stall.

Das Bierfaß war bis auf den letzten Platz besetzt. Wahrscheinlich wollten sich die meisten noch einmal so richtig einen hinter die Binde gießen, bevor sie drei Tage lang brav sein mußten. Einige der Gäste schauten mich angewidert an und hielten ihre Biergläser fest. Der Wirt nickte mir zu und bat mich, ihm zu folgen. Im Nebenzimmer war eine ältere Frau damit beschäftigt, einen großen Weihnachtsbaum zu schmücken. Überall lagen Schachteln mit Lametta und Christbaumkugeln herum.

Der Wirt war ein Bursche so um die Dreißig und hatte einen angenehmen Bariton. Über seiner Lederschürze hing ein wohlgenährter Bauch, der ihm eine gewisse Gemütsruhe verlieh. Der lange Vollbart, der sein breites Gesicht zierte , roch nach grünem Apfelshampoo. »Geh mal schnell raus, Mama, und bedien die Gäste weiter«, bat er. An mich gewandt, sagte er: »Harry hat mir alles erzählt. Ich habe oben zwei Gästezimmer, die sehr selten gebraucht werden. Eines davon kannst du heute nacht benutzen. Ich werde dir das Fernsehgerät einschalten, dann ist es nicht so langweilig.« In der rechten oberen Ecke des Raumes stand auf einem Regal ein Fernsehgerät, das einen sehr ernsten Peter Gatter zeigte, der die Frage klärte, was des Deutschen liebstes Vaterland sei. »Hast du Hunger, möchtest du was essen?« fragte Markus. »Nein danke, ich bin reichlich satt geworden bei Beate und Harry, aber wenn ich vielleicht ein Bier kriegen könnte, das wäre sehr nett!«

Er nickte und ging in die Schankstube hinaus. Kurz darauf kam seine Mutter mit einem Tablett herein, auf dem ein halber Liter Bier und ein Schnapsglas standen. Sie nahm mir das Gefühl, fehl am Platz zu sein, indem sie mich bat, ihr beim Schmücken des Weihnachtsbaums zu helfen. Die Stunden vergingen wie im Flug, und um halb eins verließen die letzten Gäste das kleine, gemütliche Lokal. Ich ging Markus beim Aufstuhlen zur Hand, und als der letzte Aschenbecher sauber war, führte er mich hinauf ins Zimmer, in dem ich schlafen sollte. Ein Schrank, ein kleiner Tisch, saubere Vorhänge an den Fenstern, an der Wand die betenden Hände von Albrecht Dürer und links in der Ecke ein richtiges Bett. Mein Herz hüpfte vor Freude beim Anblick des Federbetts. Rein ins Bett, Augen zu und gute Nacht.

Um zehn Uhr am nächsten Morgen löste sich der Bleimantel des Tiefschlafs und gab meine Nerven frei zum allmorgendlichen Tanz der Entzugserscheinungen. Mit einem Flachmann Rüdesheimer Herkunft brachte ich den Tanz zum Ausklingen. Dann schlüpfte ich vorsichtig in meine Klamotten. Als ich den Rollkragenpullover überstreifte, begann mein linker Unterarm ein wenig zu schmerzen. Ich versuchte den Schmerz zu ignorieren und brachte das Bett in Ordnung. Erst als ich das Gefühl hatte, daß das Zimmer in dem Zustand war, wie ich es angetroffen hatte, stieg ich die Treppe hinunter. Auf dem Weg durch die Küche begrüßte mich Bing Crosby mit »I'm dreaming of a white Christmas«. Mein erster Blick, als ich die Schankstube betrat, fiel auf Markus, der vor der aufgeklappten Musikbox stand und in ihrem Innenleben herummontierte. Erst nachdem ich mich zweimal geräuspert hatte, wurde er auf mich aufmerksam. Überrascht sah er von seiner Arbeit auf und sagte freundlich: »Na, hast du gut geschlafen?«

»Wie ein Toter!« antwortete ich wahrheitsgemäß und fügte dankbar hinzu: »Es geht halt nichts über ein richtiges Bett.«

Er trat hinter den Tresen, schenkte zwei Pils ein und fragte mich, was ich denn nun so vorhätte. Ich sagte ihm, daß ich mich vom Zufall treiben lassen würde, worauf er meinte: »Meine Schwester und mein Schwager kommen über die Feiertage. Du weißt ja, wie das so ist an Weihnachten: Da muß alles seine Ordnung haben. Alles wird blitzblank und sauber geputzt. Sonst würde es mir wirklich nichts ausmachen, dich hier über die Feiertage übernachten zu lassen. Ich habe Harry viel zu verdanken, und da wäre es das wenigste gewesen, aber die Leute sind ja alle so penibel. Es tut mir leid, daß ich nicht mehr für dich tun kann.«

Ich versicherte ihm, daß es ihm nicht leid zu tun brauchte und daß er und Harry schon genug für mich getan hätten. Beim Abschied drückte er mir noch zwanzig Mark in die Hand und wünschte mir alles Gute.

Ohne bestimmtes Ziel marschierte ich aus Endingen hinaus und dachte an das unfaßbare Glück im Unglück, das mir gestern begegnet war. Mir gingen die Gesichter von Harry, Markus und vor allem von Beate nicht mehr aus dem Kopf und aus dem Herzen. Solange es noch solche Menschen gab, konnte ich atmen und gehen. Sie standen für all die, die noch nicht von Vorurteilen zerfressen waren. Auch Rudi, der mir in seiner zerbrochenen Welt mehr gab, als er selbst bekam, gehört zu ihnen.

Schwere dunkle Schneewolken hingen am Himmel und die Vorboten eines heftigen Schneeschauers rieselten leise auf die Erde. Die schmale schnurgerade Landstraße, auf der ich in Richtung Wyhl marschierte, war ein schwarzer Strich in einer Landschaft, die von einem weißen Teppich zugedeckt wurde. Weit und breit nur Bäume und die hügelige Silhouette des ansteigenden Kaiserstuhls.

Ungefähr einen Kilometer vor der Ortschaft erblickte ich kahles Ackergelände und davor einige Schrebergärten, in denen vereinzelt ein paar Gartenhäuschen standen. Beim Anblick dieser kleinen Holzhäuschen hatte ich eine Idee. Vielleicht bescherten sie mir über die Feiertage ein Dach über dem Kopf. Ich kam zu dem Ergebnis, daß ich alles hatte, was ich brauchte, um es mir über die Feiertage gutgehen zu lassen. Der Proviant in meiner Plastiktüte würde ausreichen, um nicht zu verhungern. Die Lebensmittel, die ich an den Haustüren bekommen hatte, stellten sich nun als wahrer Segen heraus. Um meine Nerven brauchte ich mir keine Sorgen zu machen. In der Innenseite meines Parkas befanden sich außer einer Flasche Rum noch zwei Flachmänner, und in der Plastiktüte waren eine Flasche Wodka und zwei Flaschen Bier. Ursprünglich wollte ich auf dem Endinger Friedhof die Feiertage verbringen, deshalb hatte ich mich vorsichtshalber frühzeitig mit Alkohol eingedeckt.

Ich schlich auf eines der Häuschen zu, pfiff auf die Verbrechensrate in Deutschland und schlug auf der Rückseite eine Scheibe ein. Direkt unter dem Fenster, durch das ich soeben eingestiegen war, standen eine Eckbank, ein Tisch und ein paar Stühle, doch das Schönste erspähte ich im vorderen Rechteck des Häuschens: Da standen, an die Holzwand gelehnt, zwei Liegestühle unter verstaubten Wolldecken. Vagabundenherz, was brauchst du mehr, dachte ich bei mir und weihte mein Weihnachtsdomizil mit einer Flasche Bier ein.

Es kann furchtbar langweilig sein, wenn man sich selbst einsperrt. Die Kälte machte mir nicht viel aus. Ich war einiges gewöhnt, und die meiste Zeit saß ich in meinem Schlafsack entweder am Tisch, oder ich lag auf einem der Liegestühle. Noch am gleichen Tag ließ ich mich dermaßen mit Rum vollaufen, daß ich erst nach fünf Stunden bemerkte, daß ich auf der Eckbank eingeschlafen war. Danach zog ich mich auf einen Liegestuhl zurück und schlief den Schlaf der Volltrunkenen bis zwölf Uhr mittags am ersten Weihnachtsfeiertag. Einmal verließ ich das gemütliche Häuschen mit dem *Gartenfreund* unter dem Arm, um draußen meine Notdurft zu verrichten. Überhaupt lagen da etliche Zeitschriften auf einer selbstgezimmerten Anrichte, so daß ich mich im Schein einer Petroleumlampe aus *Reader's Digest* weiterbilden konnte.

Am Abend des ersten Weihnachtsfeiertages schälte ich den kunstvoll angelegten Verband vom linken Unterarm und betrachtete zum ersten Mal die Bißwunden von Fidel Castros Köter. Das Gewebe war zwar verletzt, aber doch nicht so tief, daß man es hätte nähen müssen – es geht halt nichts über einen Bundeswehrparka. Ich beschloß, den Verband wegzulassen. Die Wunden würden meines Erachtens in der kalten Luft besser heilen, als wenn sie warm eingepackt blieben. Die Schwellung am linken Knöchel, die mir Harry mit einer kühlen Salbe eingerieben hatte, war vollständig zurückgegangen. Jetzt saß ich auf der Eckbank und stopfte in die Spitze meiner Gummistiefel ein paar Seiten vom *Gartenfreund*. Anschließend zog ich den Reißverschluß am oberen Ärmel des Parkas auf und zählte mein erbetteltes Klimpergeld. Da lag es vor mir auf dem Tisch, das schönste Häufchen der Welt, das mir am nächsten Tag zum Verhängnis werden sollte. Zusammen mit dem Papiergeld in den Taschen meiner Jeans zählte ich sage und schreibe 340 DM. Für einen Penner sind das mindestens eine Million, wenn nicht noch mehr. Meine Kaiserstuhlrundreise hatte sich gelohnt. Ich lebte äußerst sparsam, ging in keine Kneipen, und das Essen war zum Teil auch noch umsonst. Iwan wäre stolz auf mich gewesen. So konnte ich mich wenigstens auch ein bißchen freuen an diesem ersten Weihnachtsfeiertag. Das Ganze war auf jeden Fall ein Besäufnis wert, und so ließ ich mich nach langer Zeit einmal wieder aus Freude vollaufen. Hoch leben die Gefühle, die stets als Alibi herhalten müssen, wenn wir uns besaufen. »Hoch lebe Gorbatschow!« sagte ich zu mir selbst und küßte die Wodkaflasche. Und weil ich mich so fühlte, ließ ich alle anderen ebenfalls hochleben. »Auf Perestroika und Glasnost – prost.«

Am nächsten Tag kam sie, wie sie immer kommt, auf leisen Sohlen, schleichend, kriechend und erstickend: die Langeweile. Nachdem ich meine Nerven mit Brüderchen Gorbatschow massiert hatte, schnallte ich den Schlafsack auf den Rücken und ließ die Langeweile in dem Häuschen zurück, wo sie sich meinetwegen selbst ersticken konnte. Die Sonne hing als blasse kraftlose Scheibe am Himmel. Dennoch tauchte sie die weiten Hügel und Terrassen in ein gleißendes Weiß. Geblendet vom frischgefallenen Schnee, kniff ich die Augen zusammen und marschierte drauflos. Mein Einbruch in das Gartenhäuschen war mit ein Grund dafür, daß ich um Wyhl einen großen Bogen machte – man konnte ja nie wissen ...

Ich hatte mir vorgenommen, diesen zweiten Weihnachtsfeiertag zu achten. Außerdem hatte ich nicht die geringste Lust, an diesem Tag die Leute in ihren Häusern zu belästigen. Ich war so gut wie Millionär, also gönnte ich mir eine Ruhepause. Auf derselben Landstraße, die mich von Endingen nach Wyhl geführt hatte, marschierte ich in die Gemeinde Elzhausen; eine kleine Ortschaft, die überwiegend von der Winzerei lebte.

Die ersten Häuser der Hauptstraße lagen bereits hinter mir, als ich vor einem Gasthaus stehenblieb. »Zur Winzerkrone« stand in großen Lettern über den Fenstern im ersten Stock. Viel wichtiger erschien mir aber das kleine Pappschild hinter einem der Fenster im Parterre: »Zweiter Weihnachtsfeiertag ab zehn Uhr geöffnet«. Und darunter stand in gestochener Handschrift: »Schäufele mit Kartoffelsalat – 5,40 DM«. Die anfängliche Unentschlossenheit wurde vom bösen Knurren meines Magens blitzschnell davongejagt. »Da gehst du jetzt rein, verdammt noch mal. Für eine Portion Schäufele mit Kartoffelsalat kannst du es ruhig riskieren, rausgeschmissen zu werden.« Ich jagte meine Befürchtungen zum Teufel, öffnete zaghaft die schwere Eichentür und trat in die bäuerliche Gaststube. Unmittelbar vor dem altmodischen Schanktresen, auf dem eine Bierzapfsäule aus den sechziger Jahren thronte, befand sich der Stammtisch, ausgewiesen durch einen großen Aschenbecher, über dem es für jeden deutlich zu lesen war.

Unter dem Stammtisch steckten acht Beine, die zu Männern gehörten, die sich aufgeregt über das Desaster von Tschernobyl unterhielten. In ihre typischen Most- und Traubengesichter stand die Anstrengung um bessere Argumente geschrieben. An einem richtigen deutschen Stammtisch muß geschimpft werden, egal über was, sonst ist er keiner. Und eben dieses Schimpfen wurde in dem Augenblick unterbrochen, als ich die Gaststube betrat und höflich, ja fast unterwürfig einen guten Tag wünschte.

Wenn ich es bis zu einem Tisch schaffe, ohne hinausgeschmissen zu werden, konnte ich sicher sein, bedient zu werden. Die ersten

Sekunden sind oft die entscheidenden Momente im Leben eines Penners. Noch fünf Schritte, noch vier, noch drei, noch zwei, noch einen und jetzt? Geschafft! Ich setzte mich mit dem Rücken zum Fenster an einen kleinen Tisch in der rechten Ecke des Raumes. Den Schlafsack legte ich zu meiner linken Hand. Mit zusammengezogenen Augenbrauen und mißtrauischen Blicken musterten mich die Bratkartoffelgesichter der Bauern. So ein Großstadtpenner mit allem Drum und Dran war bestimmt eine Attraktion in ihrem kleinen verschlafenen Kuhdorf. Da war die Neugier natürlich groß; größer noch als Tschernobyl, das jetzt total in Vergessenheit geriet. Mutig lächelte ich zum Stammtisch hinüber, doch leider konnten sie damit nichts anfangen. Langsam drehten sie ihre Köpfe und steckten sie näher zusammen. Mit weit unter Zimmerlautstärke gesenkten tiefen Stimmen unterhielten sie sich, während der eine oder andere einen verstohlenen Blick zu mir herüberwarf. Wahrscheinlich stimmten sie darüber ab, ob ich das neue Schimpfobjekt sein sollte, oder nicht. Nach dem einstimmigen Beschluß, Tschernobyl wieder ins Programm aufzunehmen, stand der Wirt von seinem Stuhl auf und latschte in seinen Pantoffeln gemächlich an meinen Tisch. Seine abgewetzte, an den Ellenbogen fast durchsichtige Strickjacke berührte das Tischtuch, als er mit aufgestützten Händen fragte: »Hast du überhaupt Geld bei dir?«

Umständlich faßte ich in die Tasche meiner Jeans, zwängte einen Zwanzigmarkschein heraus und entgegnete: »Ich hoffe, es wird reichen für eine Portion Kartoffelsalat mit Schäufele, ein Bier und einen Schnaps.« Als wollte er die Echtheit des Scheines überprüfen, nahm er ihn in die Hand und reichte ihn mir mit der Bemerkung zurück: »Warum soll er nicht reichen? Das sind doch volkstümliche Preise, oder nicht?« In gebeugter Haltung schlurfte er davon. Während ich auf meine Bestellung wartete, wurde ich Zeuge einer zünftigen badischen Stammtischpolitik.

»Die haben doch keine Ahnung von Sicherheitsvorkehrungen da drüben!«

»So ist es.«

»Bei uns ist alles computergesteuert, da kann überhaupt nichts passieren. Aber bei denen da drüben wird alles noch mit dem Rechenschieber gemacht. Eine Schande ist das, sage ich euch.«

»So ist es.«

»Das mußt ausgerechnet du sagen. Du hast doch damals am lautesten geschrien, als man Anfang der siebziger Jahre in Wyhl das Atomkraftwerk hinstellen wollte.«

»So ist es.«

»Das kann man doch nicht mehr mit heute vergleichen, wo die Technik so viele Fortschritte gemacht hat.«

»Halt, mein Freund! Halt, halt, halt, halt: Auf der ganzen Welt wirst du kein Kernkraftwerk finden, das so sicher ist, daß man sorglos damit leben könnte!«

»So ist es.«

»Ja, leck mich doch am Arsch, Mensch! Wie sollen wir denn das Problem mit der Energieversorgung lösen, wenn wir nicht bereit sind, auf unsere Ingenieure zu vertrauen, die die besten der Welt sind. Außerdem ist das Risiko so gering, wie sich beim Vögeln den Schwanz zu brechen!«

»So ist es.«

Meine amüsierte Anteilnahme wurde unterbrochen, als der Wirt meine Bestellung brachte und sich wortlos wieder zu der Runde gesellte.

»Ich bin nur gespannt, was das noch für Auswirkungen haben wird in den nächsten Jahrzehnten und wer die Verantwortung dafür übernimmt!«

»Da hast du vollkommen recht, Franz! Hinterher will's keiner gewesen sein, und einer schiebt die Schuld auf den anderen!«

»So ist es.«

»Und ob! Man hat an Hiroshima gesehen, was für eine Katastrophe die radioaktiven Strahlen noch nach zig Jahren hinterlassen haben. Bis heute werden da noch verkrüppelte Kinder geboren.

Und was macht der Ami? Er steckt den Kopf in den Sand, die feige Sau!«

»So ist es.«

»Werner, noch ein Bier?«

»Ja, bitte, und noch einen Roßler, Erwin!«

Ausgezeichnet, das Schäufele. Ich aß absichtlich langsam. Wer weiß, wann ich das nächste Mal wieder so etwas Gutes zwischen die Zähne bekommen würde. Die behagliche Wärme in der Gaststube trug dazu bei, daß ich mich rundum wohl fühlte. Zufrieden streckte ich die Beine aus, nachdem ich mit dem Essen fertig war. Der alte Mann, der ständig »So ist es« sagte und auf seinem Zigarrenstummel rumkaute, während er sein Weinglas drehte, stand auf und ging auf die Toilette.

»Du kannst sagen, was du willst: Es gibt keine andere Alternative als die Kernkraftwerke. Irgendwann werden die anderen Energiequellen erschöpft sein, und dann sind die Enkel von denen, die jetzt dagegenschreien, froh darum!«

»So ist ...« – ach nee, halt, der war ja auf dem Klo.

Jetzt mußte ich auch mal, und zwar dringend. Schäufele und Kartoffelsalat drückten, obwohl ich langsam gegessen hatte, auf die Därme. Mit zusammengekniffenen Hinterbacken stand ich auf und ging zur Toilette hinüber. Fast wäre ich mit dem alten Zigarrenlutscher zusammengeprallt, der im selben Moment die Tür aufmachte, als ich nach der Klinke greifen wollte. »Ho ho ho, junger Mann! Entweder weniger trinken oder langsamer machen. Also, das ist doch ...«

So ist es, dachte ich und sagte: »Es tut mir leid, guter Mann, aber ich kann leider nicht durch Holz gucken!«

So eine Toilette ist doch eine bequeme Sache. Vor allem dann, wenn man Darmkrämpfe hat. Nachdem eine Viertelstunde vergangen war und ich das Gefühl hatte, daß mein Darm vollkommen leer war, verließ ich, noch immer mit leichten Krämpfen, die Toilette.

» ... und das schlägt sich dann natürlich auch auf die Preise nieder. Die Leidtragenden sind wie immer die Bauern. Halb Europa ist schon verseucht mit dieser Radiotivi ... ääh Radianti ... na, mit diesen Strahlen eben!«

»So ist es.«

Ein wenig erschöpft von der Tortur auf der Toilette, winkte ich dem Wirt, um den größten Fehler zu begehen, den ich im alten Jahr noch machen konnte. Ich hatte beschlossen, das viele Klimpergeld, das den Ärmel meines Parkas nach jedem Schritt nach unten zog, in Banknoten zu wechseln – oder wenigstens einen Teil davon. Beim Anblick der vielen Silbermünzen durchflutete mich ein regelrechtes Glücksgefühl. Dem Wirt fielen fast die Augen aus dem Kopf. Mit gesenktem Kopf und zuckenden Tränensäcken starrte er auf das glänzende Häuflein. Es war ihm anzusehen, daß er mit dem vielen Silbergeld und sich selbst nicht so schnell eine Verbindung herstellen konnte. Vielleicht war er noch mitten in Tschernobyl und sein Kopf voll von den Dämpfen der Kühltürme. Natürlich hatte ich mit seiner Verwunderung gerechnet. Wahrscheinlich hätte er auch gestutzt, wenn es Banknoten gewesen wären. Bei einem Penner stutzt man immer, wenn er mehr als zwanzig Mark in der Tasche hat. Seine Züge wurden immer mißtrauischer. Vorsichtig fragte ich ihn: »Ich weiß, es ist etwas ungewöhnlich, aber wäre es Ihnen möglich, dieses Kleingeld hier in Geldscheine umzutauschen?«

Seine plötzliche Feindseligkeit war fast greifbar. Unsicher geworden, rutschte ich nervös auf meinem Platz herum. Anstatt auf meine Frage einzugehen, stierte er mich mit bösen Augen an. Fieberhaft suchte ich nach Worten. Wer sucht, der findet, und wenn es nur ein Strohhalm ist, an den man sich klammert. »Dürfte ich die Herren am Stammtisch und Sie selbst vielleicht zu einem Bier oder einem Glas Wein einladen?« (Ich konnte sehr höflich sein, wenn es darauf ankam.)

Nun mach doch endlich das Maul auf, verdammt noch mal, dachte ich, und gab der Panik einen Tritt, die Besitz von mir ergreifen wollte. Als hätte er das fehlende Wort in einem Kreuzworträtsel gefunden, entspannten sich auf einmal seine Züge. Er sagte mit Engelszungen: »Aber das kommt ja gar nicht in Frage, daß Sie uns einladen; im Gegenteil: Wenn ich Sie vielleicht auf ein Bier und einen Schnaps einladen dürfte, junger Mann!« Und mit einem schnellen Blick auf das Klimpergeld fügte er hinzu: »Wieviel ist es denn?« Jetzt war es an mir, die Sprache zu verlieren. Noch bevor ich einen fließenden Satz zustande brachte, wischte der Wirt mit gekrümmter Hand das silbrige Häuflein in seine aufgeschürzte Strickjacke. »Ich geh mal rasch in die Küche und zähle das Geld; ich bin gleich wieder da!« sagte er liebenswürdig und latschte davon. Während ich mich um Gleichmut bemühte, schritt die Debatte am Stammtisch ihrem Höhepunkt entgegen. »Zugrunde richten wird uns das noch, sage ich euch! Seit dem Frühjahr schickt das Umweltministerium einen Fuzzi nach dem anderen hierher, und mit welchem Ergebnis? Abwarten, bis die Meßdaten ausgearbeitet sind. Ist es nicht schlimm genug, daß wir keine regelmäßigen Jahreszeiten mehr haben? Die Sommer sind viel zu heiß und die Winter zu mild. Viele können nur noch hoffen, daß sie wenigstens einen guten Eiswein lesen können. Wenn das so weitergeht, ist unsere Existenz bedroht. Dieses Jahr konnten wir noch von Glück reden, daß wir einen gescheiten Herbst gehabt haben, sonst wäre die ganze Lese beim Teufel gewesen! Reicht es nicht, daß wir mit der Natur zu kämpfen haben? Anscheinend nicht! Abwarten, abwarten und noch mal abwarten. Ich habe die Nase voll von diesen Brüdern mit ihren Technikkoffern!«

»So ist es.«

»Ich weiß gar nicht, warum du dich so aufregst, Franz. Wir haben schließlich den besten und widerstandsfähigsten Boden im ganzen Bundesgebiet. Der Kaiserstuhl ist hartnäckig. Unser Vulkanboden hat schon mehr als einer Naturkatastrophe getrotzt. Wir dürfen uns nur nicht unterkriegen lassen, das ist alles. Unsere Biere und Weine sind einfach die besten, da können sich die im Markgräfler Land noch so anstrengen. Wir haben einfach den besseren Boden und damit basta! Wo ist denn eigentlich Erwin?«

»So ist es.«

»Der ist in die Küche verschwunden. Weiß der Kuckuck, was er da macht!«

Ich glaubte zu wissen, was er da drin machte. Nur daß es so lange dauern würde, konnte ich nicht ahnen. Hätte ich ganz genau gewußt, warum er so lange in der Küche blieb, wäre ich auf der Stelle mit Sack und Pack abgehauen und bis in den hintersten Winkel des Kaiserstuhls geflohen. Mein Glas war leer und mein Kopf voll Stammtischgequatsche, das mir allmählich auf den Wecker ging.

»Da kann man mal sehen, daß du keine Ahnung hast, Werner! Wenn die Radiotiv ... ääh, Radioanti ...«

»Mein Gott! Radioaktiven Strahlen!«

»Red ich mit dir oder mit Werner?«

»Ach, rutsch mir doch den Buckel runter!«

»So ist es.«

»Wo war ich stehengeblieben? Ach so, ja: Wenn diese Strahlen unseren Boden erst mal verseucht haben, dann werden sie länger drinbleiben, als in anderen Böden – gerade weil er so stabil ist. Kannst du das nicht begreifen, du Idiot?«

»Also, Idiot brauche ich mir nicht sagen zu lassen, nur weil ich anderer Meinung bin. So kannst du dich von mir aus mit deiner Frau unterhalten, merk dir das!«

»Da wird er sich hüten, das Maul aufzumachen. Die haben schon längst die Klamotten getauscht, und ratet mal, wer die Hosen anhat? Ha ha ha ha.«

»So ist es.«

»Ach, leckt mich doch am Arsch, alle miteinander! Ich habe es nicht nötig, mir noch länger diesen Mist anzuhören. Macht doch, was ihr wollt. Am Sonntag könnt ihr auf jeden Fall ohne mich kegeln.«

Gesagt, getan: Aufgestanden, den Stuhl in den Raum geschmissen und weg war er. Tschernobyl, was hast du angerichtet!

»Er kann einfach nicht die Wahrheit vertragen!«

»Und ob der am Sonntag mitkegelt. Der ist doch froh, wenn er nur für eine Stunde aus dem Bereich seines Drachen kommt!«

»Sagt mal, wo bleibt denn Erwin so lange? Eeeerwin, wir haben Durst! Komm raus, ohne dich geht's hier nicht weiter!«

Erwin kam endlich um die Ecke des Tresens. Aber warum war er so nervös? Hatte er vielleicht in der Küche eine Maus entdeckt? War der Vorrat an Bierfässern verbraucht oder das Brot schimmlig geworden? Ständig sah er auf seine Armbanduhr und verglich sie mit der Wanduhr in der Gaststube. Sein Gang war auch nicht mehr gebeugt, als er schnell auf meinen Tisch zukam – um ein Haar wäre er in seinen Pantoffeln gestolpert. Seine Stimme klang nervös. »Ich habe Ihr Geld ganz genau gezählt, deswegen hat es etwas länger gedauert. Also insgesamt sind es hundertdreiundvierzig Mark.«

Wieso war der Kerl so nervös, Herrgott noch mal? Seine langen Finger zitterten wie meine eigenen, wenn ich unter Entzug stand. »Hier ist Ihr Geld, junger Mann!« Er legte einen Hunderter, zwei Zwanziger und drei Markstücke auf den Tisch. »Und hier«, sagte er zuckersüß und stellte das Bier und den Schnaps daneben, »das geht auf Kosten des Hauses.«

Irgend etwas in seinem Innern rüttelte heftig an seiner Freundlichkeit. Die Maske des Wohlwollens kostete ihn einige Anstrengung. Sein ganzes Gehabe ähnelte etwa dem eines Kriminalkommissars, der es beim Verhör eines Schwerverbrechers mit Kaffee und Zigaretten probierte. Es wäre mir lieber gewesen, wenn er seine Freundlichkeit gezügelt hätte. Sie hatte etwas Bedrohliches. Meine Worte übertönten die Alarmglocke, die mein Verstand vorsichtig zu läuten begann. »Danke schön! Ich erlebe es sehr selten, daß ich eingeladen werde. Das Essen war übrigens ausgezeichnet; vielen Dank!«

Ich hoffte inbrünstig, er möge sich wieder seinen Stammtischbrüdern widmen, aber nichts da – Pustekuchen. Langsam setzte er sich auf einen Stuhl mir gegenüber. Wie in Robert Lembkes »Was bin ich?« fragte er neugierig: »Gehe ich recht in der Annahme, daß Sie auf der Durchreise sind?«

Zum Teufel mit der Unsicherheit. In den Mülleimer mit meinen Vermutungen. Warum sollten seine Gemütsschwankungen etwas mit mir zu tun haben? So interessant bist du nun auch wieder nicht, sagte ich zu mir selbst. Wie getrockneter Schlamm in der Sonne bröckelten meine Spannungen ab. »So ähnlich könnte man es nennen. Der Kaiserstuhl hat mir schon als kleiner Bub gefallen. Meine Eltern haben meinen Bruder und mich immer mitgenommen, wenn sie hier rausgefahren sind. Es war eine schöne Zeit, das können Sie mir glauben!«

»Ihrem Dialekt nach stammen sie aus der näheren Umgebung. Darf ich fragen, woher Sie kommen?«

Dieser Mann war ein miserabler Schauspieler. Sosehr ich auch bemüht war, die Alarmglocke auszuschalten, es gelang mir einfach nicht, den Knopf zu finden. Es kostete ihn erhebliche Mühe, seine Neugierde echt klingen zu lassen. Meine Skepsis war durchaus nicht verflogen, sondern befand sich noch immer in Reichweite. Wie eine lästige Fliege umkreiste sie meinen Kopf.

Weil ich mich nicht von seinem Verhalten durcheinanderbringen lassen wollte, antwortete ich so gelassen wie möglich: »Ich stamme aus Emmendingen, aber das hat nicht viel zu sagen. Die einzige Touristenattraktion dort ist die Klapsmühle, und das sagt doch schon alles, oder nicht?«

»Gott bewahr mich vor drei Dingen: Hunger, Durst und Emmendingen. Da haben Sie wahrhaftig recht, junger Mann«, sagte er und warf einen schnellen Blick auf die Armbanduhr und einen noch schnelleren auf die Wanduhr. »Wollen Sie ... soll ich Ihnen, äääh, trinken Sie aus, junger Mann; ich spendier noch eine Runde!« Noch ehe ich etwas sagen konnte, stand er ruckartig auf und marschierte mit langen Schritten hinter den Tresen.

Nun half alles Abwehren nichts mehr: Die Fliege setzte sich auf meinen Kopf und bohrte sich mir wie eine Zecke ins Gehirn. Die Panik rüttelte so heftig an der Tür meines Unterbewußtseins, daß diese krachend aus den Angeln flog und die Angst freisetzte, die in Windeseile in meinen Kopf stieg, um dort zusammen mit der Fliege ein heilloses Durcheinander anzurichten. Hastig trank ich mein Bier aus und steckte mir mit fliegenden Händen eine Zigarette an. Instinktiv schaute ich zum Tresen vor, wo der Wirt stand und mir zulächelte.

Konnte man Unheil riechen? Wenn ja, dann stank die ganze Gaststube danach. Dieses Gasthaus machte nicht gerade den Eindruck, daß der Wirt es sich leisten konnte, eine Runde nach der anderen auszugeben.

Warum der ständige Uhrenvergleich? Weshalb ein Gespräch mit einem Penner anfangen, wenn am Stammtisch seine Meinung fehlte? Und last but not least: Aus welchem Grund wollte er mich mit seinem Freibier unbedingt hier drin festhalten?

Eins und eins macht bekanntlich zwei, und die Angst spielte mit der Fliege Fangen.

Mir war, als ob ich im Wagen einer Geisterbahn säße, der darauf wartete, die Fahrt ins Grauen aufzunehmen. Jetzt war es soweit: Ein heftiger Ruck durchfuhr den Wagen, und die Tür öffnete sich. Zwei Polizisten betraten die Gaststube und kamen, nachdem sie den Stammtisch begrüßt hatten, direkt auf mich zu. Von weitem hätte man sie durchaus für Laurel und Hardy halten können, nur daß sie mich erschreckten und nicht belustigten. Der Dicke hatte eine Stimme wie ein Feldwebel auf dem Kasernenhof. »Mach, daß du aufstehst, aber ein bißchen plötzlich! Das ist er doch, Erwin, oder?«

»Siehst du hier vielleicht noch einen anderen? Es war gar nicht so einfach, den Kerl so lange festzuhalten. Schon als er zur Tür hereinkam, wußte ich, mit wem ich es zu tun hatte. Aber daß der Hund die Frechheit besitzt, hier aufzutauchen, ist doch ein starkes Stück! Wo wart ihr denn so lange?«

Die Geisterbahn brach krachend über mir zusammen. Im Getöse der umstürzenden Monster und Gerippe wurde mir klar, daß dies alles nur ein schlechtes Spiel sein konnte. Ich spürte auch keine Angst mehr, sondern nur noch unendliche Verblüffung. Irgendwie war ich sogar froh, daß jetzt das ganze Rätsel aufgelöst wurde. Aber wie konnte der Wirt in Elzhausen von dem Einbruch im Gartenhäuschen von Wyhl wissen?

Die Stille, die plötzlich vom Stammtisch ausging, hielt nur ein paar Sekunden. Der Wirt, dem es anzusehen war, wie sehr er es genoß, im Mittelpunkt zu stehen, wurde über und über mit Fragen bombardiert.

»He, Erwin, was ist denn jetzt los?«

»Hat er dich bestohlen?«

»Kann er seine Zeche nicht bezahlen?«

»Hast du dir Flöhe eingefangen?«

»Hat er etwa unter den Tisch gepißt? Zuzutrauen wäre es ihm ja; so wie der aussieht!«

Auch der Zigarrenlutscher konnte plötzlich mehr, als nur »So ist es« sagen. Mit einem Mal hatte er es sehr eilig, zu Wort zu kommen. »Ihr habt es ja nicht gesehen; aber angerempelt hat er mich vorhin, als ich aus der Toilette kam. Ich ... ich kenne die Tricks von diesen Brüdern: Zuerst rennen sie einen über den Haufen, und hinterher ist dann die Brieftasche weg. Der ist mir schon die ganze Zeit verdächtig vorgekommen. Eine freche Bemerkung hat er auch gemacht!«

Ein anderer meinte bissig: »Andauernd hat er schief zu uns herübergeschaut und uns dreckig ins Gesicht gelacht. Wenn ich du wäre, Erwin, würde ich nachher den Platz auf dem er gesessen hat, mit Insektenspray einsprühen, das ist ja ekelhaft!«

179

Der Zorn, der in mir aufsteigen wollte, wurde vom Gebrüll des dicken Polizisten begraben. »Ich habe gesagt, daß du aufstehen sollst, du Dreckhaufen. Soll ich dir dabei helfen, oder wie ist das?«

Es war nicht nötig, mir zu helfen. Ebensowenig nötig war es, mir über das Verhalten der Stammtischbrüder Gedanken zu machen. Solche wie sie gab es viele – Tausende, Abertausende, Millionen. Sie folgten den verschiedenen Windrichtungen. Mal ließen sie sich von diesem, mal von jenem treiben; Hauptsache, sie kamen dabei nicht in den Regen.

Angesichts der Staatsgewalt und der unerschütterlichen Bürgermeinung blieb mir keine andere Wahl als zu gehorchen. Also stand ich mit zittrigen Knien und klopfendem Herzen auf. »Streck deine Hände aus, aber dalli!« schrie der dicke Polizist und wies seinen dünnen Kollegen an, mir Handschellen anzulegen.

Der hagere Polizist mit dem blassen Gesicht eines Tuberkulosekranken trat auf mich zu, faßte rabiat ausgerechnet nach meinem linken Unterarm und ließ die Handschellen klickend um beide Handgelenke schnappen. Der Schmerz durchkämmte wie mit einer glühenden Drahtbürste die Nervenenden meiner Haut. Es brannte wie Feuer und entfachte gleichzeitig eine Wut, die ich nicht mehr kontrollieren konnte. Bisher züngelte sie nur als kleines Flämmchen. Doch jetzt rastete ich aus. »Wenn Sie mich noch einmal anfassen, werden Sie mich kennenlernen. Ich weiß nicht, was Sie von mir wollen oder was ich Ihnen getan habe. Ich kann mich auch nicht daran erinnern, daß wir schon mal zusammen Schweine gehütet haben. Wer seid ihr, wenn ihr eure Uniformen ausgezogen habt? Ich werde euch sagen, was ihr dann seid: dieselben selbstherrlichen Arschlöcher wie die da drüben; mit dem Intelligenzquotienten einer Kloschüssel. Vollidioten, Arschlöcher, Scheißbullen!«

Die Ohrfeige traf mich mit solcher Wucht, daß ich zuerst auf die Bank und dann unter den Tisch segelte.

»Habt ihr was gesehen?« fragte der Dünne die Gaststubenbeleg-
schaft.

»Was sollen wir gesehen haben? Nein, wir haben nichts gesehen!«

»Hol ihn hoch, Theo, und gib ihm von mir auch noch eine!«

»Schweinehund!«

»Drecksau, verdammte!«

»Abschaum, elender; totgeschlagen gehört er, diese Mistsau!«

»So ist es!«

Geschäftige Hände waren damit beschäftigt, den Tisch, unter dem
ich lag, mitsamt den Stühlen beiseite zu räumen.

Der dicke Polizist schaute mit haßerfüllten Schweinsäuglein auf
mich herab. Mit der Bemerkung: »Ich glaube, ihr habt wieder
nichts gesehen«, gab er mir einen leichten Tritt in die Seite und
befahl mir aufzustehen. Keuchend und mit wild klopfendem Herzen zog ich mich an der Bank hoch. »Komm, ich werde dir helfen,
Freundchen!« sagte der Dünne mit dem langen Gesicht, packte
mich am Kragen und hob mich in die Senkrechte.

Die Flammen meiner Wut waren leider nur ein Strohfeuer gewesen. Jetzt stand ich ohne Gegenwehr da und ließ alles mit mir
geschehen.

»Erwin, zeig uns das Geld – damit nageln wir dich fest, du
Schwein!«

Der dicke Polizist trat von einem Bein aufs andere. Es bereitete
ihm sichtlich Vergnügen, mal einen richtigen Verbrecher vor sich
zu haben. Bei einem Gangster wie mir konnte er zeigen, was er
gelernt hatte. Die Stammtischbrüder würden Hochachtung vor
ihm haben. Er wäre für Wochen Thema Nr. 1.

Und der Wirt, der jetzt mit einem Taschentuch zurückkam, in dem
sich mein Klimpergeld befand, würde seinen Enkeln an langen
Winterabenden erzählen können, wie es damals war, als er ganz
allein einen gefährlichen Verbrecher zur Strecke brachte.

Der dünne Polizist, dem seine Uniformjacke wie ein Sack von den
Schultern hing, legte das Taschentuch auf den Tisch und faltete

es auseinander. Er zeigte auf das viele Hartgeld und fragte mit rauher Stimme, die gar nicht zu ihm passen wollte: »Wo hast du das Geld her?«

Gartenhäuschen ade, zurück in den Wald der tausend Fragezeichen, dachte ich und wußte nicht, was ich sagen sollte. »Ich hab dich gefragt, wo du das Geld her hast, bist du taub?«

Zunächst versuchte ich es mit der Wahrheit. »Das habe ich von den Leuten an der Haustür bekommen. Betteln ist ja wohl nicht verboten, oder?«

»Und das sollen wir dir glauben?« kreischte der Dicke und fügte schrill hinzu: »Wenn du uns verarschen willst, bist du hier an der falschen Adresse. Ich frage dich jetzt zum letzten Mal: Wo hast du das Geld her – und überleg dir jetzt ganz genau, was du sagst, du Penner!«

Da er mit der Wahrheit nichts anfangen konnte, antwortete ich ärgerlich: »Ich habe Ihre Frage wahrheitsgemäß beantwortet. Aber wenn Sie nicht damit zufrieden sind, habe ich es eben in der Klassenlotterie gewonnen!«

»Jetzt hast du aber einen Wahnsinnsfehler gemacht, Bürschchen. So darfst du uns nicht kommen, so nicht!« sagte der Dünne und wechselte seine Gesichtsfarbe von blaß in rosarot. Er steckte seine Paviannase in ein großkariertes Taschentuch und blies kraftvoll hinein – es klang wie das Bellen eines Schäferhundwelpen. Nachdem er das Ergebnis seiner Mühe ausgiebig betrachtet hatte, sagte er: »Komm, Willi, wir nehmen ihn mit aufs Revier. Hier drin erreichen wir ja doch nichts. Außerdem bekomme ich Lust auf ein Bier, und das kann ich mir im Dienst nicht erlauben.«

»Na schön, ab mit ihm.«

Damit waren aber die Stammtischbrüder und, allen voran, der Wirt gar nicht einverstanden. Die Enttäuschung stand ihnen ins Gesicht geschrieben, als ob sie gerade erfahren hätten, daß das Bordell für alle geöffnet war, nur nicht für sie.

Der Wirt stellte sich in seinen Schlabberhosen vor den Dicken und maulte: »Und was ist mit der Zeche? Der hat hier gefressen und gesoffen. Sind wir denn hier auf der Bahnhofsmission, oder was? Ich will mein Geld, und dann könnt ihr mit ihm von mir aus machen, was ihr wollt!«

Der dicke Willi genoß es, alle Register seiner polizeilichen Verantwortung ziehen zu können. »Tut mir leid, Erwin, aber das Geld ist vorerst mal beschlagnahmt. Das ist ein Gesetz, und dem muß ich Folge leisten; da ist leider nichts zu machen.«

Da regte er sich aber auf, der Erwin. Er, der mir vor ein paar Minuten noch eine Runde nach der anderen ausgeben wollte, rief mit hochrotem Kopf: »Schafft mir diese Drecksau raus, oder ich vergeß mich – Zechpreller, elender!«

Der Dünne zog mich an den Handschellen hinter sich her auf die Straße hinaus. Ein paar Sekunden später saß ich in ihrem Streifenwagen, und ab ging die Post, Richtung Polizeirevier. »Dich kriegen wir noch!« zischte der Dünne.

Mittlerweile machte ich mir nichts mehr vor. Die beiden wollten mir unbedingt etwas anhängen, soviel stand fest – aber was?

Der flache Klinkerbau des Polizeireviers erstreckte sich ein wenig außerhalb der Ortschaft zwischen kahlen Bäumen und Sträuchern. Hier drin konnten die beiden schalten und walten, wie es ihnen beliebte. Das bekam ich gleich zu spüren, als mich der Dünne unsanft ins Verhörzimmer schubste. Stolpernd kam ich bei dem Schreibtisch des Dicken zum Stehen, der inzwischen seinen fetten Hintern auf einen Bürostuhl gesetzt hatte. Automatisch warf ich einen Blick auf sein Namensschild. Darauf stand in selbstklebenden schwarzen Buchstaben: Büchsenmacher. Unwillkürlich mußte ich lachen – Büchsenmacher! Na ja, vielleicht hielt er es mit »Nomen est Omen« umgekehrt und hatte lauter Söhne.

»Dir wird das Lachen gleich vergehen, du dreckiger Hund; dich kriegen wir noch!« sagte der Dünne und hängte seine Jacke und den Hut an die Garderobe. Dann zog er mich an den Handschellen

vor den Schreibtisch des Dicken und befahl mir stehenzubleiben.
Ich spürte meine Knochen und Muskeln immer schwerer werden.
»Darf ich mich hinsetzen?« fragte ich, als ich merkte, daß mir die
Knie weich wurden.

»Da bleibst du stehen, und wehe, du rührst dich nur einen Millimeter von der Stelle! Du antwortest nur auf das, was wir dich
fragen, und gnade dir Gott, es ist eine Antwort dabei, die uns nicht
gefällt!« schrie der Dicke.

»Wir reißen dir den Arsch auf, wenn du glaubst, du kannst dich
über uns lustig machen!« unterstützte der Dünne das Geschrei und
füllte Kaffee aus einer Thermoskanne in eine große Tasse.

Mein Herz pumpte so schnell das Blut durch den Körper, daß mir
der Schädel dröhnte.

Vorsichtig blies der Dünne in die Tasse und schlürfte mit spitzem
Mund seinen Kaffee. Danach erhob er sich, latschte auf mich zu
und baute sich bedrohlich vor mir auf. »Hör mir jetzt genau zu,
du Wichser! Wir geben dir zum letzten Mal die Chance, die Wahrheit zu sagen. Solltest du aber gegen uns arbeiten, statt mit uns,
mache ich dich fertig, darauf kannst du Gift nehmen. Woher hast
du also das Geld?«

Sein rechter Arm hing locker abgewinkelt herab. So stand früher
mein Vater vor mir, bevor er zuschlug. Verzweifelt suchte ich in
meinem leeren Kopf nach einer Antwort. Ein unsichtbarer Finger
drückte auf Start, und das Band lief: »So glauben Sie mir doch,
verdammt noch mal, ich sage die Wahrheit: Ich gehe von Haus zu
Haus und bettle bei den Leuten. Da läppert sich mit der Zeit ganz
schön was zusammen.«

Die Ohrfeige, mit der ich gerechnet hatte, blieb aus. Dafür schlug
er mir die Faust in den Magen, daß sofort alle Luft aus meinen
Lungen entwich. Ich klappte zusammen und stürzte zu Boden.
Die Explosion im Bauch löste ein schmerzendes Feuerwerk in
meinem Kopf aus. Das Herz hämmerte so heftig gegen die Rippen, daß mir jeder Atemzug weh tat. Ich versuchte nach Luft

zu schnappen und wand mich wie ein Regenwurm am Fußboden.

»Ich habe dich gewarnt, du Sauhund! Steh auf, aber etwas plötzlich. Du wirst mich kennenlernen, das versprech ich dir; dich kriegen wir noch!«

Unfähig, auch nur einen Finger zu rühren, blieb ich liegen. Selbst wenn ich Luft genug gehabt hätte, so fehlte mir doch die Kraft zum Aufstehen.

»Helfen Sie mir, ich krieg kaum noch Luft und ...«

»Einen Scheißdreck werden wir!« unterbrach der Dicke mich.

»Seit wann treibst du dich in Elzhausen herum?«

»Ich bin heute mittag erst angekommen. Vorher war ich in Endingen. Dort habe ich den Heiligabend und den ersten Weihnachtsfeiertag auf dem Friedhof verbracht.« Von meinem Bruch in das Wyhler Gartenhäuschen erzählte ich natürlich nichts.

»Mach nur weiter so mit deiner Märchenstunde!« sagte der Dicke und setzte eine vor Stunden erloschene Zigarre in Brand. »Wir haben Zeit, nicht wahr, Theo?«

»Und ob!« erwiderte der dünne Theo und ergänzte: »Zeit haben wir mehr als genug, aber keine Geduld.« Und mit dem heiseren Bellen eines Hundes setzte er nach: »Wo hast du dir deinen Parka zerrissen?«

Seine Frage schoß direkt in meine bis jetzt vom Alkohol betäubten Nerven und weckte sie mit einem Schlag wieder auf. Noch müde rieben sie sich die Augen, bevor sie mit ihrem Zitterspiel begannen. »Am Tag vor Heiligabend hat ein Mann seinen Schäferhund auf mich gehetzt; das können Sie gerne nachprüfen. Es war in Endingen. Ein junges Ehepaar hat mir geholfen und meinen Unterarm versorgt. Himmel, Arsch und Zwirn, das ist die Wahrheit!«

Der Dicke schloß schmatzend die Lippen um den Stumpen seiner Zigarre, spuckte ein paar Tabakkrümel auf den Boden und brüllte: »Du hast uns nicht vorzuschreiben, wie wir unsere Arbeit zu machen haben; du nicht, du elender, verlogener Scheißhaufen!«

Der Rauch seiner Zigarre brachte ihn zum Würgen. »Du verdammtes Dreckschwein!« keuchte er. »Dich werd ich lehren, uns hier zum Narren zu halten!« Und an den Dünnen gewandt sagte er sarkastisch: »Theo, hast du schon mal Märchen auf ihren Wahrheitsgehalt hin überprüft?«

»Der hält uns tatsächlich für blöd«, entgegnete Theo. »Was denkst du eigentlich, wie lange wir diesen Scheiß noch mit anhören, he! Ich frage dich jetzt zum letzten Mal. Woher hast du dir deinen zerrissenen Parka geholt?«

Bei jedem Wort des Dünnen krümmte ich mich noch mehr zusammen. Wie bei einem verrücktspielenden Thermostat wurde mein Körper von Hitze und Kältewallungen durchflutet. Mein Kopf fuhr Achterbahn. In jedem Wagen saß ein Polizist. Die ganze Achterbahn war voll von ihnen. Sie lachten, sie schimpften, und sie fluchten. Der eine drohte, und der andere schlug zu. Einen Looping nach dem anderen drehten die Wagen über meinem Kopf. Ich sammelte all meine Kräfte und krabbelte auf allen vieren auf den Schreibtisch des Dicken zu, um mich an der Schreibtischkante hochzuziehen. Meine Hände griffen ins Leere, und ich stürzte zurück auf den Boden. Ich konnte nichts mehr hören und bis auf die bunten Ringe vor meinen Augen auch nichts mehr sehen.

Der Dünne packte mich am Aufschlag des Parkas und setzte mich auf einen Stuhl. Wie eine Rose, die im Zeitraffer ihre Blüten öffnet, entfaltete sich die Angst in mir.

Die Stimme des Dicken drang aus weiter Ferne an meine Ohren.

»Hast du einen Namen, Penner?«

»Thomas Steiger«, antwortete ich.

»Und wann wurdest du geworfen?«

Das hätte er lieber nicht fragen sollen. Die Rose verwandelte sich in einen stachligen Kaktus. Mit einem Mal war ich hellwach. Der Jähzorn verlieh mir Kraft: »Willst du sagen, daß meine Mutter eine Hündin ist, du dreckiges, fettes Schwein, du vollgefressenes? Polizist nennt sich so was. Du solltest dich schämen, du Drecksau.

186

Jeden Morgen, wenn du die Uniform anziehst, solltest du dir erst ins Gesicht spucken, damit du dich daran erinnerst, was für eine Sau du bist – pfui Teufel!«

Der Dünne hetzte hinter seinem Schreibtisch hervor und wollte gerade zum Schlag ausholen, als ich ihm an den Hals sprang. Mein Jähzorn war ein Erbe meines Vaters, und der konnte in diesem Zustand einen Ochsen totschlagen. Adrenalin schoß durch mein Blut. Die Bohnenstange im Schwitzkasten, stieß ich ein Wort nach dem anderen aus: »Du schlägst mich nicht noch mal, du dünner Saufurz. Ich brech dir das Genick, solltest du mich auch nur noch ein einziges Mal anfassen!«

Er trat mit den Füßen gegen den Schreibtisch, daß die Kaffeetasse umkippte.

Währenddessen schälte sich der Dicke aus seinem Bürostuhl und kam ächzend hinter mir zum Stehen. Augenblicke später prasselten schmerzhafte Schläge auf meinen Rücken herab. Vor Schreck und Schmerz ließ ich den Dünnen los und schrie.

»Schrei nur, du Drecksack; das nützt dir jetzt auch nichts mehr!« brüllte der Dicke und schlug wie eine Maschine auf mich ein. Das konnten niemals Fäuste sein. Es war etwas Langes, Hartes, das zwischen meine Schulterblätter fuhr und mir den Atem raubte.

Der Dünne hielt sich am Schreibtisch des Dicken fest und hieb mir sein Knie ins Gesicht, daß das Blut spritzte. Erst als beide merkten, daß ich ohnmächtig zu werden drohte, ließen sie von mir ab.

Die Stimme des Dünnen drang wie durch ein dickes Kissen an mein Ohr. »Hoffentlich hast du ihm nichts gebrochen. Ich wüßte nicht, wie wir das später erklären sollten!«

»Wir sind es nicht, die irgend etwas erklären müssen! Was glaubst du, wem Wohlfart mehr glauben würde: dem Dreckschwein oder uns?«

Mich kümmerte die ganze Sache nicht mehr. Sollten sie mit mir doch machen, was sie wollten. Ich lag auf dem Fußboden des

Polizeireviers und hoffte nur darauf, daß der Spuk bald ein Ende haben würde. Die Schmerzen hielten mich wach, und die Entzugserscheinungen wurden immer schlimmer.

Der Dicke, der einen Stern mehr auf seiner Schulterklappe trug, befahl dem Dünnen, mich wieder auf den Stuhl zu setzen. Der hob mich mit viel Mühe auf.

»Also, noch mal von vorn: Wann wurdest du geboren?« fragte der Dicke, der sich mittlerweile wieder gefangen hatte.

»Am 30. 7. 1957 in Emmendingen«, antwortete ich apathisch.

»Deine Adresse?«

»OFW.«

»Ich will nicht wissen, in welchem Verein du Mitglied bist, ich will wissen, wo du wohnst, verflucht noch mal!«

Die beiden hätten ein Fortbildungsseminar dringend nötig, dachte ich und erwiderte: »OFW bedeutet soviel wie ohne festen Wohnsitz.«

»Hast du einen Personalausweis bei dir?«

»Nein.«

»Was soll das heißen ›Nein‹? Jeder einigermaßen normale Mensch trägt einen Personalausweis bei sich.«

»Seit wann ist einer wie der ein normaler Mensch, Willi?« meldete sich der Dünne.

»Da hast du auch wieder recht«, entgegnete der Dicke. »Du bist also ein Landstreicher?«

»Wenn Sie so wollen.«

»Na dann werden wir mal sehen, was wir in unserem schlauen Kasten haben!« Der Dicke bediente mit wichtiger Miene seinen Computer. Nach einem kurzen Moment legte er den Stumpen in den Aschenbecher und schaute mich an, als ob er mich schon von klein auf kennen würde.

»Ja, was haben wir denn da«, sagte er befriedigt, und sein fleischiges Gesicht hellte sich auf. »Ladendiebstahl und Sachbeschädigung 1971. Im darauffolgenden Jahr Einbruchdiebstahl. In

beiden Delikten zu folgendem verurteilt: 1971 vier Wochenend-
arreste im Jugendgefängnis Müllheim. Daß ich dich hier drin finden würde«, er klopfte auf den Bildschirm des Computers, »damit
habe ich gerechnet. So, Bürschchen, und jetzt erzählst du uns ganz
brav, wo du in der Nacht vom Dreiundzwanzigsten zum Vierundzwanzigsten gewesen bist.«

Ich kam mir vor wie ein Pferd, das an der Longe immer im Kreis
herumgeführt wurde. Jetzt blieb ich stehen und verweigerte.
Wenn schon die ganze Zeit hopplahopp, dann wollte ich wenigstens wissen, weshalb. »Könnten Sie mir eigentlich mal erklären,
was gegen mich vorliegt?«

»Jetzt habe ich aber die Schnauze voll! Ich werde ...«

»Laß doch, laß doch, Willi!« unterbrach der dünne Theo seinen
dicken Kompagnon und fuhr gekünstelt freundlich fort: »Wenn
wir dem Herrn Penner sein eigenes Verbrechen erklären sollen –
nichts leichter, als das! In der Nacht vom Dreiundzwanzigsten auf
den Vierundzwanzigsten bist du in das Gasthaus Bären hier in
Elzhausen eingestiegen. Mit einem Stein hast du ein Fenster zum
Gastraum eingeschlagen und dir dabei den Unterarm verletzt. In
der Gaststube angekommen, hast du dich an den Geldspielauto-
maten herangemacht, ihn geknackt und fast dreihundert Mark
Kleingeld gestohlen. Das, was wir bei dir gefunden haben, war
der Rest vom Schützenfest. Das andere Geld hast du bestimmt
schon verbraten; aber das macht nichts, wir kriegen dich so oder
so!«

Das berühmte Licht am Ende des Tunnels strahlte mir als kleiner
heller Punkt entgegen. »Machen Sie es mir doch nicht so schwer«,
sagte ich und fühlte endlich wieder Boden unter den Füßen.
»Wenn Sie mir auch nur eine Minute zuhören würden, ohne mich
zu unterbrechen, werden Sie sehen, daß Sie den Falschen haben.
In der Nacht zu Heiligabend war ich in Endingen. Dort habe ich
im ›Bierfaß‹ übernachtet. Jetzt schauen Sie mich doch nicht so an,
Herrgott noch mal, der Wirt kann es bezeugen. Sie müssen nichts

weiter tun, als dort anzurufen, um zu wissen, daß hier ein Irrtum vorliegt!«

Der Dicke schaute mich aus zusammengekniffenen Schweinsäuglein an, dann holte er tief Luft und brüllte: »Habe ich dir nicht schon mal gesagt, daß wir uns nicht vorschreiben lassen, wie wir zu arbeiten haben? Was glaubst du eigentlich, mit wem du es hier zu tun hast, he? So weit kommt es noch, daß wir uns von einem verlausten Penner sagen lassen müssen, was wir zu tun und zu lassen haben!«

»So kommen wir nicht weiter, Willi«, mischte sich der dünne Theo ein. »Der hält uns für total bescheuert.« Und an mich gewandt sagte er: »So, in Endingen warst du und hast dort im ›Bierfaß‹ übernachtet, weil der Wirt nichts Besseres zu tun hat, als einen Penner aufzunehmen? Unser Rotkäppchen sagte zur Großmutter: Ei, Großmutter, warum hast du so große Zähne? Du glaubst doch wohl nicht im Ernst, daß wir auf diesen Scheiß hereinfallen! Jetzt noch mal von vorn: Wo warst du in der Nacht vom Dreiundzwanzigsten auf den Vierundzwanzigsten? Und wenn ich du wäre, Penner, würde ich es zur Abwechslung mal mit der Wahrheit probieren!«

Ohne Zweifel, die beiden wollten auf Teufel komm raus als Helden gefeiert werden. Krampfhaft hielten sie die Angel fest, an der ihr dicker Fisch zappelte. Ein unsichtbarer Panzer hatte sich um meine Seele gelegt, der alles abwehren würde, was den beiden noch einfallen sollte. Die Ruhe half mir sogar, die Entzugserscheinungen in den Griff zu bekommen. Eine Stimme, die nicht mir zu gehören schien und aus dem Inneren des Panzers in meinen Mund wanderte, sagte vollkommen klar und ruhig: »Ich habe das Recht, ein Telefonat zu führen. Wenn Sie mir dieses Recht verweigern sollten, werde ich, falls der ganze Zirkus vor Gericht kommt, dem Richter oder meinem Anwalt erklären, daß Sie mir keine Möglichkeit gelassen haben, mich zu verteidigen. Der Wirt vom ›Bierfaß‹ kann bezeugen, daß ich die Nacht zu Heiligabend bei ihm zu Gast war. So, und jetzt hätte ich gerne das Telefonbuch.«

Der Dicke schaute mich an, als hätte ich ihm in den Aschenbecher gepinkelt. Der dünne Theo rieb sich das Genick und wollte gerade zu einer Antwort ansetzen, als der dicke Willi rausplatzte: »Du hast wohl zuviel Krimis gesehen, was? Du hast hier gar nichts zu verla ...«

»Halt's Maul und hör mir gut zu!« Mein guter alter Jähzorn schnitt ihm den Satz ab. »Wenn Sie mich jetzt nicht augenblicklich telefonieren lassen, nehme ich den ganzen Laden auseinander. Ich habe schon viele Dummköpfe kennengelernt in meinem Leben, aber ihr zwei setzt der Blödheit wahrhaftig die Krone auf. Sollte mir einer von euch zu nahekommen, garantiere ich für nichts mehr; dann müßt ihr mich schon erschießen, das schwöre ich euch!«

Wenn mich die Wut packt, werde ich zur Zeitbombe, zum Randalierer. Ich brüllte den Dicken an: »Bist du taub, oder hast du Dreck in den Ohren? Du gibst mir jetzt sofort das Telefonbuch!«

Auf einmal herrschte Stille. Der dünne Theo, dem sein schmerzendes Genick riet, sitzen zu bleiben, hatte seinen Schlagstock aus der Schreibtischschublade geholt und ließ ihn genüßlich auf die Handfläche klatschen, patsch, patsch, patsch, aber er sagte nicht einen Ton. Dem dicken Willi hatte es ebenfalls die Sprache verschlagen. Grimmig stierte er auf den Bildschirm seines Computers, als ob dort zu lesen wäre, was er nun tun sollte. Dann faßte er einen Entschluß. Langsam holte er ein dickes Telefonbuch hervor. Mit den Worten: »Machen Sie doch, was Sie wollen«, reichte er mir das gelbe Buch und zündete sich eine neue Zigarre an.

Nachdem ich es ziemlich lange hatte läuten lassen, meldete sich eine Frauenstimme. »Sie sind die Mutter von Markus!« sagte ich. »Meine Stimme wird Ihnen nicht viel sagen, aber ich war vor drei Tagen bei Ihnen zu Gast. Ich bin der Mann, der Ihnen beim Christbaumschmücken geholfen hat; bitte erinnern Sie sich!«

»Hhhmmja, ich weiß schon. Haben Sie etwas bei uns vergessen?«

»Nein, das nicht; aber wäre es Ihnen möglich, Ihren Sohn an den Apparat zu holen – es ist außerordentlich wichtig!«

»Wir sind gerade beim Kaffeetrinken und haben ... ach, warten Sie bitte einen Augenblick, ich gehe ihn holen.«

Das einzige Geräusch im Raum machte der Schlagstock auf der Handfläche vom dünnen Theo – patsch, patsch, patsch ... »Leg endlich deinen dämlichen Stock weg, Theo. Du gehst mir auf die Nerven!« sagte der dicke Willi.

»Ja, hallo!«

»Markus, Gott sei Dank!«

»Thomas, bist du das?«

»Ja, Markus!« Ich erzählte ihm die ganze Geschichte und bat ihn, herzukommen und mich aus den Klauen der beiden Intelligenzbestien zu befreien.

»Mach dir keine Sorgen, in einer halben Stunde bin ich da!«

Es dauerte keine zwanzig Minuten, bis ich das Geräusch einer zuschlagenden Autotür vernahm. Nach weiteren zehn Minuten war der Irrtum aufgeklärt, und ich war entlastet. Markus wirkte äußerst ruhig. Dick und Doof erklärten eifrig, ich hätte es mir selbst zuzuschreiben, daß sie mich »an die Kandare nehmen« mußten.

Endlich dem Zigarrenmief des Verhörzimmers entkommen, sog ich erleichtert die klare frische Winterluft in meine Lungen.

Die hungrigen Nerven sättigte ich erstmals mit mehreren Schlucken Korn aus dem Flachmann. Markus reichte mir ein Taschentuch, mit dem ich das Blut aus meinem Schnauzer wischte.

»Was hast du jetzt vor, Thomas?« fragte er.

»Am liebsten würde ich weit weggehen«, erwiderte ich. »Momentan kann ich keine Badenser mehr sehen, obwohl ich selbst einer bin. Ich kann nicht einmal mehr ihren Dialekt hören!«

Markus schlug seinen Mantelkragen hoch und fragte, ob er noch etwas für mich tun könne.

»Ich möchte fort von hier, weit fort. Wäre es arg unverschämt von mir, wenn ich dich bitten würde, mich zur Autobahnraststätte Mahlberg zu fahren?«

»Komm, steig ein!«

Nach einer Dreiviertelstunde Fahrt auf fast freien Straßen setzte er mich an der Raststätte ab. Ein wenig müde und träge von der Wärme im Auto schnappte ich mir Schlafsack und Plastiktüte vom Rücksitz und stieg aus. Durchs offene Wagenfenster reichte ich Markus noch einmal die Hand. »Vielen Dank für alles, Markus. Ich hoffe, daß dieser Abschied ein neuer Anfang für mich ist. Komm gut nach Hause!«

»Nichts zu danken, Thomas! Halt die Ohren steif und schau wieder mal ins ›Bierfaß‹ rein, wenn du deinen Weg gefunden hast. Also, tschüß dann, und mach's gut!«

Er ließ den Motor aufheulen und fuhr zurück auf die Autobahn. Er hupte kurz, dann war er verschwunden.

Langsam drehte ich mich um und ging auf die menschenleere Raststätte zu. Hinter dem langen Gebäude suchte ich mir eine windgeschützte Stelle und kroch in meinen Schlafsack.

Das Buch, dessen Titel ich kannte, aber nichts von seinem Inhalt wußte, legte ich neben mich; gerade so, daß ich die Überschrift noch lesen konnte. »Einbahnstraße« stand auf dem Cover. Hätte ich gewußt, was in den Kapiteln stand, hätte ich vor Entsetzen laut aufgeschrien.

7. Kapitel

Am Ende des Weges

Das dröhnende Brummen von einparkenden schweren Lkws riß mich aus dem Schlaf des Ruhelosen.

Zuschlagende Türen fegten meine Schwellenangst beiseite und trieben mich voran.

Der Einsamkeit eines jungen Brummifahrers hatte ich es zu verdanken, daß ich bereits gegen Mitternacht neben ihm auf dem Beifahrersitz saß. Die Ladung bestand aus Schwarzwälder Schinken, und die Zielrichtung lautete Hamburg. Roland, der Fahrer, wußte eine Menge, und fast zehn Stunden war ich mit nichts anderem beschäftigt als zuhören und schlafen.

Irgendwann um die Mittagszeit stieg ich mit tausend Dankesbezeigungen in Hamburg/St. Georg aus. Wie in der Achterbahn auf dem Hamburger Dom jagten die Tage in der Großstadt in einem atemlosen ratternden Auf und Ab an mir vorbei. Die erste kalte Hamburger Nacht schlief ich in einem Obdachlosenasyl am Gänsemarkt. Den nächsten Tag verbrachte ich in einer heruntergekommenen Kneipe, deren Gäste ausschließlich Punker und Penner waren. Vorsichtig, um nicht aufzufallen, aber dennoch klug genug, einen auszugeben, gelang es mir, mich ohne Mühe einzuschmeicheln. Auch schien der badische Dialekt dazu beizutragen, daß man mich als harmlos einstufte.

Alle Ängste und Beklemmungen verflogen, als ich in der ersten Woche feststellte, daß man mich in dieser Stadt kaum beachtete. Wie verschieden die Mentalitäten sein können, merkte ich auch daran, daß mich drei Kollegen ohne große Umschweife in ihren kleinen Kreis aufnahmen. Ich hatte sie am Hauptbahnhof kennengelernt und zog mit ihnen von einem Stadtteil in den nächsten. In Ottensen verbrachten wir die Nächte um einen alten Kanonenofen in einem abbruchreifen Haus. Heinz, der Wortführer von dem Dreigestirn, brachte mir das Betteln auf der Straße bei. So fror ich mir von morgens bis nachmittags den Arsch in der Mönckeberg-straße ab.

Den eindringlichen Warnungen von Heinz zum Trotz, einen Bogen um die Reeperbahn zu machen, besiegte am Sylvesterabend die Neugier meine Vorsicht, und das hatte fatale Folgen: Inmitten einer Imbißbude auf der sündigen Meile fiel mir beim Bezahlen ein Fünfzigmarkschein auf den Boden. Der Kerl, der sich danach bückte und ihn mir zurückgab, folgte mir anschließend und schlug mich am späten Abend bei den Landungsbrücken zusammen. Mit letzter Kraft schleppte ich mich, der Ohnmacht nahe, in ein großes Mietshaus. Ein älteres Ehepaar hatte Erbarmen mit meinem jämmerlichen Zustand. Die Frau steckte mich zunächst in die Badewanne und wusch meine blutverschmierte Kleidung. Nach diversen Moralpredigten der Frau und gutgemeinten Ratschlägen ihres Mannes legte ich mich, als die letzten Sylvesterfeierlichkeiten verklungen waren, auf die Wohnzimmercouch, um sofort einzuschlafen.

In den folgenden Tagen marschierte ich ziellos umher. Ich kam mir schrecklich einsam vor, denn ich konnte Heinz und die anderen beiden Kollegen nirgends mehr finden. In meine Einsamkeit hinein tauchte die Frage auf, ob es richtig gewesen war, aus Emmendingen zu verschwinden. Vielleicht bewegte ich mich nur im Kreis.

Selbsterkenntnis ist der erste Weg zur Besserung! Zur Entscheidung, wieder heimzukehren, verhalf mir ein Zuhälter auf der Großen Freiheit. Ich lehnte mich an einem saukalten Tag Anfang Februar an seinen polierten BMW und drehte mir mit klammen Fingern eine Zigarette. Ihn sah ich erst kommen, als er in seinem Pelzmantel vor mir stand und drohend fragte, was ich an seinem Auto zu schaffen hätte. Die Ohrfeigen, die er mir verpaßte, trieben mich in die nächste Straße und gedanklich hinaus aus Hamburg.

Doch bevor ich das Tor zur Welt verlassen sollte, rempelte ich mitten auf der Straße einen alten Penner an. Er wohnte in einem kleinen, aber sauberen Zimmer mitten auf St. Pauli und lud mich ein, sein Gast zu sein.

Wir freundeten uns im Laufe der nächsten Tage und Wochen an, und einer half dem anderen bei seinen kleinen Problemen. Immer wieder bettelte ich in der Spitaler- oder Mönckebergstraße, was das Zeug hielt. So sparte ich mir das Geld für eine Zugfahrkarte nach Emmendingen zusammen.

Ende Februar war es dann soweit. Das Zusammentreffen mit dem alten Mann versöhnte mich zwar wieder ein bißchen mit Hamburg, aber mein Entschluß stand felsenfest. Ich drückte den alten Herrn zum Abschied, machte auf dem Absatz kehrt und ging zum Bahnhof. Begleitet von Naserümpfen und verärgerten Gesichtern, setzte ich mich in den IC, der mich zurück nach Freiburg brachte.

* * *

In Freiburg nahm ich das alte Spiel wieder auf und ging in der ersten Märzwoche von Stadtteil zu Stadtteil und von Tür zu Tür. Die Friedhöfe wurden erneut mein Nachtlager, und langsam aber sicher begann ich mich wieder wohl zu fühlen.

Niemals hätte ich mir eingestanden, daß es mich freute, nach so langer Zeit meine Heimatstadt wiederzusehen. Gleich hinter dem Krankenhaus stieg ich den steilen Fußweg zum Spielplatz Vogelsang hinauf. Im Schatten der Bäume stand ein kleines hölzernes Indianerzelt, das für die kommenden Tage mein Nachtquartier sein würde. Die meiste Zeit trieb ich mich in den Nachbardörfern von Emmendingen herum und deckte mich abends mit genug Alkohol ein. Ab und zu ging ich in die Arbeiterkneipe, beim Lips, in der ich Gott sei Dank geduldet wurde.

Am Sonntag, dem 15. März, waren meine Nächte in dem stabilen, dichten Indianerzelt gezählt. Für meine damaligen Verhältnisse legte ich mich sehr früh, mittelschwer betrunken, in meiner Behausung schlafen. Der Lips hatte seinen Laden geschlossen, und zu Cochise zu gehen fehlte mir die Lust und der Nerv. Die Leuchtziffern meiner Armbanduhr zeigten 22 Uhr, als ich durch lautes Grölen und Singen geweckt wurde.

Nachdem ich meine Nerven wie einen schreienden hungrigen Säugling gestillt hatte, sah ich durch die halbrunde Öffnung meines Verstecks hinaus und erblickte auf der gegenüberliegenden Seite, beim Grillplatz, ein großes Lagerfeuer, um das schattenhaft ein paar Burschen saßen. Meines Erachtens gab es für sie allen Grund zum Feiern, denn so, wie sie in der Gegend herumgrölten, waren sie auch nicht mehr nüchtern.

Ich beschloß, in meinem Zelt zu bleiben und mich nicht zu rühren. Alle Warnsignale standen auf Rot; daher legte ich mich wieder hin, um weiterzuschlafen. Das war leichter gesagt als getan. Die Kerle sangen ein Sauflied nach dem anderen. Sie schrien und alberten um das Lagerfeuer herum, wobei sie ihre leeren Flaschen auf dem Spielplatz herumwarfen. Eine davon traf meine Holzhütte, an der sie krachend zersplitterte. Ich hielt mir die Ohren zu, und als das nichts half, erhob ich mich von meinem Lager und zündete mir dummerweise eine Zigarette an.

Der Lärm, der eben noch so fröhliche Laute von sich gab, wurde auf der Stelle unterbrochen. Siedendheiß wurde mir meine Dummheit bewußt. Ich steckte das verräterische Feuerzeug zurück in den Parka und hoffte inbrünstig, die plötzliche Ruhe möge eine andere Ursache haben. Blitzschnell drückte ich die Zigarette aus und krümmte mich im Schlafsack wie ein Igel zusammen. Die Geräusche von knackenden Zweigen unter gewichtigen Schuhsohlen wurden immer lauter. Männerstimmen hallten an meine Ohren. »Ich sage dir, Bruno, da ist einer drin!« sagte die eine Stimme, worauf die andere erwiderte: »Ja ja, wahrscheinlich ein Gnom oder ein Waldgeist, der mit seinem Feuerzeug nach Trüffeln sucht, du Idiot!«

Vom Grillplatz schrie einer herüber: »Wenn es ein Karnickel ist, bring es rüber, dann ziehen wir ihm das Fell über die Ohren, ha ha ha!«

Das helle Licht, das plötzlich in mein Loch fiel, blendete mich. Der Stock in meinem Kreuz erschreckte mich nicht so sehr wie die Stimme des Kerls, der auf einmal laut rief: »Ja leck mich am Arsch, da ist tatsächlich einer drin, und stinken tut's hier drin wie in einem alten Mostfaß!« Ich rollte mich noch mehr zusammen, daß meine Nasenspitze die Knie berührte.

Wieder die Stimme vom Grillplatz: »Hey, Bruno! Wenn's ne nackte Frau ist, bring sie rüber; wir wärmen sie dann ein bißchen!«

Nichts wünschte ich mir in diesem Augenblick mehr, als tatsächlich ein Gnom oder ein Waldgeist zu sein.

Ich kam mir vor wie ein Tier in der Falle. Erneut bekam ich einen Stoß mit dem Stock. »Ja, was haben wir denn hier?« Von dem schmerzhaften Stoß erschrocken, rollte ich auf die andere Seite und blickte in das schemenhafte Gesicht des Kerls, der sich fragte, wer ich wohl sei. Der andere Bursche bückte sich nun und schlich wie eine Katze, die eine Maus gewittert hatte, in das Zelt. Die Taschenlampe leuchtete mir ins Gesicht, als mich der Schleicher aus meiner Behausung hinausstieß. Auf allen vieren kroch ich auf die Beine des anderen zu, der nun ein paar Meter von mir zurückwich. »Komm raus hier; ich will sehen, mit wem wir es hier zu tun haben!« rief der Katzenschleicher und gab mir einen Tritt in den Hintern. Der Kerl, der sich Bruno nannte, schrie in Richtung Grillplatz: »Wenn es dir nichts ausmacht, einen Penner zu vögeln, dann haben wir hier genau das richtige für dich, Jürgen!« Und zu mir sagte er: »Schämst du dich nicht, den Kindern ihren Lieblingsplatz zu versauen, du versoffene Sau?« Was sollte ich darauf erwidern? Der Schock hielt mir außerdem die Kehle zu. Was habe ich bei all den anderen erwidert, die mich bisher geschlagen und getreten haben, und was hatte es mir letztendlich genützt? Ich beschloß daher, mein Maul zu halten. Das, was die Scheißkerle vorhatten, würden sie auch tun, wenn ich darum flehte, mich in Ruhe zu lassen. Vergeblich versuchte ich auch mein Denken auszuschalten. Meine Angst schrie mir immer wieder in die Ohren: »Wehr dich, verdammt noch mal! Hast du nicht schon genug durchgemacht, daß du dir alles bieten lassen mußt – wehr dich endlich, nur ein einziges Mal!«

Mein Verstand schrie dagegen: »Wie soll er sich wehren, he? Der Mann ist kaputt, körperlich wie seelisch. Was soll er denn tun? Es gelingt ihm gerade noch, ohne größere Mühe eine Bierflasche zu öffnen. Es ist ein Wunder, daß er sich ohne viel Anstrengung allein an- und ausziehen kann; wie soll er da noch Heldentaten vollbringen können?«

Ein heißer Schmerz auf meinem Rücken brachte beide Kontrahenten zum Schweigen. »Los, steh auf! Wir gehen jetzt zusammen dort rüber und feiern ein bißchen.« Mit äußerster Willensanstrengung ging ich in die Hocke und beförderte langsam meinen Oberkörper in die Höhe. Ich sah, wie Funken aus dem Feuer stoben, als es von zwei anderen Kerlen erneut mit Holz gefüttert wurde. Der nächste Schmerz fraß sich an meinem Oberschenkel hoch, worauf ich mich wie ein lastbeladener Esel automatisch vorwärtsbewegte. Die Automatik in meinen Füßen übertrug sich nun auf mein Gehirn. Irgendwie wischte sie die Angst aus mir, als ob sie nichts weiter gewesen wäre als verschüttetes Salz auf einer Glasplatte. Wie ein Roboter, der nur das tut, was ihm gegenwärtig programmiert wird, sank mein Denken in ein großes kaltes Loch, von dem es restlos verschluckt wurde. Es gab für mich weder Vorher noch Nachher, nicht Oben noch Unten. Die Dimensionen lösten sich in mir zu Gleichgültigkeit auf und mit ihnen auch meine Instinkte wie Flucht oder Aggression.

Ich war ein Stück Knetmasse in den Händen von vier Kerlen, die einen vergnüglichen Abend mit mir veranstalten wollten. Das erste Vergnügen bestand darin, daß die zwei Zeltpioniere mich mit Stockschlägen zur Feuerstelle trieben. Die Beschimpfungen und Beleidigungen waren die geringsten von den vielen Späßen, die sie so lustig fanden. Besonders lustig wurde es für alle Beteiligten, als man mir den Bart anzündete. Kurz vor meinem Kinn löschten sie das stinkende Feuer mit ihren Bierflaschen. Eine weitere humorvolle Einlage bestand darin, daß sie mir mit einem Dolch die Haare im Nacken abschnitten. Anschließend baten sie mich aufs höflichste, ihnen Weihnachtslieder vorzusingen, was mit einem unglaublichen Applaus belohnt wurde. Ohne Zweifel: Ich war der absolute Star des Abends. Höchstes Entzücken erfaßte das Quartett, als ich mich nackt ausziehen mußte. Meine Klamotten warfen sie in den naheliegenden Weiher, der von einem ausgehöhlten Baumstamm als Brunnen gespeist wurde. Ich glaube, der Spaß wäre bestimmt größer gewesen, wenn sie meine Kleidung ins Feuer geschmissen hätten, aber auf diese lustige Idee waren sie leider nicht gekommen. Wenn ihnen für ein paar Minuten die Slapsticks ausgingen, begnügte man sich eben damit, daß man mir zur Entspannung mit dem Haselnußstock auf den nackten Leib schlug. Nebenbei trank man Bier und Schnaps und freute sich des Lebens. Einer der Höhepunkte war ohne Zweifel das Ausdrücken ihrer Zigarettenkippen auf meinen Fußsohlen – Mann, was wurde da gelacht. Nachdem ich einen Hund, ein Pferd, eine Ziege und eine Kuh imitieren durfte, schritt man langsam zu dem absoluten Höhepunkt des Abends. Aufgeregt wie kleine Kinder begleiteten sie mich zum Weiher und stießen mich sofort hinein, nachdem ich von dem köstlichen Naß in Hundestellung probieren durfte. Alsdann schubsten sie mich immer wieder hinein, weil ich es mir erlaubte zu fliehen. Die Vorstellung wurde beendet, als man mich in gespannter Vorfreude bat, mich selbst zu befriedigen.

Diesen Spaß mußte ich ihnen leider verderben. Erstens fror ich entsetzlich, und zweitens hätte ich ihnen lieber die Freude gegönnt, mich umzubringen, als das zu tun. Als kleiner Trost durfte jeder von den vieren mich noch einmal ohrfeigen, dann war die Show zu Ende. Der Vorhang fiel in dem Moment, als ich mir meine nassen Sachen anziehen und verschwinden durfte.

Die ganze Komödie dauerte ungefähr zwei Stunden. Nach einer weiteren Stunde klingelte ich kurz vor ein Uhr nachts bei Cochise, um ihm von dem interessanten Abend zu berichten.

* * *

Widerliches lautes Geschrei brachte mich vom Weg ab. Mittendrin in meiner Wanderung vom Finnischen Dampfbad direkt zum Nordpol hielt ich an und öffnete die Augen. Das Geschrei nahm nun klare akustische Formen an. Die Stimme gehörte unverkennbar Cochise. »Mein Bruder bleibt so lange hier, wie es mir paßt! Solltest du Tom noch einmal Drecksack nennen, wird sich das Sozialamt eine Menge Geld sparen, du herzlose Polackensau, und jetzt halt dein schmieriges Maul, oder ich vergeß mich!«

Der schwarze Nebel vor meinen Augen wurde immer dichter. Wie ein stinkendes Gas schlängelte er sich in meine Eingeweide. Das kleine Feuer in meiner Galle brachte ihn schließlich zum Explodieren. Ich übergab mich so heftig und plötzlich, daß ich mir den schmerzenden Kopf an der Wand anstieß. Mein Magen wurde völlig leergepumpt. Ich würgte und spuckte und wand mich in noch nie dagewesenen Nervenkrämpfen. Als das Würgen kein Ende nehmen wollte, erfaßte mich eine eiskalte entsetzliche Panik. Meine Atemwege nach innen waren verschlossen. Der Magen schien direkt auf die Luftröhre zu drücken. Verzweifelt ruderte ich mit den Armen. Meine Beine schlugen aus, wie bei einem Stier, dem man ein Brandzeichen aufdrücken wollte.

Ich versuchte um Hilfe zu schreien, doch dazu fehlte mir einfach die Luft. Eiskalter Schweiß floß mir in wahren Sturzbächen am Körper herunter. Die Sekunden verwandelten sich zu Minuten. Wie ein großer, zähfließender Fluß raubte mir die Zeit den Verstand. Ich spürte, wie die Lungen zu brennen begannen. Eine fürchterliche Angst schlug in schwarzen, hohen Wolken über mir zusammen. Ich weiß bis heute nicht mehr, wer mich dazu brachte, mir die Hand in den Mund zu stecken.

Vielleicht war es Cochise, der mich jetzt an den Füßen aus dem Bett zerrte und wie ein wilder Buschmann auf meinen Rücken einschlug. Nie hätte ich gedacht, wie kostbar der stinkende Mief in Cochises Behausung für mich sein würde. Es kam mir vor, als ob sogar meine Ohren Sauerstoff in meine schmerzenden Lungen pumpten.

Cochise trieb mich auf allen vieren in die Küche. »Du mußt dich auskotzen, Tom! Ich überlege mir ernsthaft, ob ich nicht lieber einen Arzt holen soll!«

Beim Stichwort »Arzt« schüttelte ich energisch den Kopf, denn um zu sprechen, fehlte mir die Kraft. »Was heißt hier nein!« sagte er ein wenig verärgert. »Du hast Blut gespuckt, und das nicht zu knapp. Dein Gesicht ist so weiß wie das eines Schneemanns; was soll ich nur mit dir machen, Bruder?«

Ich gestikulierte mit den Händen, das Zeichen des Trinkens, nachdem ich den letzten Blutfaden aus meinem Magen befördert hatte. Erst jetzt bemerkte ich, daß ich vollkommen nackt war. Nicht daß ich mich etwa vor Cochise geschämt hätte: Nein, ich wurde einfach nicht schlau daraus, warum ich mich in diesem Zustand befand.

In Hundestellung kroch ich zurück ins Wohnzimmer. Sicher hätte es mich sofort wieder umgehauen, wenn ich der Versuchung nachgegeben hätte aufzustehen. Cochise war damit beschäftigt, sein versautes Bett frisch zu beziehen. Jetzt drehte er sich um und half mir in den alten Sessel. Ein heißer Schmerz durchbohrte meine Füße, als Cochise mich in die Hocke beförderte. Er warf mir eine filzige Decke zu, in die ich mich sofort einkuschelte. Der Schüttelfrost und die Nervenkrämpfe ließen mich zappeln, als ob mich jemand mit Elektroschock foltern würde. Aus unzähligen Quellen sprudelten die Schmerzen aus meinem Körper. Der Nebel vor meinen Augen hatte inzwischen die Farbe gewechselt. Ich blickte durch den milchigen Brei zum Affen hinüber, der mir fratzenhaft zulächelte.

Ich befürchtete, beim nächsten Stromschlag einen Herzanfall zu bekommen, wenn ich nicht augenblicklich etwas Alkohol zu mir nahm. Das Räuspern erforderte so viel Kraft, daß mir noch schwindliger wurde. Cochise fuhr herum und starrte mich fragend an. Ich zeigte mit dem Kinn auf die Weinflasche, die auf dem Tisch stand. »Von mir aus, bring dich um!« sagte er, als er mir die Pulle in die Hand drückte. Tief atmete ich ein und soff die ganze Flasche aus. Ein paar Minuten später zitterte ich nur noch im Schüttelfrost. Die Nerven waren, so gut es ging, ruhiggestellt. Mit viel Willenskraft und äußerster Anstrengung setzte ich mein Sprachzentrum in Gang. Das erste, was mir kurioserweise am wichtigsten erschien, war die Frage nach meinem Schlafsack.

»Du bist ohne ihn gekommen!« sagte Cochise und setzte sich auf das frisch bezogene Bett. »Wieso bin ich eigentlich nackt?« fragte ich mit klappernden Zähnen. »Hast wohl 'nen Filmriß, Bruder, was?« entgegnete er.

»Sieht so aus!«

»Du hast saumäßiges Glück gehabt, Tom!« sagte er weiter. »Wenn du nicht ständig meinen Namen geschrien hättest, wäre die Tür zugeblieben. Ich öffne grundsätzlich niemandem mehr um diese Uhrzeit!« Er erhob sich von seinem Platz, latschte in die Küche hinaus und kam mit einer Flasche Weißwein zurück.

Nachdem wir beide daraus getrunken hatten, fuhr er fort: »Ich hab noch nie ein erbärmlicheres Bild von einem Menschen gesehen als dich gestern nacht. Kaum hatte ich die Tür geöffnet, bist du auch schon zusammengebrochen. Du warst patschnaß, von oben bis unten. Der erste und letzte Satz, bevor du in die Knie gegangen bist, war ›Hilf mir!‹.

Ich hab dich ins Wohnzimmer getragen, dir die nassen Sachen ausgezogen und dich in meine Falle gelegt. Dann hast ...«

»Und wo hast du gepennt?« unterbrach ich ihn schnell.

»Auf dem Fußboden, wo denn sonst?« entgegnete er und reichte mir erneut die Flasche. »Werde mal heute auf die Ranch gehen und mir eine Matratze besorgen, wenn der alte Keil noch lebt. Du hast mich unterbrochen! Wo bin ich stehengeblieben?«

»Du hast mich in deine Falle gelegt.«

»Na eben! Dann habe ich deine nassen Klamotten über den Ofen gehängt, mir eine Zigarette gedreht und eine Flasche Wein geleert. Ich hab dich eine halbe Stunde lang beobachtet. Nimm's mir nicht krumm, aber plötzlich mußte ich lachen.«

»Was war daran so lustig?« fragte ich in verblüffter Neugier.

»Ich konnte mich einfach nicht mehr beherrschen, es war einfach zu komisch!«

»Nun mach's nicht so spannend!« sagte ich, leicht verärgert.

»Na ja, wie ich so dasitze und dich beobachte, fängst du plötzlich an zu singen!«

»Waas?«

»Wenn ich's dir doch sage! Angefangen hast du mit ›Oh du fröhliche‹, und aufgehört hast du mit ›Süßer die Glocken nie klingen‹!«

»Sag mal, Cochise, willst du mich verarschen?«

»Die Lage war viel zu ernst, um einen Witz daraus zu machen. Außerdem habe ich dich noch nie verarscht – auf die Probe gestellt am Anfang, ja, aber nicht verarscht!« antwortete er mit ernstem Gesicht.

»Entschuldige!«

»Ach was, scheiß drauf! Ich hab dir ja eben gesagt: Ich konnte mich halt nicht mehr beherrschen. Einige Zeit später war mir dann aber nicht mehr zum Lachen zumute!«

»Wieso?«

»Du hast geschrien wie am Spieß. Ich hab mich gewundert, daß du dabei nicht aufgewacht bist. Du hast geschrien und immer wieder gebrüllt!«

»Kannst du dich noch erinnern, was ich gebrüllt habe? Vielleicht setzt das wieder mein Gedächtnis in Gang.«

»Du hast fast eine Viertelstunde lang ›Nicht mein Gesicht, nicht mein Gesicht‹ geschrien. Danach hast du ›Hilfe meine Füße‹ und immer wieder ›Hilfe meine Füße‹ gebrüllt. Ich war drauf und dran, dich k. o. zu schlagen, damit du endlich Ruhe gibst. Kannst du dich jetzt wieder erinnern?«

Der Docht an der Kerze in meinem Gedächtnis war noch unberührt. Angestrengt und höchst konzentriert dachte ich über die Worte nach, die ich heute nacht geschrien hatte. Wie von selbst wanderten die Finger zu meinen Füßen. Mein Tastsinn signalisierte daraufhin nicht nur schreckliche Schmerzen, sondern auch Blasen und Wundflächen. Erst jetzt wurde mir bewußt, daß meine Füße schon die ganze Zeit geschmerzt hatten; ich hatte sie durch das Gespräch mit Cochise nur nicht so wahrgenommen. Ein eiskalter Strom schüttelte meinen Körper, als ich die Füße aus der Decke streckte, um sie Cochise hinzuhalten. »Sag mir, was du siehst!« forderte ich ihn gespannt auf. Er betrachtete meine Fußsohlen, nahm einen kräftigen Schluck Wein aus der Pulle und entgegnete: »Sieht so aus, als ob du in einer mittelalterlichen Folterkammer gewesen wärst. Nur daß man anstatt glühender Eisen Zigaretten benutzt hat. Ansonsten sehe ich rohes Fleisch mit schwarzen Brandrändern und eine Handvoll widerliche Brandblasen. Sag mal, tut dir eigentlich nicht der Rücken weh?«

Nicht nur der Rücken tat mir weh, sondern mein ganzer Körper. Oberschenkel und Hintern strahlten ihre Schmerzen bis in den heißen Kopf.

Stöhnend zündete ich mir eine Zigarette an und antwortete: »Sag mir, was du gesehen hast!«

»Dein Rücken und deine Beine sehen aus«, sagte er mitfühlend, »als ob du mit dem Bauch an einem Marterpfahl gestanden hättest – überall blaue und rote Striemen. Es muß ein Stecken gewesen sein, mit dem du geschlagen worden bist.«

Wie von der Tarantel gestochen, schnellte Cochise von seinem Platz hoch und schüttelte mich mit sanfter Gewalt an den Ohren. »Komm schon, denk nach!« schrie er plötzlich. »Du mußt dich

206

unbedingt daran erinnern, wo du die letzten Nächte deinen Suff ausgeschlafen hast!«

Ein heftiger Schneeschauer stürmte durch meinen Körper und brachte in seinem Sog tropische Hitze mit sich. Mir wurde so schlecht, daß ich glaubte, mich noch mal übergeben zu müssen. Die Hitze wurde unerträglich. In dem Moment, als ich die Decke von mir strampelte, entfachte sie den Docht der Kerze in meinem Gedächtnis. Wie bei einem Comicheft, das auf der Titelseite ein hölzernes Indianerzelt zierte, blätterte ich Seite für Seite auf. Ohne die Sprechblasen zu beachten, betrachtete ich mit Entsetzen ein Bild nach dem anderen. Fröstelnd zog ich die Knie an den Oberkörper und schilderte Cochise den grausamen Inhalt. Das widerwärtige Lachen des Affen ließ mich plötzlich ausrasten. Schmerzen und klares Denken wurden mit einem Mal ausgeschaltet. Nackt, wie Gott mich schuf, sprang ich aus dem Sessel und dem Affen an die Kehle. Der versuchte verzweifelt, unter sein Kopfkissen zu greifen, aber Cochise war schneller: Der Zunge einer Kröte gleich stach seine Hand unter das Kissen und holte ein Stilett hervor. Anschließend setzte er sich auf den Sessel, auf dem ich noch vor ein paar Sekunden gesessen hatte, und schaute genüßlich zu. Der Affe machte seinem Namen alle Ehre. Wie ein Schimpanse, der mitsamt dem Ast ins tiefe Wasser gefallen war, strampelte und ruderte er mit Händen und Füßen in der Luft. Mit seiner schmierigen rechten Hand versuchte er meinen Kopf nach hinten zu drücken. Ich würgte ihn mit beiden Händen und schlug seinen Kopf mit aller Kraft auf die Bettkante. Er röchelte, als er versuchte, Luft in seine Lungen zu ziehen. Meine Hände ließen seinen Hals los, als ein wilder Schmerz mein Gesicht durchzuckte. Die langen dreckigen Fingernägel des Affen gruben sich in meine rechte Wange. In ohnmächtiger Wut schlug ich ihm die kratzende Hand beiseite.

Sekundenbruchteile darauf hämmerte ich mit den Fäusten so lange auf seinen Körper und sein Gesicht ein, bis mir die Arme weh taten. Wie eine Weinbergschnecke, der man Salz auf den Leib gestreut hatte, zog er sich zusammen und verschwand unter der miefigen Bettdecke.

Hechelnd wie ein Hund, streckte ich mich vollkommen kraftlos und leergepumpt auf dem Bett von Cochise aus. Ich war fix und fertig. Von heißen und kalten Temperaturen geschüttelt, zwang ich mich unter die Steppdecke und atmete meine rasenden Kopfschmerzen in das Kopfkissen.

Zehn Minuten später erlöste mich eine tonnenschwere Müdigkeit von meinen Torturen.

* * *

Ein schrecklicher Alptraum ließ mich am frühen Nachmittag erwachen. Ich wußte nicht mehr, was ich geträumt hatte, doch meinem kalten Schweiß zufolge mußten die unterbewußten Visionen schrecklich gewesen sein. Mühevoll hob ich den Kopf und schaute mich im Zimmer um – ich war allein. Das Bett vom Affen war genauso leer wie die Küche. Schwerfällig brachte ich die Beine aus dem Bett und setzte mich mit dröhnendem Schädel auf die Bettkante. Eine lähmende Kreislaufschwäche hinderte mich daran aufzustehen, um nachzusehen, ob mein Geld noch dort war, wo ich es hingesteckt hatte. Sosehr ich Cochise vertraute, sosehr mißtraute ich dem Affen. Unter Aufbietung aller Kräfte gelang es mir aufzustehen. Greisenhaft trippelte ich zu dem alten Kohleofen, über den von der einen Ecke zur anderen eine Schnur gespannt war, auf der meine Hose hing. Gespannt griff ich in die rechte Hosentasche und fühlte erleichtert die feuchten Lappen meines Geldes. Vorsichtig zog ich die Scheine heraus und legte sie auf das breite Schutzgitter des Ofens. Eine Minute später saß ich, in die Filzdecke gewickelt, im Sessel und trank den restlichen Wein aus. In stiller Dankbarkeit dachte ich über Cochise nach. Beschämt dachte ich daran, was ich früher, als ich selbst noch kein Penner war, empfunden hatte, wenn ich ihn durch die Stadt laufen sah.

Traurig stellte ich fest, daß ich früher genauso war wie all die anderen, die mich heute so mies behandelten.

Ich dachte darüber nach, mit welchem Recht ich über Leute urteilen durfte, deren Denkweise früher meine eigene war.

Bevor ich beginnen konnte, mit mir selbst zu hadern, ging die Eingangstür auf. Der Hund eilte Cochise voraus, direkt zu seinem Freßnapf. Cochise selbst zerrte eine große Matratze hinter sich her und begrüßte mich freundlich. »Hallo, Tom! Geht's dir etwas besser?«

»Den Umständen entsprechend geht's mir tatsächlich etwas besser! Sag mal, wo ist eigentlich der Affe?«

Cochise lachte und erwiderte: »Der hat sich seine alte Sonnenbrille aufgesetzt und ist zum Sozialamt marschiert. Ich nehme an, daß er jetzt im Rosengarten sitzt und den anderen sein Leid klagt!«

»Wo hast du die Matratze her?«

Während er in einer Ecke des Wohnzimmers unzähliges Gerümpel beiseite schaffte, erklärte er mir, er habe sie aus dem alten Doppelbett von Rasputin herausgenommen. Vergnügt erzählte er weiter: »Zuerst hat er den wütenden Wolf gespielt. Aber nach einer Flasche Bier und einem Schnaps, den ich ihm spendiert hatte, war er friedlich wie ein zahnloser Rauhhaardackel!«

Meine nächste Frage war mir angesichts seiner Freundlichkeit etwas peinlich: »Cochise, würdest du mir einen Gefallen tun?«

Ein Stein fiel mir vom Herzen, als er sich auf sein Bett setzte und ruhig fragte: »Du brauchst was zu saufen, nicht?«

»Und ob! Zigaretten brauch ich ebenfalls; du weißt ja, was ich rauche. Wäre es sehr unverschämt, wenn ich dich bitten würde, für uns einkaufen zu gehen?«

»Normalerweise habe ich alles, was ich brauche. Drüben im Schrank sind noch zwei volle Weinflaschen; so leid es mir tut, aber ich muß meine Kohle etwas einteilen!«

Ich zeigte mit dem Kopf Richtung Ofen und sagte: »Schau, dort drüben auf dem Ofen liegt mein Geld. Ich hoffe, daß es mittlerweile trocken ist. Bring eine Flasche Weinbrand und eine Flasche Apfelkorn; wenn du willst, kannst du ja noch etwas zu essen mitbringen.« Ungläubig starrte er auf die Geldscheine, jedoch ohne nach ihrer Herkunft zu fragen. Kurze Zeit danach war ich wieder allein. Nach einer Stunde kehrte er zurück und stellte die gewünschten Sachen auf den Tisch. Am späten Abend kam der Affe zurück. Wortlos taumelte er zu seiner Affenschaukel, legte sich so, wie er war, hinein und schlief augenblicklich ein. Dieser Abend war eins der Zahnräder, das in die nächsten Tage übergriff, in denen ich bei Cochise zu Gast war.

Mit jedem Tag, der verging, fühlte ich mich besser. Nicht ein einziges Mal hatte ich das Haus verlassen. Die Matratze wurde für mich zu einem wahren Segen. In der ganzen Zeit richtete der Affe nicht eine Silbe an mich. Nur wenn Cochise das Haus verließ, zeigte er sich geschäftig und rege. Manchmal konnte er einfach nur dasitzen und mich minutenlang voller Haß anstarren. Cochise und ich schlugen uns die Zeit mit Geschichten tot, die wir uns erzählten. Eines Abends holte er aus dem alten Schrank ein paar beschriebene DIN-A4-Seiten heraus und gab sie mir zum Lesen. Angenehm überrascht und etwas ungläubig stellte ich fest, daß der Kerl literarisch unheimlich begabt war. Fast sein ganzer Lebenslauf von A bis Z war auf den alten Blättern beschrieben. Ich bewunderte sein Talent, Gefühle in Worten auszudrücken. Nach meiner Frage, warum er nie auf die Idee gekommen war, die Geschichte seines Lebens an einen Verlag zu schicken, erklärte er mit einem hoffnungslosen Seufzer: »Wen interessiert das schon? Außerdem habe ich nicht die geringsten Beziehungen. Am besten, du vergißt es.«

Es war Sonntagabend, der 22. März, als wir beide beschlossen, den Mief der Bude zu verlassen, um im Gasthaus des Emmendinger Turnerbundes ein Bier trinken zu gehen. Cochise erklärte, daß es die einzige Kneipe war in Emmendingen, in der er seine Ruhe hätte. Ich selbst war noch nie drin gewesen, und als der Abend

dem Ende entgegenging und wir wieder zu Hause waren, wünschte ich mir, ich hätte sie nie betreten.

* * *

Ich erkannte sie erst, als sie sich umdrehte und mit einem Tablett
zum Tresen marschierte. Hier und da saßen ein paar vereinzelte
Gäste an den Tischen. Hinter dem Tresen stand ein großgewachse-
ner schlanker Kerl mittleren Alters. Das Hemd hatte er bis zum
Bauchnabel aufgeknöpft. Auf seiner nackten gebräunten Brust
glänzten mehrere Goldkettchen. Die goldene Armbanduhr trug er
locker am Handgelenk. Hinter der rechten Hand funkelte ein breites goldenes Herrenarmband mit Initialen im Licht der Tresenbe-
leuchtung. Er hatte das typische Gesicht eines Zuhälters: schwarze Elvisfrisur mit langen Koteletten, raffgierige dunkle Augen
und ein mexikanisch ausrasiertes Bärtchen über seinem spöttisch
lächelnden Mund. Jetzt schaute sie mir direkt ins Gesicht.
Mit einem Satz stand ich von meinem Barhocker auf. Ich wollte
nur noch eins: raus und nichts wie weg. Warum haben die meisten Zufälle im Leben immer solche negativen Begleiterschei-
nungen, dachte ich, als mich Cochise am Ärmel festhielt und
mich fragend anstarrte. Ebenso fragend schaute der Wirt Cochise
an. Mit wedelnder Hand vor seiner Stirn gab er meinem Partner
das fragende Zeichen, ob ich wohl verrückt sei. »Was ist denn
plötzlich los, Tom? Du bist ja kreideweiß? Hast du den großen
schrecklichen Oz gesehen, oder was?« Für lange Erklärungen
war jetzt wirklich keine Zeit. Wie sollte ich es ihm auch sagen?
Wie würde er reagieren, wenn ich ihm hier am Tresen erklärte:
»Ich weiß zwar nicht, warum, weshalb und weswegen, aber die
Frau, die jetzt mit zusammengepreßtem Mund und nervösen Augen das Tablett mit Biergläsern füllt, ist meine Mutter. Was sagst
du? Das glaubst du nicht? Sag mir lieber, was ich machen soll!
Ich glaub es ja selbst kaum!« Ich wußte zwar, daß sie in irgendeiner Kneipe in Emmendingen servierte, aber daß es ausgerechnet hier und heute in diesem Schuppen sein mußte, konnte ich

ja nicht wissen. Also sagte ich gar nichts, stieß die Hand von Cochise beiseite und verließ das Gasthaus. Draußen auf dem Parkplatz mußte ich erst einmal tief Luft holen. Ich zitterte am ganzen Körper. Ein paar Sekunden später stand Cochise an meiner Seite und wiederholte seine Frage, was denn plötzlich los sei. So gut es ging, erklärte ich es ihm. Daraufhin packte er mich an den Schultern und schaute mir tief in die Augen. »Was hast du, verdammt noch mal, zu verlieren, Tom?« fragte er eindringlich und rüttelte mich heftig an den Oberarmen. »Glaubst du nicht auch«, fuhr er fort, »daß jeder Mensch zu zwei Dritteln das Produkt seiner Erziehung ist?« Komm mir bloß nicht wieder mit deinen philosophischen Phrasen daher, dachte ich verzweifelt; statt dessen entgegnete ich resignierend: »Hör zu, Cochise, es ist ganz einfach: Es ist Sonntagabend, und ich will ihr nicht den Abend verderben. Außerdem habe ich nicht die geringste Lust, mich aufzureiben. Es liegt doch ganz klar auf der Hand, daß sie sich für mich schämt; also was soll's!« Cochise wurde wütend. Er nahm seine Hände von meinen Oberarmen und ballte sie zu Fäusten. »Ich habe gerade versucht, dir etwas zu erklären«, schrie er, »und du wirst mir jetzt zuhören, ob du willst oder nicht. Glaubst du, du bist allein zu dem geworden, was du heute bist? Deine Eltern sind es, die dich erzogen haben.«

»Deine Eltern sind es, die deinen Charakter geformt haben. Sie haben dich in die Form gegossen, die sich im Laufe der Zeit zu dem entwickelte, was du heute bist! Wenn du zum Beispiel ein Akademiker oder ein berühmter Mann wärst mit unheimlich viel Geld und Einfluß, dann würden deine Eltern sagen: Das hat er uns zu verdanken. Durch unsere Erziehung ist er zu dem geworden, was er heute ist – wir haben alles richtig gemacht und sind stolz auf ihn. Ja, das würden sie sagen, darauf kannst du Gift nehmen. Aber wehe, der Schuß geht nach hinten los! Dann hörst du sie meinetwegen jammern und sich rechtfertigen. Weißt du, was sie dann sagen? Das hat er sich alles selbst zuzuschreiben; wir haben mit der ganzen Sache nichts zu tun. Wir haben alles richtig gemacht. Außerdem ist er für sein Leben selbst verantwortlich. Wir haben ihm nicht gesagt, er soll zum Penner werden. Uns geht das Ganze gar nichts an, und damit hat sich's! – Eltern sehen in ihren Kindern zu einem Teil immer sich selbst!«

Jetzt holte er tief Luft, zuckte die Achseln, um in normaler Tonlage fortzufahren: »Da, wo sich die positiven Dinge in ihren Kindern zeigen, glänzen ihre Augen, und ständig heißt es dann: ›Das hat er von mir geerbt.‹ Und wenn die Sache in die Hose geht, verschließen sie die Augen und weisen alle Eigenschaften des Kindes weit von sich – so einfach ist das.«

Sein Vortrag dauerte nicht länger als eine Minute. Ich hatte ihm schweigend zugehört. Seine Meinung traf zwar nur wenig auf mich zu, aber dennoch mußte ich ihm zum Teil recht geben. Ich lehnte mich auf den Kofferraum eines geparkten Autos und zündete mir eine Zigarette an. Langsam blies ich den Rauch in die Dunkelheit und sagte ruhig: »Die Nabelschnur ist schon längst abgeschnitten. Es wäre zu einfach, die ganze Schuld für mein trauriges Dasein meinen Eltern in die Schuhe zu schieben! Glaub mir, Cochise, ich würde ihr den ganzen Abend verderben, wenn ich jetzt wieder reingehen würde.« Cochise schüttelte den Kopf und erwiderte: »Du stehst mitten in einem versauten Leben und kümmerst dich wahrhaftig um einen verdorbenen Abend deiner Mutter. Ich weiß auch nicht, was ich noch mit dir machen soll!« Plötzlich reichte er mir wie zum Abschied die Hand und erklärte: »Es ist wirklich besser, du ziehst den Schwanz ein und gehst. Ich habe mich bemüht, dir ein guter Freund zu sein. Das Blut, das du von meinem Finger geleckt hast, hat nichts bewirkt – schade!«

Er machte auf dem Absatz kehrt und ging auf die Gaststätte zu. Ein quälendes Schuldgefühl und die Angst, einen Freund zu verlieren, krempelten meine Zweifel mit einem Male um. »Cochise«, rief ich mit klopfendem Herzen, »warte eine Sekunde. Ich glaube, du hast recht!« Er blieb abrupt stehen, ohne sich nach mir umzu-

213

drehen. Mit ein paar Sätzen war ich bei ihm, und wir betraten zusammen erneut die Gaststätte.

Es gelang mir in den ersten Minuten hervorragend, dem Blickkontakt mit meiner Mutter aus dem Wege zu gehen. Nervös rannte sie hin und her, wobei sie ständig gehetzt zur Toilettentür blickte. Nur um nicht dumm aus der Wäsche zu schauen, unterhielt ich mich mit Cochise über alte Westernfilme. Bei diesem Thema blühte er richtig auf. Nach diversen Meinungsverschiedenheiten blieb mir die Antwort auf eine seiner Fragen im Halse stecken. »Da kannst du überlegen, wie du willst, Tom: John Ford hat mit seinen Filmen an der Realität vorbeigedreht. Bei dem hat zum Beispiel jeder Stallknecht einen Gaul geritten; dabei waren in der Pionierzeit die Pferde nur eine Gabe der Reichen. Was glaubst du wohl, aus welchem Grund man damals Pferdediebe gehenkt hat?« Ich spürte förmlich, wie mir das Blut aus dem Gesicht wich. Ein eiskalter Schauer rieselte mir langsam den Rücken runter. Das Herz schlug mir bis zum Hals, und meine Hände fingen an zu zittern. Das plötzliche Bedürfnis, vor Schreck laut aufzuschreien, wurde von Cochise gerade noch abgefangen. »Ich sag dir, Tom, einer der besten Western, die ich je gesehen habe, ist und bleibt ›Das Wiegenlied vom Tod‹ ...; sag mal, was ist denn jetzt wieder los?«

Mit pfeifenden Lungen atmete ich tief ein und aus. Mein Vater schloß die Toilettentür und setzte sich an einen Tisch in einer Ecke der Gaststube. Sein lautes, baßdröhnendes Organ erfüllte den ganzen Raum und drang mir schmerzhaft an die Ohren. Schon als Kind rief seine laute Stimme in mir eine unglaubliche Angst hervor. Diese Stimme übertönte sämtliche Geräusche – sie hatte etwas absolut Herrisches an sich. Ich habe Menschen in seiner Umgebung kennengelernt, die allein schon beim Klang seiner Stimme zusammenzuckten. Auch wenn er für seine Verhältnisse normal sprach, hatte man immer den Eindruck, er spreche durch ein Megaphon. Wenn dieser Mann im Zorn schrie, zitterten im wahrsten Sinn des Wortes die Wände.

Momentan blieben die Wände ruhig; dafür zitterte ich um so mehr. Eine lähmende Angst drückte meinen Hintern auf dem Barhocker fest. Meine Blase arbeitete plötzlich auf Hochtouren, als ich verstehen konnte, was er sagte. Obwohl er mich nicht erkannte und uns auch nicht persönlich ansprach, waren wir doch der Gegenstand seiner Unterhaltung. Die Leute, die mit an dem Tisch saßen, gaben ihm mit Ja und Amen ständig recht. In einem Anflug aufkommender Panik stürzte ich den halben Liter Bier und den Schnaps hinunter, um sofort die nächste Lage zu bestellen. Cochise sah mich an, als ob ich mich plötzlich in John Wayne verwandelt hätte. Er schlug mich sachte vor die Brust und fragte etwas verwirrt: »Sag mal, ich begreif dich nicht; deine Mutter verhält sich ganz normal, und du tust so, als ob sie wirklich der große schreckliche Oz wäre. Komm schon, Tom, ich geb eine Runde aus, und dann scheiß drauf!« Ich nahm mein Herz in beide Hände und sagte mit rauher Stimme: »Es ist noch viel schlimmer als der große schreckliche Oz – schlimmer noch als der entsetzlichste Alptraum!«

»Wer ist was?« fragte er erstaunt.

»Dreh dich nicht gleich um, aber da in der Ecke ist mein Vater, der Gott sei Dank noch nicht weiß, daß ich im selben Raum sitze!« Verwundert stellte ich fest, daß mich Cochise mehr oder weniger gleichgültig anblickte, als er entgegnete: »Na und! Was heißt das schon. Du bist hier, und er ist dort, und doch sind es Welten, die euch trennen. Du solltest dir deine Angst wirklich für andere Dinge aufsparen. Was, sage ich dir, was könnte er noch an deiner Lage verschlimmern? Ich sage es dir: NICHTS! Und jetzt unterhalten wir uns weiter, als ob er gar nicht da wäre, hast du verstanden, Tom?« Um Cochise nicht noch einmal vor den Kopf zu stoßen, blieb ich sitzen. Seine Freundschaft war mir momentan wichtiger als die Gefahr, von meinem Alten erkannt zu werden. Obwohl auf meiner Seite keine ungezwungene Unterhaltung mehr möglich war, entwich meine Angst mit jedem Wort, das ich sagte. Als die erste Stunde vergangen war und der Schnaps meine Angst gänzlich zum Teufel jagte, erhob ich mich sogar von meinem Platz, um auf die Toilette zu gehen. Ich war gerade im Begriff, meinen Reißverschluß hochzuziehen, als er, wie aus dem Boden gewachsen, vor mir stand. Schlagartig kehrte die Angst mit viel Entsetzen im Gepäck zurück. Langsam taumelte ich an die gekachelte Wand. Mit sehr viel Mühe und eisernem Willen befahl ich mir selbst, stehenzubleiben, obwohl meine Knie weich wurden. Statt etwas zu sagen, starrte er mich ein paar Sekunden nur an. Um ein Haar wäre mir schlecht geworden vor lauter Angst. Diesen Blick kannte ich zur Genüge.

Diese alles im Zorn und Haß vernichtenden Augen! Nie in meinem Leben habe ich einen Menschen getroffen, der drohender und böser blicken konnte als mein Vater – Boris Karloff war ein Clown gegen ihn.

Endlich öffnete er die Schlitze seiner graugrünen Augen und sagte gefährlich leise: »Du hast mich schon immer für einen Idioten gehalten, nicht wahr?« Mit wild klopfendem Herzen stand ich an der Wand und brachte nicht einen vernünftigen Satz zustande. Meine Stimmbänder hingen wie lose Lappen in meinem Hals – ich schwitzte heiß und kalt. Von neuem erhob er seine grausame Stimme: »Du hast wohl gedacht, der Alte ist so blöd und merkt nicht, daß du mißratener Hund hier drin sitzt, wie?« – Ich befürchtete, ohnmächtig zu werden, als ich sah, daß er einen Schritt näher kam. Im Wechselbad von heißen und kalten Temperaturen, die mich schüttelten, und in verzweifelter Angst krächzte ich aus schlaffen Stimmbändern: »Du hast noch immer Spaß daran, Menschen zu sehen, die aus lauter Angst vor dir zittern!« Ich weiß auch nicht, woher ich den Mut nahm, als ich hinzufügte: »Wenn du mich schlagen willst, Vater, dann tu dir keinen Zwang an. Das war ja früher an der Tagesordnung und das einzige, was du mir geben konntest. Du warst doch derjenige, der immer gesagt hat: Nur durch eine stahlharte Erziehung wird man ein richtiger Mann;

jetzt siehst du, was aus deiner Weisheit geworden ist!« Mein Vater ging einen Schritt zurück und spuckte verächtlich in ein Piß-becken. Anstatt loszuschreien, wie ich es gewohnt war und be-fürchtete, fuhr er sich durchs Haar und entgegnete angewidert: »Ich muß mich in den Boden schämen, daß du Drecksau meinen Namen trägst; deshalb ist es besser, du nennst mich nie wieder Vater. Du bist schon lange nicht mehr mein Sohn, das mußt du dir merken. Wenn ich dich so ansehe, dann wünschte ich mir, ich hätte damals an die Wand gewichst, du Drecksack, du verkommener!« Er warf einen kurzen Blick in den Toilettenspiegel und fuhr fort: »Du brauchst keine Angst zu haben, daß ich dich schlage. Ich hab mir meine Hände schon genug an dir dreckig gemacht. Aber soll-test du es nur ein einziges Mal wagen, meiner Frau näher zu kom-men [er sagte tatsächlich ›meiner Frau‹ anstatt ›deiner Mutter‹], dann mache ich dich so fertig, wie ich noch nie in meinem Leben jemand fertig gemacht habe. Von mir aus kannst du da draußen sitzen bleiben, bis dir der Arsch abfault; aber wenn du Lieselotte nur auch einmal schief anschauen solltest, schmeiße ich dich mit-samt der anderen Drecksau hinaus, das garantiere ich dir!«
Er spuckte mir wie zur Bekräftigung vor die Füße und verließ die Toilette. Da ich mit Schlimmerem gerechnet hatte, war ich zu-nächst erleichtert. Erst als ich in den Spiegel sah, stellte ich fest, daß ich weinte. Seine Beleidigungen taten mir – sosehr ich mich auch dagegen wehren mochte – so weh, daß ich beschloß, mich bis zur Besinnungslosigkeit zu besaufen. Mit schlurfenden Schrit-ten und hängenden Schultern gesellte ich mich wieder zu meinem Blutsbruder. Cochise erkannte, in welcher Lage ich mich befand. Seine Versuche, mich aufzuheitern, hielten den ganzen restlichen Abend an. Gegen Mitternacht kroch ich fast auf allen vieren auf die Straße hinaus. An der Elzbrücke kotzte ich mir die Seele aus dem Leib. Den ganzen Abend hatte ich nicht ein Wort mit meiner Mutter gewechselt. Es kostete mich eine unglaubliche Überwin-dung, sie nicht anzusehen. Bei Cochise zu Hause angekommen,

kroch ich wie ein Wurm auf die Matratze, um mich in einen betrunkenen Tiefschlaf zu heulen.

* * *

Für jeden anderen wäre es eine Strafe gewesen; doch für mich war es eine willkommene Abwechslung, um endlich mal richtig abschalten zu können.

Ich spürte nicht einmal Angst, als sie Ende März eines Morgens in der Wohnung erschienen, um mich festzunehmen. Einem der beiden Polizisten wurde übel bei dem Mief, der im Wohnzimmer herrschte. Cochise verhielt sich Gott sei Dank ruhig. Nur der Affe kam aus dem Grinsen nicht mehr raus. Er rieb sich unter dem Tisch vor lauter Schadenfreude die Hände. Nach zehn Minuten sah ich auch schon ihren Streifenwagen. Auf der Fahrt in die Justizvollzugsanstalt Freiburg-Holzmarkt machte der jüngere der beiden Gesetzeshüter einen Scherz, über den ich sogar lachen mußte. »Jetzt können Sie auf Staatskosten eine Woche lang mal frische Luft schnappen!« Der Grund für meine Inhaftierung erschien mir zwar lächerlich, dennoch leistete ich nicht den geringsten Widerstand, als der ältere Polizist mein Verbrechen von einem Papier mit vielen Stempeln vorlas: »... und darum ist der Vollzug sofort zu vollstrecken«, endete das Schreiben und mit ihm der Vortrag des korrekt vorlesenden Polizisten. Verwirrt kratzte ich mich am Kopf und dachte darüber nach, was er da vorgelesen hatte. Die Mühlen der Justiz mahlen zwar langsam, aber stetig, sauber und gewissenhaft.

Wie so vieles, was ich in den letzten Jahren vergaß oder verschlampte, waren mir auch die Gerichtskosten anläßlich meiner Scheidung im Sommer 1979 in Vergessenheit geraten. Und wer bei der Justiz Schulden hat, muß eben büßen. Entweder du bezahlst, oder du gehst in Erzwingungshaft, gestaffelt nach angemessenen Tagessätzen.

»Mich wundert, daß ich so fröhlich bin«, dachte ich in Anspielung an Johannes Mario Simmels ersten Roman, als ich mich in der

218

Einzelzelle auf dem Bett ausstreckte. Ich lieh mir ein paar Bücher von Simmel aus der Gefängnisbibliothek. Die erzwungene Geborgenheit, die ich komischerweise empfand, tat mir so gut, daß ich anfing, mich richtig wohl zu fühlen. Den ganzen Tag über lag ich auf dem Bett und betrieb mein Hobby – Lesen. Ich hatte genug zu rauchen, und mit der Gefängnisküche war ich hochzufrieden. Morgens vertrat ich mir beim Hofgang die Beine, wobei ich die dunklen Gesichter meiner Mitgefangenen studierte. Für meine Entzugserscheinungen hatte ein Arzt vorgesorgt, der mir bei der Einlieferung täglich zwei große Kapseln verschrieb. Während der ganzen sechs Tage meiner Haft ließ ich es mir gutgehen wie schon lange nicht mehr. Ich wurde regelrecht traurig, als ich nach einer Woche wieder entlassen wurde. Bevor ich mit dem Zug nach Emmendingen zurückfuhr, teilte ich auf dem Freiburger Hauptbahnhof eine Flasche Apfelkorn mit ein paar Leidensgenossen. Mein Herz, das noch genau sieben Stunden seinen Dienst tun sollte, hüpfte vor Freude, als ich am Emmendinger Bahnhofskiosk meinen alten Schulkameraden Rolf erblickte. Ich gab ihm etwas Geld und schickte ihn zum Einkaufen in den nächsten Aldi. Nach einer Viertelstunde kam er mit zwei Plastiktüten zurück, in denen sich 15 Bierdosen und eine Flasche Weinbrand befanden. Zusammen gingen wir in den Goethe-Park und quatschten über alte Zeiten, während wir uns betranken. Wir scherzten und lachten bis in den frühen Nachmittag. Erst als uns der Gesprächsstoff und die Bierdosen ausgingen, machten wir uns auf den Weg zum Lips. Die Kneipe war bis auf zwei Gäste so gut wie leer. Roland Beck, der schon fest zum Inventar der Kneipe gehörte, brachte uns die gewünschte Bestellung. Die meiste Zeit vertrieb ich meine Langeweile an der Musikbox. Als der späte Nachmittag in den frühen Abend überging, füllte sich die Kneipe nach und nach. Als Eugen Kasper – ein Kumpel aus besseren Tagen – hereinkam, trieb mich mein Schamgefühl wieder raus aus der Kneipe.

Rolf lief wie ein Dackel neben mir her. An der Steinstraße ange-

219

kommen, verabschiedete er sich mit tausend Dankesbezeigungen von mir. Danach bog er um die alte Steinhalle und ging nach Hause. Seither habe ich ihn nie wieder gesehen. Unschlüssig blickte ich zu dem Gebäude hinüber, hinter dessen Fenstern im ersten Stock Cochise und der Affe wohnten. Ein schwaches gelbes Licht leuchtete aus dem Wohnzimmerfenster in die Dämmerung hinaus.

Wenn ich einen Schlafsack bei mir gehabt hätte, wäre ich wahrscheinlich zur alten Burg in der Nähe des Altersheims marschiert, um mich schlafen zu legen. Ohne eine Entscheidung zu treffen, ging ich zum Kiosk an der Idiotenrennbahn, kaufte eine Flasche Bier und setzte mich auf eine der Bänke vor dem alten Goethe-Gymnasium. Nach einer halben Stunde war die letzte Flasche Bier in meinem Leben ausgetrunken. Mit gesenktem Kopf marschierte ich die Straße hoch. An der Ecke Hebelstraße – Karl-Friedrich-straße, rang ich mich dazu durch, im In-Markt für Cochise und mich einkaufen zu gehen.

Die Tür in dem großen hölzernen Torbogen stand einen Spaltbreit offen. Vollbepackt, in beiden Händen je eine Plastiktüte, stieß ich sie mit dem Knie auf und trat ein.

Wie gewöhnlich wartete ich darauf, daß Henri mir freudig-bellend in dem dunklen Bogengang entgegenliefe.

Doch diesmal hörte ich außer den scharrenden und nagenden Geräuschen der Ratten an den blauen Müllbeuteln überhaupt nichts. Mein Herz, das eine Stunde später aufhören würde zu schlagen, pumpte angesichts meiner Last angestrengt das Blut in meine dröhnenden Schläfen. Ich drückte mit dem Ellenbogen die Klinke der Eingangstür herunter und schloß sie schweratmend wieder hinter mir. Cochise war nicht zu Hause. Aus dem kleinen Koffer-radio, das dem Affen gehörte, dröhnte viel zu laut die Stimme von Joe Cocker. Mit ohrenbetäubendem Gebrüll schrie er die geklaute Melodie nach dem Beatles-Bestseller »With a little help from my friends«. Noch nie hatte ich das Gebrüll dieses hochgelobten

Schreihalses leiden können; darum bat ich den Affen, das Radio etwas leiser zu drehen. Nachdem er mir einige polnische Flüche an den Kopf geworfen hatte, setzte er mit gebrochenem Deutsch nach: »Du hast hier gar nichts zu befehlen, Drecksack. Wenn der saublöde Hund von Manfred nicht gewesen wäre, wärst du schon längst verreckt!«

Ich glaube, wenn das unerträgliche Gebrüll von Joe Cocker nicht in meinen Ohren geschmerzt hätte, wären mir seine Äußerungen gleichgültig gewesen. Jetzt aber brachte er das Faß zum Überlaufen, als er mit einem dreckigen Grinsen das Radio noch lauter drehte. Er war gerade im Begriff, mir eine neue Gemeinheit ins Gesicht zu sagen, als der Faden meiner Geduld mit einem Mal zerriß. Nachdem ich ihm links und rechts zwei saftige Ohrfeigen verpaßt hatte, daß der ganze Kerl an die Wand flog, setzte ich mich in den Sessel und zündete mir eine Marlboro an. Rasende Kopfschmerzen fuhren in meinem Schädel Looping. Der gute Pott half mir, sie in den nächsten zehn Minuten zu vertreiben. Nicht eine Sekunde ließ ich den Affen aus den Augen. Mit hängendem Kopf saß er auf seinem Bett, die Hände zwischen den Knien gefaltet, als ob er beten würde. Das Radio hatte ich inzwischen abgestellt. Ich streckte meine Beine aus und schaute, ein wenig müde geworden, aus dem Fenster. Einmal glaubte ich zu hören, wie der Affe »In nomine Patris et Filii et Spiritus Sancti« in seine Brust brummte. In fast zeitgenauen Abständen von jeweils einer Minute blickte er immer wieder von seinen Oberschenkeln auf, um mich voller Haß anzustarren. Jetzt stand er schwerfällig auf, nahm seinen Pißeimer und trottete zur Toilette. Anschließend hörte ich das Rauschen der Toilettenspülung. Wäre ich mit meinen Augen bei ihm geblieben, als er in die Küche latschte, um seinen Eimer auszuspülen, hätte ich das abwenden können, was ungefähr zwanzig Minuten später erfolgte. Wahrscheinlich suchte er wieder einmal seinen Dosenöffner, dachte ich, als ich die klirrenden Geräusche vernahm, die er im Besteckkasten verursachte. Die letzten Minuten in meinem

Pennerdasein verbrachte ich damit, daß ich die Bild-Zeitung las, während ich die letzten Tropfen Alkohol in meinem Leben trank. Tatsächlich kehrte der Affe mit einer offenen Ölsardinenbüchse an seinen Platz zurück und schmatzte, was das Zeug hielt.

Mittlerweile war es draußen dunkel geworden. Leichter Nieselregen tropfte, vom Wind getrieben, an die schmutzigen Fensterscheiben. Sorgfältig faltete ich die Zeitung zusammen und legte sie mit dem Datum nach oben auf den vollbeladenen Tisch. Es war Montag, der sechste April, als ich abends gegen 18.30 Uhr, erschöpft und vom vielen Alkohol benebelt, in meinem Sessel in Manfred Waizmanns Wohnung an der Idiotenrennbahn einschlief. Es sollte mein allerletzter und kürzester Schlaf als Penner sein, der meine Glieder lockerte und mein Denken ausschaltete.

* * *

Würde ich meine Empfindungen nur als Verwirrung und Erschrockenheit beschreiben, als ich mit unglaublichem Entsetzen aufwachte, dann wäre das eine glatte Untertreibung.

Es war auch nicht der kalte Stahl des Messers, der oberhalb der Kehle heiß in meinen Hals eindrang, was mich vor Entsetzen aufschreien ließ, sondern die ekelhaft, im Haß verzogene Fratze des Affen, in die ich mit weit aufgerissenen Augen blickte, als er mir die Haare nach unten, hinter die Lehne des Sessels zog, um noch einmal genauer zustechen zu können. Die nächsten Handlungen führte ich ohne logisches Denken aus. Meine Gehirnzellen waren schockartig lahmgelegt. Nur die Instinkte, mich zu wehren und zu fliehen, waren hellwach. Ein siedendheißer Schmerz bedeckte wie tausend glühende Nadeln meine Kopfhaut, als ich wie der Blitz ruckartig aus dem Sessel fuhr. Als ob mich eine unsichtbare Hand mitreißen würde, hetzte und stolperte ich zur Eingangstür. In unglaublicher Angst stellte ich fest, daß sie verschlossen war. Ich wunderte mich, als ich mich umdrehte, über das viele Blut, das auf dem Fußboden und dem Sessel verspritzt war. Nur um irgendwie mein Gehirn in Gang zu bringen, schrie ich

222

mich selbst über den Haufen. Mit jedem Herzschlag schoß eine frische Fontäne Blut aus meiner Halswunde. Verzweifelt preßte ich reflexartig die geschlossene Hand um sie, so daß der Eindruck entstand, ich wolle mich selbst erwürgen.

In meiner Brust brach plötzlich ein Höllenfeuer aus. Ein Ring aus glühendem Feuer legte sich um mein wild schlagendes Herz. Mit jedem keuchenden Atemzug zog er sich mehr und mehr zusammen. Sämtliche Farben verschwammen mir vor den geweiteten Augen. In einem unrealistischen weißen Licht sah ich, wie der Affe hinter dem Sessel stand und meine ausgerissenen Haare wie einen erbeuteten Skalp hin und her schwenkte. Einer Ratte gleich, der man den Schwanz abgehackt hatte, hetzte ich zum Fenster. Das grelle Weiß vor meinen Augen blendete mich so sehr, daß ich den Tastsinn gebrauchen mußte, um den Riegel zu finden. Die Luft, die ich wie ein hechelnder Hund einatmete, verwandelte sich in meiner Brust zu einer solchen Hitze, daß ich glaubte, innerlich zu verglühen. Die Hitze inmitten meiner Brust schickte nun einen lähmend ziehenden Schmerz in meinen linken Arm. Endlich hatte ich den Fensterriegel gefunden.

Mit der letzten Kraftreserve, die mein geschwächter Körper aus sich herausholte, öffnete ich das Fenster und sprang zwei Meter in die Tiefe. Eine Hundertstelsekunde später schrie mein linker Fuß seine Schmerzen bis in meinen Kopf. Mein rechter Arm war jetzt gelähmt, obwohl der ziehende Schmerz bis in meine Hand ausstrahlte. Das gleißende Weiß vor meinen Augen verwandelte sich in eine schwarze Dunkelheit. Auf dem rechten Ellenbogen schleppte ich mich zum Eingang des in der Nähe liegenden Schwarzwaldstübles, um wie ein wilder Stier an die Tür zu klopfen. Ob die Tür nun geöffnet wurde oder nicht, erfuhr ich erst vierzehn Tage später; denn mittlerweile drückte der glühende Ring mein Herz dermaßen zusammen, daß ich in wahnsinnigen Schmerzen glaubte, ersticken zu müssen. Im nächsten Moment erlöste mich eine unsichtbare Dunkelheit von allem.

8. Kapitel

Die erste Stufe nach oben

Vor ungefähr zwei Stunden erwachte ich aus einer tiefen Bewußtlosigkeit. Ich wußte nicht einmal, ob es Tag oder Nacht war. Ich spürte auch keine Schmerzen, wie man vielleicht meinen könnte, sondern nur grenzenloses Erstaunen. Verblüfft war ich auch über den Umstand, daß ich mich an alles erinnern konnte, was geschehen war. Die Informationen in meinem Gedächtnis wurden bis vor die Tür des Schwarzwaldstübles abgerufen; danach herrschte absolute Funkstille. Ein noch junger Arzt, der Reinhard Mey sehr ähnlich sah, trat an mein Bett und erklärte mir, daß ich mich auf der Intensivstation befand und was mit mir gemacht wurde. Es gab eine Zeit, da hätte ich aufgeschrien, wenn man mir im Suff oder in einem anderen bewußtlosen Zustand die Haare bis zur Glatze abrasiert hätte. Der Verlust meiner Brusthaare wäre für mich eine einzige Katastrophe gewesen. Doch in meiner momentanen Verfassung wäre es mir sogar egal gewesen, wenn man mir den Penis abgeschnitten hätte. Fragend schaute ich den Mediziner an, der mir Zeichen gab, ich solle schweigen; dann sprach er weiter.

Den Schilderungen des jungen Arztes mit den runden Brillengläsern zufolge hatte ich es außer den Bemühungen der Ärzte unter anderem meiner zähen Natur zu verdanken, daß ich noch am Leben war. Die vielen Schläuche, die von meinen Armen und aus der Nase in verschiedene Geräte und Beutel führten, störten mich nicht im geringsten. Obwohl ich mir vorgenommen hatte, an nichts zu denken, fiel es mir schwer, meine Gehirnzellen abzuschalten.

Über die vielen bunten Drähte hinweg, die an Saugknöpfen von meiner jetzt kahlen Brust zu einem kleinen Monitor führten, konnte ich erkennen, daß mein linker Fuß eingegipst war. Sehr gerne hätte ich einen Spiegel gehabt, um meinen bandagierten Kopf zu sehen. Ein dicker, geschlossener Kragen aus Zellstoff und Mullbinden hinderte mich daran, den Kopf zu bewegen.

Die Gedanken, die ich mir über meine Situation und die neue Umgebung machte, lösten sich langsam auf, um einem leichten Schlaf Platz zu machen.

* * *

Mein Schlummer dauerte so lange, bis die Flaschen der Infusionen gewechselt wurden. Nach einer gewissen Zeit trat erneut der junge Arzt an mein Bett. Er warf einen prüfenden Blick auf die vielen Geräte und die Infusionsflaschen. Anschließend erhob er seine angenehme Stimme und sagte: »Ihr Kreislauf und Ihre Gehirnströme verlaufen normal. Ich bin übrigens Dr. Weißgerber und stelle Ihnen jetzt ein paar Fragen. Antworten Sie, indem Sie Ihre Augen schließen, mit ja. Sind Sie schon länger als zwei Jahre Alkoholiker?« Augen zu.

»Sie können jedes Wort verstehen, das ich Ihnen sage?« Augen zu.

»Nun, dann möchte ich gleich mit offenen Karten spielen. Erstens: Außer der lebensgefährlichen Schnittwunde an Ihrem Hals hatten Sie einen Herzinfarkt, wie er im Bilderbuch steht. Zweitens: Daß Sie hier und heute auf dieser Station liegen, hat auch etwas Gutes. Was ich Ihnen jetzt sage, dürfte Sie wahrscheinlich kaum überraschen: Wenn Sie neun Monate so weitergelebt hätten wie bisher, wäre Ihr gesamter Organismus zusammengebrochen; wenn Sie dann in diesem Zustand einen Herzinfarkt erlitten hätten, hätten Sie ihn aller Wahrscheinlichkeit nach nicht überlebt. Haben Sie es schon einmal in Erwägung gezogen, eine Entziehungskur zu machen?«

Meine Augen blieben offen und meine Gedanken schweiften in die Vergangenheit. Dr. Weißgerber wechselte das Standbein und fuhr in seinen Fragen fort: »Wären Sie damit einverstanden, daß ich Sie im PLK-Emmendingen für eine Entgiftung anmelde?«

Meine Augen blieben etwas länger geschlossen.

»Ich werde, wenn Sie diese Station verlassen haben, einen Leber-test mit Ihnen machen, ob Sie wollen oder nicht. Ihr körperlicher Zustand gleicht dem eines Fünfzigjährigen, und ich werde dafür sorgen, daß er sich wieder Ihrem Alter anpaßt; das wollen wir doch mal sehen!«

Das hohe Summen eines Alarmsystems stoppte seine Fragen. Er machte auf dem Absatz kehrt und ging mit schnellen Schritten auf den Flur hinaus. Eingebettet im Sammelsurium seiner Fragen schloß ich die Augen und dachte über seine Worte nach.

Die Gedanken drehten sich im Kreis, als eine junge hübsche Krankenschwester ans Bett trat. Die junge Frau war sichtlich aufgeregt. Ihre Nervosität unterdrückend, klemmte sie ihre Na-senwurzel zwischen Daumen und Zeigefinger, als ob ihr Anlie-gen höchste Konzentration erforderte. Jetzt nahm sie die Hand aus ihrem Gesicht, holte tief Luft und sagte: »Obwohl ich Ihrem Kumpel schon gestern erklärt habe, er könne Sie auf keinen Fall sprechen, steht er heute schon wieder auf der Matte. Es ehrt ihn ja, daß er sich solche Sorgen um Sie macht, aber wir können ihn auf keinen Fall hier reinlassen. Es wundert mich, daß er nicht schon an der Pforte abgewiesen wurde. Er will einfach nicht glauben, daß Sie außer Lebensgefahr sind und rennt uns ständig die Bude ein. Er gibt sich erst zufrieden, wenn er von Ihnen ein Zeichen bekommt. Also, ich nenne Ihnen jetzt drei Wörter; bei dem richtigen Wort schließen Sie die Augen, damit der Spuk ein für allemal ein Ende hat!« Beim Aufzählen der Wörter nahm sie ihre Finger zu Hilfe. »Also, das ist doch wirklich zu blöd!« sagte sie ärgerlich, dann zählte sie auf: »Geronimo – Sitting Bull – Cochise.«

Nach dem letzten Wort schloß ich die Augen. »Na Gott sei Dank, hätten wir das endlich erledigt!« sagte die Schwester und eilte davon.

Sehr lange dachte ich über Cochise nach. Meine Erinnerungen

führten mich fünf Monate zurück, in den Rosengarten. Ich leckte ihm gerade das Blut vom Finger, als ich erneut einschlief.

* * *

Auch an den nächsten Tagen galt für Cochise absolutes Besuchsverbot auf der Intensivstation. Sehr gerne hätte ich mit ihm geredet, denn es interessierte mich brennend, was in der Zwischenzeit aus dem Affen geworden war. Mein Gesundheitszustand wurde von Tag zu Tag besser. Als sich mein Kreislauf so weit erholt hatte, daß ich wieder feste Nahrung zu mir nehmen konnte, wechselte ich nach einer Woche die Station. Mein Blutbild war zur Zufriedenheit von Dr. Weißgerber ebenfalls in Ordnung. Jetzt galt es nur noch, den Heilungsprozeß von meinem mehrfach gebrochenen linken Fuß und der Stichwunde am Hals abzuwarten. Ich war froh, endlich wieder sprechen zu können. Es ist furchtbar, wenn der Mund verschlossen und der Kopf voller Fragen ist.

Der Entschluß, eine Entziehungskur zu machen, wurde unter anderem dadurch gefestigt, daß sich nach der Untersuchung meiner Leberwerte herausstellte, daß ich eine Fettleber hatte. Trotz allem zeigte sich Dr. Weißgerber sehr zuversichtlich, was die Rekonvaleszenz dieses geschundenen Organs anging. Das einzige, was mir in all der Zeit heftig zu schaffen machte, war der Nikotinentzug. Meine Lungen schrien förmlich nach einer Zigarette. Um einer Rebellion meiner Nerven vorzubeugen, bekam ich, wie schon im November vergangenen Jahres, Distraneurin. In diesem Stadium konnte ich es wirklich kaum noch abwarten, all das kennenzulernen, was ich mir vorgenommen hatte. Ich fühlte mich wie neugeboren, als ich nach einer weiteren Woche endlich das Bett verlassen durfte. Meine erste selbständige Handlung bestand darin, daß ich im Rollstuhl mit dem Aufzug ins Erdgeschoß fuhr, um meinen Bruder Wolfgang anzurufen. Die Worte meines Vaters dröhnten mir noch immer in den Ohren, als er mir drohte, ich solle seine Frau in Ruhe lassen. Nervös hörte ich das Freizeichen des Telefons, bis der Hörer abgenommen wurde und mein Bruder sich meldete. »Steiger!« Die Worte, die ich nun sagte, hatte ich mir sorgfältig zurechtgelegt. »Wolfgang? Ich bin es, Thomas! Würde es dir was ausmachen, mir fünf Minuten zuzuhören?« Obwohl er am Anfang etwas verwirrt war, hörte er mir zu, ohne mich auch nur einmal zu unterbrechen.

Als ich meine Erlebnisse, so gut es ging, geschildert hatte, versprach er mir, mich noch am gleichen Abend zu besuchen. Mein dringendstes Anliegen an ihn bestand darin, daß ich ihn bat, mir ein paar Klamotten zu besorgen. Die ganzen vierzehn Tage hatte ich bisher in einem weißen Flügelhemd aus dem Fundus des Emmendinger Krankenhauses zugebracht. Es wurde zwar jeden Tag gewechselt, aber ich fühlte mich einfach nicht wohl darin. Geld und Armbanduhr befanden sich wieder in meinem Besitz. Die Pennerklamotten lagen im untersten Fach meines Kleiderschranks; ich hatte aber vor, sie nie wieder anzuziehen. Sie können sich nicht vorstellen, wie angenehm es war, ohne Flöhe und Läuse zu sein.

Ich lag allein im Zimmer, als es gegen 19 Uhr an die Tür klopfte. Mein Bruder trat vorsichtig ein und marschierte mit hölzernen Schritten an mein Bett. Er versuchte seinem kantigen Gesicht einen heiteren Ausdruck zu geben, als er mich fragte, wie es mir ginge. Die Unterhaltung, die ich mit ihm führte, wurde ständig von Gedanken begleitet, die ich einfach nicht abschalten konnte. Als wir noch Kinder waren, hatten wir uns gehaßt wie die Pest. Ich war ihm auf seinem Weg zu unserem Vater jahrelang ein Dorn im Auge. Er brachte schon immer alle Voraussetzungen mit sich, die meinen Vater in ihm zum Vorschein brachten. Er war der unangefochtene Kronprinz und der ganze männliche Stolz meines Vaters. Mit den Erbanlagen, die mein Bruder in sich trug, sah mein Vater in ihm immer ein lebendiges Stück von sich selbst. Sosehr er mich durch seine harte Erziehung um die Kindheit brachte, sosehr brachte mein Bruder es fertig, daran zu wachsen.

Da, wo ich Angst entwickelte, wuchs bei meinem Bruder Ehrgeiz. Mit jeder Tracht Prügel, die wir bekamen, wurde Wolfgang härter und ich weicher. Schon sehr früh begann er meinem Vater damit zu gefallen, daß er sich überall durchsetzte.

Als er mit sieben Jahren anfing, den Ringkampf beim RST-Emmendingen zu trainieren, setzte er sich eine unsichtbare Krone auf, die mit jeder Meisterschaft, die er im Laufe der Jahre gewann, ein paar Juwelen mehr bekam.

Die Lausbubenstreiche, die er absolut nicht sein lassen konnte, wurden zwar von meinem Vater hart bestraft, aber auch schnell wieder verziehen. In seiner rebellischen Art, sich über die Dinge zu erheben, kam es dann schon oft vor, daß er die Übersicht verlor, um danach mitten in einem großen Problemhaufen zu landen.

Lange vor meinem sozialen Abstieg hatte ich immer wieder versucht, sein Freund zu sein – aber er ließ mich einfach nicht an sich heran. Wahrscheinlich war ich in seinen Augen ein Versager. Die Freunde, die er sich im Laufe der Zeit schuf, hatten für seine Begriffe einfach mehr Format. Seine Freundeskreise glichen immer uneinnehmbaren Festungen. Manchmal kam es mir so vor, als ob seine Kumpels alle für ihn maßgeschneidert waren; und leider mußte ich auch feststellen, daß sie ihm wichtiger waren als meine naiven Versuche, dazuzugehören. Nur dem Umstand, daß wir Brüder waren, hatte ich es zu verdanken, daß er hin und wieder mal Notiz von mir nahm; so wie jetzt, als er in meinem Krankenzimmer stand und krampfhaft bemüht war, mich ein wenig aufzuheitern.

»Hast du ein Loch in die Straße getreten?« fragte er sarkastisch und klopfte mit den Fingerknöcheln auf mein Gipsbein. »Nein«, versuchte ich zu kontern, »ich habe einem streunenden Panzer einen Tritt verpaßt!« Seiner Mimik nach schien er zu überlegen, ob Witze momentan angebracht waren oder nicht.

Jetzt stellte er eine Plastiktüte vor mein Nachtschränkchen und sagte etwas ernster: »Ich habe dir einen alten Trainingsanzug von mir mitgebracht; mit meinem Hochzeitsanzug hättest du ja doch nicht viel anfangen können!«

Es fiel mir wirklich ein Stein vom Herzen: »Ich danke dir! Du kannst dir gar nicht vorstellen, wie angenehm es ist, mal wieder frische Klamotten anzuziehen!«

Anstatt auf meine Bemerkung einzugehen, zog er seinen Geldbeutel aus der Gesäßtasche und sagte: »Mehr als zwanzig Mark kann ich dir auch nicht geben. In der Tüte sind außerdem noch zwei Stangen Schweizer Zigaretten; mehr kann ich wirklich nicht für dich tun – tut mir leid!« Ich erklärte ihm, daß ich froh war, ihn überhaupt mal zu Gesicht zu bekommen. Anschließend erzählte ich ihm, was in der letzten Zeit alles geschehen war; worauf er nur mit den Achseln zuckte und meinte, er könne es wirklich nicht verstehen, wie ich so tief sinken konnte. Seine nächste Frage stiftete so viel Verwirrung in mir, daß ich ihn zunächst nur blöd anschauen konnte. »Sag mal«, fragte er und blickte dabei aus dem Fenster, »was hast du dir eigentlich dabei gedacht, als du letztes Jahr in Nimburg an den Türen gebettelt hast?« Schwer wälzte sich der Stein, der mir vor ein paar Minuten noch vom Herz gefallen war, auf seinen Platz zurück.

Am liebsten hätte ich mich unter der Bettdecke verkrochen, um ihm nicht ins Gesicht sehen zu müssen. Das kleine Dorf Nimburg war Anfang der achtziger Jahre eines der Jagdreviere meines Bruders gewesen, in denen er den Frauen nachstellte. Sogar seine heutige Ehefrau stammte aus diesem verschlafenen Nest in der Nähe des Kaiserstuhls. Es war mir ein Rätsel, wie mich irgend jemand in meiner Pennerkluft mit Wolfgang in Verbindung bringen konnte.

Ich überließ die Sache sich selbst und starrte, unfähig, eine Antwort zu geben, mit rotem Kopf an die Decke.

Um der nackten Peinlichkeit einen Mantel umzulegen, sagte er jetzt etwas trocken: »Mir hast du damit nicht geschadet. Mir ist es im großen und ganzen egal, was du gemacht hast. Nur die

231

Erklärung, die ich demjenigen geben mußte, der dich erkannt hat, machte mir ein klein wenig zu schaffen. Es ist gar nicht so einfach, einen Penner in der Familie zu haben, für den man sich ständig entschuldigen muß!«

Ich hoffte inständig, er möge das Thema wechseln, das mir den Hals zuschnürte. Ja, ich betete sogar, daß er wieder damit anfinge, seine Witzkiste zu öffnen. Ich biß mir auf die Unterlippe und schaute jetzt ebenfalls zum Fenster hinaus. Als ob er mein innerliches Flehen verstanden hätte, sagte er nun belustigt: »Sag mal: Wo sind denn deine Haare geblieben; hat man sie an einen Flohzirkus verkauft, oder was?«

Ich schluckte zweimal kräftig und entgegnete befreit: »Ich bin sogar froh, daß sie weg sind, das kannst du mir glauben. Sie mußten runter wegen der Hygiene und Sterilität. Ich habe wirklich keine Sehnsucht nach ihnen. Meine Glatze ist für mich nun so eine Art Symbol; verstehst du, was ich meine?«

»Das mußt du mir schon näher erklären!« erwiderte er gähnend.

»Nun ja«, erklärte ich ihm, »sie bedeutet für mich soviel wie ein neuer Anfang. Was würdest du sagen, wenn ich eine Entziehungskur machen würde?«

»Meinst du das im Ernst?« fragte er erstaunt.

»Noch nie in meinem Leben ist mir etwas ernster gewesen!« antwortete ich und hoffte, er würde meine Zuversicht teilen. Noch immer verblüfft, fragte er: »Wie, wo, wann?«

»Sobald ich hier entlassen werde«, antwortete ich euphorisch, »gehe ich direkt ins PLK, um mich einer Entgiftung zu unterziehen!«

»In die Klapsmühle?« entgegnete er langgezogen.

»Ja, von mir aus nenn es meinetwegen Klapsmühle. Mir wäre es auch dann egal, wenn es eine mittelalterliche Irrenanstalt wäre; Hauptsache, ich kann dort einen neuen Anfang starten.

Dr. Weißgerber hat sich in der Zwischenzeit um alles gekümmert. Er hat sogar gemeint, daß ich nach der Entgiftung eine Langzeittherapie machen könnte, wenn ich mich dazu entschließen würde. Nun schau mich doch nicht so ungläubig an, als ob du mir das nicht zutraust!«

»Doch, doch, ich trau dir das schon zu«, unterstützte er mich, »aber wer bezahlt das ganze Theater?«

»Die LVA!«

»Wieso?«

»Weil sie dafür zuständig ist. Die sind auch froh, wenn ein Versicherungsnehmer wieder arbeiten kann; so bekommen sie später wieder ihre monatlichen Bezüge, verstehst du?«

»Aha!« sagte er. »Und danach?«

»Danach werde ich weitersehen!« erklärte ich beflissen und fügte hoffnungsvoll hinzu: »Die Ärzte auf der Alkoholikerstation im PLK werden mir die Möglichkeit einräumen, die Drogenberatungsstelle in Emmendingen zu besuchen, und die werden mir dort weiterhelfen. Ich kann es wirklich kaum abwarten, hier rauszukommen!«

»Du solltest nichts überstürzen!« meinte er und kratzte sich nachdenklich am Kinn. »Ich habe viel zu lange damit gewartet!« entgegnete ich, um Ausgeglichenheit bemüht. »Wenn ich noch ein Jahr lang so weitergelebt hätte wie bisher, hätte ich mir die Radieschen von unten betrachten können. Kannst du dir nicht vorstellen, was diese Entziehungskur für mich bedeutet?«

»Vorstellen kann ich es mir schon«, erwiderte er mit unsicherer Stimme, »aber ob du das auch durchhältst; ... ääähhh, ich meine, das ... das wird doch alles andere als ein Spaziergang für dich werden!«

»Ich weiß, daß es nicht einfach sein wird, und ich hoffe, daß ich es durchstehen werde. Weißt du, was mir Claudia Götz einmal gesagt hat?«

»Meinst du die Kleine, mit der du vor ein paar Jahren mal gegangen bist?«

»Ja genau!«

»So, und was hat sie denn gesagt?«

»Ein Augenblick der Geduld kann vor großem Unheil bewahren«, zitierte ich sie. »Ein Augenblick der Ungeduld jedoch ein ganzes Leben zerstören.«

Er ließ meinen Sinnspruch links liegen, grinste und sagte: »Wenn ich ehrlich bin, kann ich immer noch nicht begreifen, wie du so tief sinken konntest!«

Ich überlegte, was es dabei zu grinsen gab, und erwiderte: »Das hast du vorhin schon mal erwähnt. Ich weiß nur nicht, was es dabei zu grinsen gibt.«

»Na ja«, antwortete er amüsiert, »wenn ich daran denke, daß du dir früher sogar die Fingernägel gefeilt hast ... also, ich weiß nicht; und das teuerste Rasierwasser war dir gerade gut genug. Von dem Geld, das du damals für Klamotten ausgegeben hast, hätte man einen Monat lang eine vierköpfige Familie ernähren können. Immer piekfein und gepflegt bist du dahergekommen, und die Weiber sind dir in Scharen hinterhergelaufen. Weißt du eigentlich, daß ich dich manchmal beneidet habe, wenn du auf der Bühne gestanden bist und gesungen hast?«

Das war mir neu! Nie hätte ich mir träumen lassen, daß ausgerechnet er, der erfolgreiche siegesverwöhnte Kerl, etwas an mir oder das, was ich tat, bewunderte. Zugegeben: Mein Verschleiß an Freundinnen war damals enorm, als ich Mitte der siebziger Jahre ins Showgeschäft einstieg. Natürlich hatte ich es auch genossen, auf irgendwelchen Partys immer im Mittelpunkt zu stehen. Oftmals ging ich nach verschiedenen Schlagerwettbewerben als Sieger von der Bühne. Das Nachtleben hatte mich damals fest im Griff, und ein befreundeter Konzertmanager wollte sich sogar um einen Schallplattenvertrag für mich bei der Berliner »Hansa« bemühen. Ich sank immer mehr in die Welt der Träume und Spinnereien. Meine Illusionen lösten sich erst auf, als ich mich mit besagtem Konzertmanager überwarf, von dem ich heute weiß, daß er der größere Spinner von uns beiden war.

Jetzt lag ich hier im Krankenbett und ließ noch einmal die regionalen Gesangserfolge Revue passieren. Ich dachte gerade daran, wie ich 1973 in einer kleinen Diskothek in Emmendingen mit dem Boney M.-Macher Frank Farian ein Duett gesungen hatte, als Wolfgang meine Erinnerungen wie mit einem Schwert zerschnitt. »Kannst du dich noch an die kleine Dunkelhaarige erinnern, die du damals auf den Strich geschickt hast?«

»Was ist los?« fragte ich ehrlich empört zurück.

»Jetzt tu doch nicht so!« fuhr er aufgeheitert fort. »Ich meine die Kleine, die im Frühjahr 1979 in einer Freiburger Bumskneipe für dich anschaffen ging!«

Wenn es sein Ziel war, mich zu ärgern, dann war es ihm mit diesen Bemerkungen gelungen. »Hör mal«, erwiderte ich erbost, »die hat schon da gearbeitet, als ich sie kennenlernte. Ich wäre ein Idiot gewesen, wenn ich das Geld nicht genommen hätte, das sie mir ständig zusteckte. Außerdem habe ich sie keineswegs auf den Strich geschickt, und das weißt du ganz genau! Du scheinst wohl vergessen zu haben, daß auch du ganz schön von ihr profitiert hast!«

»Jetzt reg dich doch nicht gleich so auf!« sagte er und grinste über beide Ohren. »Ich mußte eben nur an die vielen Freunde denken, die du damals hattest, und wie sie dich alle verarscht haben. Jeden Tag waren sie bei dir in der Bude, haben gesoffen, gefressen und dich hochleben lassen, bevor sie dich angebettelt haben. Und du bist auch noch auf sie reingefallen. Ich habe dir damals immer wieder gesagt, schmeiß die Schmarotzer raus, aber für dich waren diese Parasiten so eine Art Fanclub. Wenn du jetzt das Geld hättest, das du denen in den Arsch geblasen hast, könntest du eine Zeitlang im Hotel Post übernachten.« Es war mir wirklich zu blöd, an die ganzen Scheißkerle zurückzudenken, deshalb sagte ich abwehrend: »Nun laß doch die ollen Kamellen! Erstens ist das alles schon lange her, und zweitens habe ich meine Erfahrungen gemacht. Du kannst sicher sein, daß mir das heute nicht mehr passieren würde.«

»Jetzt will ich dir mal was sagen!« fuhr er mich an. »Während der ganzen Geld- und Goldzeit hast du dich nicht einmal bei deinem Sohn blicken lassen. Du hast das viele Geld mit vollen Händen rausgeschmissen und eins auf Playboy gemacht. Ich habe dich immer davor gewarnt, dich diesen Arschlöchern anzuvertrauen, die dich von vorne bis hinten nur beschissen und betrogen haben!« Er holte tief Luft und setzte energisch nach: »Wo sind deine ganzen Freunde geblieben, he? Hat dir auch nur einer seine Hilfe angeboten, als du von heute auf morgen auf der Straße gelandet bist? Heute lachen sie dich aus und sagen sich: ›Den Steiger, diesen Vollidioten, haben wir ganz schön ausgenommen. Aus der Hand hat er uns gefressen und uns jeden Scheiß geglaubt, den wir ihm erzählt haben. Mein Gott, wenn der wüßte, was wir damals über ihn gelacht haben. Wenn er heute hören würde, was für Witze wir hinter seinem Rücken über ihn erzählt haben. So was Naives und Dummes auf einem Haufen; mein lieber Scholli, war der Kerl blöd!‹ Soll ich dir sagen, was sie heute von dir denken?« Es interessierte mich nicht im geringsten, was irgendwer irgendwo über mich dachte. Ich wußte auch nicht, was er mit dieser Moralpredigt bezwecken wollte. Nur die Erwähnung meines Sohnes gab meiner Wut ein Gewicht, das mich fast erdrückte. »Bist du hierher gekommen, um mit mir zu streiten?« unterbrach ich ihn zornig. »Du weißt ganz genau, daß es mir unmöglich war, Mike zu besuchen. Schließlich haben unsere Eltern ihn adoptiert. Mit welchem Recht wagst du es eigentlich, mir solche Vorhaltungen zu machen? Elfhundert Mark hast du damals in die Tasche gesteckt, als wir zusammen das Französische Bett in der Bechererstraße aufgebaut haben. Fünfhundert habe ich dir gegeben, und sechshundert hast du von Alexandra bekommen. Du hast genug von meiner Verbindung zu ihr profitiert, verdammt noch mal! Und wenn wir schon dabei sind, Erinnerungen aufzufrischen, solltest du mal daran denken, wie oft ich dir die Tränen abgeputzt habe, als die kleine Regina dich verlassen wollte. Und wenn du glaubst, du mußt weiterhin den Moralapostel spielen, ist es wirklich besser, du gehst wieder. Ich kann mich auch über andere Dinge aufregen als über die Sachen, die du mir an den Kopf wirfst!«

Ich schloß erschöpft die Augen und glaubte schon, er würde jetzt grußlos das Zimmer verlassen, als er sich räusperte und, kleinlaut geworden, entgegnete: »Ich wollte dich nicht aufregen. Ich dachte nur, daß es mal aus mir raus mußte. Es tut mir wirklich leid; ich habe nicht daran gedacht, in was für einem Zustand du dich gerade befindest. Kann ich noch was für dich tun?« Zuerst glaubte ich, mich verhört zu haben. Noch nie hatte ich es erlebt, daß sich mein Bruder für etwas entschuldigte. Für ihn bedeutete es die Höchststrafe, irgend jemand für irgend etwas um Verzeihung zu bitten. Es gab Situationen, da mußten sich die Leute bei ihm quasi dafür entschuldigen, daß er sie verletzt hatte.

Nicht daß ich seine Entschuldigung als Sieg gewertet hätte – das wäre mir viel zu kindisch gewesen –, ich war eher froh, ihn einmal so menschlich erleben zu dürfen. Das ebnete meine Wut ein und gab der Situation wieder einen friedlichen Ausgangspunkt. Schnell wechselte er das Thema: »Was wirst du tun, wenn du deine Langzeittherapie hinter dir hast?« Das war eine gute, wenn auch schwerwiegende Frage, die ich mir in den letzten Tagen selbst oft gestellt hatte. »Ich weiß es wirklich nicht! Ich müßte mich noch während der Therapie um einen Arbeitsplatz bemühen. Dazu kommt, daß es sehr schwer sein wird, eine Wohnung oder ein Zimmer zu finden!«

»Wie lange dauert so eine Entziehungskur eigentlich?«

»Ein halbes Jahr, bei einer möglichen Verlängerung auf neun Monate!«

»Und was genau wird da mit dir gemacht?«

»Das weiß ich selbst noch nicht genau«, antwortete ich wahrheitsgemäß, »aber die Leute auf der Drogenberatungsstelle werden mich schon darüber informieren, wenn es soweit ist!«

»Dann weißt du bestimmt auch noch nicht, wo das sein wird?«

fragte er, während er mich nachdenklich betrachtete. »Von mir aus«, sagte ich, »kann es auch am Arsch der Welt sein; Hauptsache ich komme wieder auf Vordermann!«

»Weißt du, was ich glaube?«

»Was denn?«

»Daß du es schaffen wirst!« sagte er und trat näher an mein Bett. Ich war ehrlich überrascht. Wolfgang, der mir bis dato nic viel zugetraut hatte, ergriff nun meine Hand und sagte im Brustton der Überzeugung: »Wenn du all das hinter dir hast, was du dir vornimmst, und es so klappt, wie du es dir wünschst, werden wir zusammensitzen und uns an dieses Gespräch erinnern. Vielleicht kannst du dann auch wieder nach Hause kommen; obwohl es wahrscheinlich lange dauern wird, bis du Vater davon überzeugt hast, daß du dein Leben ändern willst – du kennst ihn ja!« Darüber hatte ich mir zwar noch keine Gedanken gemacht, aber in meiner momentanen Verfassung und im Hinblick auf unser letztes Treffen konnte ich es mir schwer vorstellen, mit ihm an einem Tisch zu sitzen. Wolfgang erzählte mir noch eine Weile von seiner Tochter, die vor zwei Monaten geboren worden war, dann machte er sich zum Abschied bereit. »Du kannst ja mal von deiner Therapie aus anrufen. Ich bin wirklich neugierig darauf, wie sich die Sache mit dir weiterentwickelt!« Er drückte mir noch einmal die Hand, wünschte mir alles Gute und verließ das Zimmer.

Bevor ich beschloß, noch eine Runde im Rollstuhl zu drehen, blieb ich einen Augenblick liegen und dachte über das Gespräch nach. Wenn das eben keine Phrasen, sondern ernst gemeint war, dachte ich, dann wurde soeben der langersehnte Grundstein zu einer Freundschaft gelegt.

Ein ganzes Jahr sollte vergehen, bevor wir uns wiedersahen.

* * *

Am nächsten Morgen teilte mir Dr. Weißgerber mit, wann ich auf die Alkoholikerstation des PLK überwechseln würde. Außerdem wurde mein Rollstuhl durch zwei Krücken ersetzt.

Eine dritte Neuigkeit wurde mir am Nachmittag zuteil, als ich im Erdgeschoß in der Cafeteria saß und ein Kännchen Kaffee trank. Aus der Ecke, in der ich gerade in der *Bunten* blätterte, hatte ich einen prima Blick auf den Kiosk und das Foyer. Den Mann, der nun in mein Blickfeld marschierte, hätte ich auch dann wiedererkannt, wenn er mit Anzug und Trenchcoat bekleidet gewesen wäre. Geschmeichelt mußte ich feststellen, daß er sich, was sein Outfit anbelangte, sehr viel Mühe gegeben hatte, um salonfähig zu erscheinen.

Seine Jeans waren zwar alt, aber frisch gewaschen. Über einem blauen Rollkragenpullover trug er eine beigefarbene Windjacke, die bis zu seinen Hüften reichte. Die Stiefel, an denen ich früher erkennen konnte, wo er sich aufgehalten hatte, waren mit viel Mühe geputzt worden.

Das obligatorische Stirnband mitsamt der Indianerfeder wurde durch einen Humphrey-Bogart-Hut ersetzt. Was mich aber am meisten überraschte, war die Tatsache, daß er sich sogar seinen Bart hatte stutzen lassen. Obwohl jeder andere an ihm trotz seiner Bemühungen den Asozialen erkennen konnte, erschien er mir wie ein Gentleman. Sein Weg führte ihn an den Fahrstühlen vorbei direkt zum Kiosk. Ich erhob mich so hastig von meinem Platz, daß ich um ein Haar den Stuhl umgestoßen hätte. Mit fliegenden Händen griff ich nach den Krücken und humpelte auf ihn zu.

Just in dem Moment, als ich ihn erreichte, drehte er sich um und schaute mich von oben bis unten an. Am liebsten hätte ich die Krücken weggeschmissen und ihn umarmt: »Schön, dich wiederzusehen, alter Haudegen; hat dich deine Verwandlung viel Mühe gekostet?«

»Das nicht gerade«, antwortete er, »dafür aber das Vorbeikommen an der Pforte um so mehr!« Die Begründung dafür lag zwar klar auf der Hand, doch ich regte mich mehr darüber auf als er. Cochise ließ sich ein Viertel Wein einschenken, dann marschierten wir an den Platz, auf dem ich vor fünf Minuten noch allein gesessen hatte. Er drehte sich eine Zigarette, und das Wasser lief mir dabei im Mund zusammen. Eisern versuchte ich meine Nikotinsucht zu ignorieren. Vorsichtig, ja beinahe ängstlich wagte ich mich an das Thema heran, das so viele Fragen in mir aufwarf. Ich glaubte zu bemerken, daß sogar Cochise selbst wie vor einem unkontrollierten Feuer davor zurückwich. Er druckste herum, blickte seinem blauen Dunst nach und nippte am Weinglas, als ob sich statt Weißherbst purer Essig darin befände.

Wie zwei hungrige Katzen, die am Ufer eines Sees eine Insel voller Mäuse erblickten, konnte sich keiner von uns beiden entschließen, als erster ins Wasser zu springen. Nachdem ich das Ufer mindestens dreimal umrundet hatte, wagte ich einen tollkühnen Kopfsprung. »Wie geht es dem Affen? Lebt er noch?« Cochise blieb mir zunächst die Antwort schuldig. Er drückte die Kippe seiner Zigarette aus, sah mich durchdringend an und entzog sich einer direkten Antwort: »Ich gehe schnell rüber zum Kiosk und hol mir Nachschub. Soll ich dir was mitbringen?«

»Nein danke; nett gemeint, aber ich habe alles, was ich brauche!« entgegnete ich und schaute ihm nach, wie er zum Kiosk schlenderte. Fieberhaft versuchte ich das Rätsel seiner Geheimniskrämerei zu lösen und kam dabei auf keinen grünen Zweig. Ich kannte ihn aber schon zu gut, um nicht zu erkennen, daß etwas Schlimmes passiert sein mußte, wenn er sich so verhielt. Trotz allem war mir nicht klar, ob ich ihn mit meiner Frage verärgert hatte. Unter anderem mußte ich zugeben, daß mir seine Reaktionen noch immer fremd waren, wenn es darum ging, den Indianer zu begraben und Manfred Waizmann anzusprechen. Aus diesem Grund beschloß ich, meine Fragen beiseite zu schieben und den belanglosen Dingen mehr Gewicht zu verleihen. Mit langsamen Schritten kehrte er an unseren Tisch zurück. Er starrte, nachdem er Platz genommen hatte, eine Weile apathisch auf die Tischplatte, atmete auf einmal tief durch und sah mich an, als ob er sagen wollte: Du hast es so gewollt; jetzt sollst du die Antwort haben!

Jetzt betrachtete er seine trommelnden Fingerspitzen und fragte: »Hast du einen Bruder?«

»Ja, sogar zwei; aber warum?« antwortete ich verwirrt.

»Nun ja«, erwiderte er und trommelte schneller mit den Fingerspitzen, »weil einer von ihnen uns gestern abend einen Besuch abgestattet hat!«

Jetzt war ich total perplex. »Mein Bruder war bei ... äääh, ich meine ... es ist doch unmö .... ääähh —« Ich räusperte mich heftig und brachte den angestotterten Satz mit einem Mal zu Ende: »Was hat er bei euch gewollt?«

»Von mir hat er nichts gewollt«, antwortete Cochise und betrachtete seine Fingernägel, »aber von unserem polnischen Freund! Weißt du, was mich an dem Polacken am meisten wundert?«

»Nein!«

»Daß er einfach nicht totzukriegen ist!« erwiderte er, während er in sein Weinglas stierte.

Mein roter Bruder sprach sehr langgedehnt und beinahe flüsternd. Ich wünschte mir inbrünstig, er möge mich ansehen, als ich ihn fragte, was denn passiert war. Statt dessen drehte er sich erneut in aller Seelenruhe eine Zigarette und sagte mehr zu sich selbst: »Ach, was soll schon passiert sein! Er und zwei Kumpels von ihm in Springerstiefeln haben, nachdem sie die Bude auseinanderge-nommen hatten, unserem kleinen Äffchen eine Ganzkörpermas-sage verabreicht!« Der Kloß in meinem Hals, der mich von neuem am Sprechen hindern wollte, blockierte nicht nur meine Stimm-bänder, sondern auch mein Denken. Unfähig, auch nur einen kla-ren Gedanken zu fassen, hörte ich Cochise zu, während mir das Blut aus dem Gesicht wich. »Was ist dein Bruder eigentlich von Beruf?« fragte er in einem Ton, als ob ihm meine Antwort scheiß-egal wäre.

»Schweißer, aber warum fra...«

»Weil er einen prima Folterknecht abgegeben hätte!« unterbrach er mich und grinste. (Warum grinste er jetzt, und weshalb, zum

241

Teufel, schaute er ständig an mir vorbei?) »Hast du schon mal einen ertrinkenden Menschen gesehen?« Ja, dachte ich, vor ein paar Jahren habe ich sogar einem ertrinkenden Kind am Köndringer Baggersee das Leben gerettet, aber diese Antwort blieb ich ihm schuldig. Ich schaute ihn nur an und zuckte mit den Schultern. »Irgendwie war es für mich schon lange klar, daß ihm sein gottverdammter Pißeimer mal zum Verhängnis werden sollte!« Nun fing er laut an zu lachen. »Das war ein, ha ha ha, das war ein Bild für Götter, sag ich dir! Die anderen zwei haben ihn festgehalten, und dein Bruder hatte seinen Kopf gepackt, und immer wieder rein in den Eimer, und dasselbe in Grün – rein in die Pisse, raus aus der Pisse, rein, raus, rein, raus! Ich wußte gar nicht, daß der Kerl lateinisch konnte und sogar fließend. Noch nie in meinem Leben habe ich einen Menschen so beten sehen wie unseren hochgebildeten, polnischen Chemiker. Anschließend haben sie ihm den Rest des Eimers über den Kopf gestülpt und ihm verboten, ihn abzunehmen. Danach hat er die Prügel seines Lebens bezogen. Mann, der hat das ganze Haus zusammengeschrien. Ich wußte bis dahin nicht einmal, daß der Alte so laut schreien konnte. Und weißt du, was das Fatale an der ganzen Sache war?«

Das schlechte Gewissen, das mich in der Zwischenzeit gepackt hatte, ließ mich nun ebenfalls leise werden. »Nein, aber ich glaube, ich will es auch gar nicht wissen!« Wie in Zeitlupe drehte er sein Gesicht in meine Richtung, um mich das erste Mal seit Beginn des Gesprächs direkt anzuschauen.

Ich erschrak ein wenig, denn sein Gesicht wirkte wie versteinert. Plötzlich grinste er wieder, während ich nicht wußte, ob ich weinen oder lachen sollte. »Ich werde es dir trotzdem sagen, ob du es hören willst oder nicht, mein weißer Bruder: Ich habe während der ganzen Zeit auf meinem Bett gesessen; die Hand unter dem Kopfkissen um meine Bullenpeitsche gekrallt. Nicht, daß du glaubst, daß ich etwa Mitleid mit dem Alten gehabt hätte – nein, nein, ganz im Gegenteil! Meine Gedanken drehten sich die ganze

Zeit nur um dich. Du warst in meinen Augen der größte Verräter, den ich bis dahin kennengelernt hatte. Ich hab mir geschworen, es dir heimzuzahlen, aber dann geschah das Fatale, das Unerwartete. Ich war schon bereit, deinem Bruder die Bullenpeitsche in die Fresse zu schlagen, als er auf mich zuging, mir freundschaftlich die Hand gab und sich vorstellte. Die Bemerkung, die er danach machte, war für ihn wahrscheinlich nur ein ironischer Spaß, für mich jedoch war es das größte Kompliment, das mir in den letzten Jahren jemand gemacht hatte! Weißt du, was er sagte?«

Angestrengt räusperte ich meinen Kloß nach unten und schüttelte den Kopf. Er unterstrich mit dem Zeigefinger den Satz, als er sagte: »Es war wirklich nicht zu fassen! Er legte wie bei einer Zeremonie die flache Hand auf meinen Kopf und sagte: ›Für das, was du für Thomas gemacht hast, großer Häuptling, sollte dir eine Adlerfeder verliehen werden, aber ich glaube, zehn Mark tun es auch!‹ Kannst du dir das vorstellen?«

Ich war im Augenblick viel zu perplex, um eine logische Antwort geben zu können. Die einzige Gefühlsregung, die mich durchflutete, war grenzenlose Erleichterung und Verblüffung, daß mein Bruder für mich den Rächer gespielt hatte. Von einem ungeheuren Druck befreit, konnte ich nun Cochise all die Fragen stellen, die bis dahin unberührt geblieben waren. Geduldig hörte er mir zu und erzählte mir dann den weiteren Verlauf jenes Abends bis zur Tür des Schwarzwaldstübles. Cochise selbst hatte, nachdem er zu Hause angekommen war, meine Blutspur bis zur Kneipe zurückverfolgt und in der Kneipe Erkundigungen eingezogen. Danach hatte man mich an den Armen in die Kneipe gezogen. Irgendein Gast hatte mit viel Selbstüberwindung versucht, mich mit Mund-zu-Mund-Beatmung wiederzubeleben. Als die Früchte dieses Versuchs ausblieben, probierte man es zunächst einmal mit Herzmassage. Zwischenzeitlich war der Krankenwagen mit Blaulicht unterwegs, während die verzweifelten Versuche, mich wiederzubeleben, erfolglos blieben. Ein paar Mädchen hatten sich hysterisch an ihre Freunde geklammert, die selbst ganz blaß um die Nase geworden waren.

Die Wirtin mußte sich – nachdem ich abtransportiert worden war – in der Toilette heftig übergeben, und der Alkohol floß in Strömen an diesem Abend. Für die nächsten vierzehn Tage gab es in dieser Kneipe nur einen Gesprächsstoff.

Dankbar dachte ich an all die Leute, die mir mehr oder weniger das Leben gerettet hatten. An den Affen verschwendete ich nicht den Bruchteil eines Gedankens. Während die Ärzte im Emmendinger Krankenhaus um mein Leben kämpften, wurde er von Cochise dermaßen verdroschen, daß er sein Affengesicht zwei Wochen lang nirgends mehr zeigen konnte. Den Nachschlag hatte ja denn Wolfgang für ihn besorgt. »Und wie geht's jetzt mit dir weiter, Tom?« stieß Cochise in meine Schweigeminuten. »Ich werde versuchen, wieder ein normales Leben zu führen!« antwortete ich, noch immer versunken. »Das heißt, daß du der Gosse den Rücken kehrst?« entgegnete er keineswegs überrascht. »Ich hab ihn ihr viel zu lange hingehalten, und sie hat immer wieder mit dem Messer auf mich eingestochen!« erwiderte ich, um Konzentration bemüht. »Weißt du, worüber ich gerade nachdenke?« fragte er und kratzte sich am frisch gestutzten Kinnbart.

»Willst du etwas loswerden?«

»So könnte man es auch nennen! Ich werde einfach den Gedanken nicht los, ob ich dich auch dann kennengelernt hätte, wenn du kein Penner gewesen wärst; was glaubst du?«

Ich tauchte noch einmal tief in meine Vergangenheit und erwiderte: »Ich weiß es nicht, aber ich glaube nicht; denn wenn ich daran denke, was für ein Spießer ich war, dann muß ich dir ehrlich gestehen, daß ich dich früher immer leise belächelt habe, wenn ich dich durch die Straßen laufen sah.«

Cochise massierte seine Fingerspitzen und schaute mit trüben Augen aus dem Fenster.

Dann sagte er plötzlich: »Weißt du, warum ich mich Cochise nenne?«

»Du wirst deine Gründe dafür haben!«

Seine Augen verklärten sich, als er leise erwiderte: »Genau! Die Indianer sind und waren das letzte Glied einer Kette; nur hat man dieses Glied abgesprengt. Ich habe immer versucht, mich hinter Cochise zu verstecken, weil er für mich so etwas ähnliches wie Stolz ausdrückte. Für mich war er die Verkörperung von Rebellion, Widerstand und Mut. Als ich damals angefangen habe, mich mit ihm zu identifizieren, habe ich bewußt die Realität verlassen und mir durch ihn den Trost gegeben, den ich brauchte, um zu überleben.

Mit der Zeit habe ich damit angefangen, Manfred Waizmann zu hassen. Von Kind auf ist er nur gedemütigt, beleidigt und verprügelt worden, und er hat immer den Schwanz eingezogen, wenn es darauf ankam, sich gegen die ganze Scheiße zu wehren. Er besaß einfach nicht die Kraft, sich gegen das zu stellen, was im Laufe der Jahre auf ihn einschlug. Es ist ihm nie gelungen, so etwas ähnliches wie Selbstbewußtsein oder Selbstvertrauen zu entwickeln. Er verfiel immer mehr in Depressionen und Selbstmitleid. Als die Leute das bemerkten, haben sie ihm den Rest gegeben.«

Cochise versank einen Moment in seinen traurigen Erinnerungen. Schweigend kaute er auf der Unterlippe und brachte einen Tabakkrümel zum Vorschein, den er auf den Boden spuckte. Er schniefte und sagte: »Ich habe angefangen, die Menschen zu verachten, und mir einen Hund zugelegt. Nicht ein Hund, den ich seither besessen habe, hat meine Zuneigung mißachtet oder mißbraucht. Es gab Zeiten, da hatte mein Hund mehr zu fressen als ich. Ich liebe diese Tiere über alles. Sie sind mehr als nur ein Ersatz für Menschen; sie sind die treuesten Geschöpfe, die du dir vorstellen kannst.

Sie fragen dich nicht, was du hast und was du bist. Sie geben dir, ohne zu fragen, das zurück, was du ihnen gibst, ohne Ansprüche zu stellen.« Jetzt drückte er meine Hand, seufzte kurz auf und blickte mir fest in die Augen. »Kannst du dir vorstellen«, fragte er bedeutungsschwer, »was es für mich heißt, einen Freund wie dich zu verlieren? Der einzige, der dir gleichkommt, ist Reinhard Enz, und der hat mein vollstes Vertrauen. Cochise würde jetzt sagen: ›Mach's gut in der Zivilisation der Bleichgesichter‹, und Manfred Waizmann hält die Schnauze und läßt alles über sich ergehen. Er sitzt hier, hält deine Hand wie im Schundroman und fängt gleich an zu heulen – mein Gott, ist das alles beschissen!«

Seine Worte hinterließen in mir eine Traurigkeit, gepaart mit Resignation, die ich nicht beschreiben konnte. Auf der einen Seite gab es für mich, was meine Zukunft anging, kein Zurück mehr, und auf der anderen Seite wurde mir klar, daß ich diesen intelligenten feinfühligen Mann vermissen würde, der mir so viel gegeben hatte. Es gelang mir einfach nicht, den einen oder den anderen Aspekt in Worte zu kleiden. Die Konversation lag wie ein Ball zum Spielbeginn bereit, doch keiner von uns beiden traute sich, den Anstoß auszuführen. Ich saß einfach nur da, starrte in meine leere Kaffeetasse und hoffte, daß Cochise mein Schweigen nicht falsch deuten würde. Als sich unangenehm das Gefühl von Feigheit in meine Sentimentalität mischte, regte sich der Impuls, irgend etwas zu sagen. »Ich hab mir in den letzten Jahren so oft gewünscht, ein Hund zu sein; doch jetzt drängt es mich, wieder ein Mensch zu werden. Die Dinge, die ich vergessen will, stehen viel zu weit voneinander entfernt, um sie in einen Topf zu schmeißen; verstehst du, was ich meine?!«

Seine Worte flossen wie zähe Lava aus einem Vulkan, als er antwortete: »Willst du damit andeuten, daß deine ganze Pennerzeit ein gesellschaftliches Wechselspiel für dich war?«

Unendlich erleichtert, das Schweigen gebrochen zu haben und seine Stimme zu hören, erwiderte ich: »Nein, aber ich muß versuchen, meine Erlebnisse zu trennen – nur so kann ich etwas Positives aus der Gosse ziehen!«

Jetzt beugte er sich seitwärts zu mir rüber, umspannte mit seiner linken Hand meinen Oberarm und sah mir mit großen Augen ins Gesicht: »Und welche Rolle werde ich in deinen Erinnerungen spielen?«

»Es wird keine Rolle sein, die du spielen wirst, sondern du wirst der sein, der du während der ganzen Zeit für mich warst!« entgegnete ich, während meine Augen versuchten, seinem Blick standzuhalten. »Wen hast du dir ausgesucht: Cochise oder Manfred Waizmann?«

»Weder den einen noch den anderen! Es ist mir unmöglich, Cochise zu akzeptieren und Manfred Waizmann beiseite zu schieben. Der eine ist viel zu eng mit dem anderen verbunden, um beide zu trennen. Würdest du nur Cochise sein, dann würdest du jetzt nicht hier sitzen; denn letzten Endes war es immer Manfred Waizmann, der dem Indianer seine Persönlichkeit gab. Beide zusammen entwickelten sich zu dem, was du heute bist: ein Freund, den ich nie vergessen werde!«

Jetzt nahm er seine Hand von meinem Arm und flüsterte: »Ich danke dir!«

»Wofür?«

»Dafür, daß du den Dreck von Manfred gewischt hast!«

»Ich wünschte, es wäre dir so viel wert, daß du Manfred noch eine Chance geben würdest!« Ratlosigkeit sprach aus seinen Augen, als er erwiderte: »Ich weiß nicht, ob es mir je gelingen wird, ihn wieder auferstehen zu lassen, ohne ihn zu verabscheuen!«

»Um jemanden auferstehen zu lassen«, entgegnete ich konzentriert, »muß derjenige erst mal tot gewesen sein – und das war er nie!«

»Woher willst du das wissen?«

»Na ja«, erklärte ich, nach Worten suchend, »er war es, der die Hand von Cochise geführt hat, als du zum Beispiel deinen Lebensweg niedergeschrieben hast. Wer so poetisch begabt ist, kann nie und nimmer schlecht sein! Und wer, glaubst du, hat mir stän-

247

dig die Ratschläge erteilt, die mir so oft zu denken gegeben haben!« Die Stirnfalten über seiner Ratlosigkeit glätteten sich, um seinem Gesicht einen verblüfften Ausdruck zu geben. »Es wird nicht leicht für mich werden«, sagte er zögernd, »ihn so zu sehen, wie du ihn siehst, aber ich will versuchen, mehr auf ihn einzugehen!«

Ich spürte, daß unsere Unterhaltung die Dämmerung zu einem dunklen Abschied eingeleitet hatte. In dieser Dunkelheit mußte jeder auf sein Licht zugehen.

Auf seine Frage hin, ob ich einverstanden wäre, uns gegebenenfalls zu schreiben, erklärte ich ihm geradeheraus, daß ein Briefwechsel erst dann für mich in Frage käme, wenn ich das Gröbste hinter mir haben würde.

Anstatt enttäuscht zu sein, zeigte er ein stilles Einverständnis, das er sogleich auf mich übertrug, als er sagte: »Ich habe soeben begriffen, daß du mit deiner Ehrlichkeit mehr erreicht hast als mit jedem billigen Versuch, mich zu trösten oder hinzuhalten. Ich glaube, Freundschaft ist erst dann was wert, wenn man gelernt hat, die Aufrichtigkeit des anderen zu schätzen!«

Während ich auf einer Antwort herumkaute, stand er langsam lächelnd auf und erklärte: »Ich glaube, das ist der beste Zeitpunkt, um mich von dir zu verabschieden! Bevor ich nämlich sentimental werde und bevor ich anfange zu heulen, will ich versuchen, mit mir ins reine zu kommen, ohne mich dabei vollaufen zu lassen!« Jetzt stellte er seinen Stuhl nach hinten und trat sehr nahe an mich heran. »Bleib sitzen, Tom!« sagte er, als er bemerkte, daß auch ich in meinem Gips mich umständlich erheben wollte. »Paß auf dich auf, und laß dich nicht bescheißen«, bemerkte er, während er meinen kahlen Schädel an seinen Bauch drückte. Es gelang ihm sehr gut, seine Emotionen zu unterdrücken, als er hinzufügte: »Ich wünsch dir wirklich viel Glück auf der ersten Stufe nach oben und hoffe, du siehst nicht nach unten!« Das war der Augenblick, in dem ich spürte, daß ich nicht nur von Cochise, sondern auch endgültig von meinem Lotterleben Abschied nahm. Behutsam befreite ich meinen Kopf und entgegnete, um Gelassenheit bemüht: »Mach dir keine Sorgen; ich werd schon auf mich aufpassen! Und du, ich meine, was hast du jetzt so vor?«

»Wahrscheinlich werde ich mich um eine neue Wohnung bemühen. Ich halte es einfach nicht mehr aus, mit dem alten Polacken zusammenzuleben. Danach habe ich mir vorgenommen«, sagte er, und sein Gesicht hellte sich ein wenig auf, »eine Novelle über uns beide zu schreiben.«

Ohne was hinzuzufügen, drückte er meine Hand, drehte sich um und marschierte zu den Aufzügen, Richtung Ausgang. Mach's gut, Manfred Waizmann, dachte ich und langte nach meinen Krücken. Ich wünschte, du könntest mich auf meiner Reise begleiten, von der ich zwar weiß, daß sie mich raus aus der Gosse führt, aber nicht, wohin.

Diese Frage wurde nach dem Abendbrot von Dr. Weißgerber beantwortet. Ich lag im Bett und blätterte in einer Illustrierten, als er ins Zimmer kam, nachdem er heftig angeklopft hatte. Er setzte sich auf die Bettkante und schlug die Beine übereinander. Nachdem er sich nach meinem Wohlergehen erkundigt hatte, atmete er tief durch und sagte: »Na, dann steht ja dem Umzug ins PLK nichts mehr im Wege. Ich hoffe, daß Sie sich dort gut eingliedern werden. Die Stimmung wird zwar etwas rauher sein als hier; doch wenn Ihr Wille genauso zäh ist wie Ihr Körper, sehe ich für Sie keine Schwierigkeiten, es nicht zu schaffen. Die Kollegen von der Psychiatrie leisten zwar ganze Arbeit, aber tauschen würde ich mit ihnen trotz allem nicht.«

Aufmerksam hörte ich ihm zu, während ich versuchte, die aufkommende Nervosität zu unterdrücken. Mein Herz schlug ein paar Takte schneller, als ich vorsichtig fragte: »Wird mich irgend jemand begleiten, oder muß ich allein dahin gehen?«

Er legte beruhigend seine rechte Hand auf meinen hochgestellten Gips und antwortete: »Ich habe mich um einen Sozialarbeiter bemüht, der Sie übermorgen abholen wird – als Anstandswauwau sozusagen. Seine Anwesenheit macht die ganze Sache zu einem amtlichen Beschluß; denn ohne das und ohne Überweisung hätten Sie nicht die geringste Chance, dort aufgenommen zu werden – Sie kennen ja den Blätterwald der Paragraphen und Verordnungen!« O ja, den kenne ich zur Genüge, dachte ich und stellte die Frage, die mir seit Bekanntgabe meiner Verlegung unter den Nägeln brannte. »Die Entgiftung dauert drei Wochen, sagten Sie, und jetzt frage ich mich, was ich nach diesen drei Wochen machen soll – zurück auf die Straße?«

»Es gibt Ausnahmen!« entgegnete er und klopfte wie zur Bestätigung auf mein Gipsbein. »Sehen Sie, das ist so: Noch während Ihres Aufenthaltes im PLK haben Sie die Möglichkeit, die Drogenberatungsstelle in Emmendingen aufzusuchen. Wer dort auch immer für Sie zuständig ist, wird einen Sozialbericht für die LVA anfertigen, um eine Langzeittherapie zu rechtfertigen. Sollte die LVA nun grünes Licht für Sie geben – was ich in Ihrem Fall besonders hoffe –, dann haben Sie die Möglichkeit, so lange in der Entgiftung zu bleiben, bis ein Therapieplatz für Sie frei wird.« Er räusperte sich entschuldigend, bevor er fortfuhr: »Einen Rat will ich Ihnen mit auf den Weg geben, Herr Steiger: Versuchen Sie unbedingt, mit den Ärzten zusammenzuarbeiten, und lassen Sie den Herrgott keinen guten Mann sein. Schöpfen Sie alle Möglichkeiten aus, die Ihnen angeboten werden. Gerade bei Obdachlosen wird darauf geachtet, ob sie es ernst meinen mit dem Entzug oder ob sie sich nur für drei Wochen aufwärmen wollen. Zeigen Sie Interesse für die Programme, die dort durchgeführt werden, und stellen Sie Fragen, wenn Sie welche haben. Nehmen Sie an den Sitzungen der Anonymen Alkoholiker teil. Zeigen Sie Anteilnahme, wenn man Sie zu einer Arbeitstherapie schickt, und meckern Sie nicht an Dingen rum, die Sie sowieso nicht ändern können. Verlassen Sie sich nur auf Ihren gesunden Menschenverstand, und vermeiden Sie Kontroversen!« Langsam schlug er seine Beine auf und erhob sich. »Ich muß jetzt gehen, Herr Steiger! Denken Sie in aller Ruhe darüber nach, ohne Ihr Ziel aus den Augen zu verlieren. Also dann, bis übermorgen!«

Noch während ich seine Ratschläge verarbeitete, fiel ich in einen ruhigen, traumlosen Schlaf. Beim Erwachen, zwei Stunden später, hatte ich das Gefühl, alles in mir gereinigt zu haben. Einen kurzen Moment keimte sogar der Gedanke auf, meine ganze Straßenzeit nur geträumt zu haben. Das war natürlich absurd, aber es milderte zumindest für eine kleine Zeitspanne meine Torturen und Enttäuschungen. Die ganzen Erlebnisse schienen mir im Hinblick auf meine Pläne nicht mehr so grausam. Ich ertappte mich unter anderem auch dabei, dem Affen dafür dankbar zu sein, daß er mir – wenn auch auf schreckliche Art und Weise – die Möglichkeit geschaffen hatte, mein Leben grundlegend zu verändern. Damit war seine Tat zwar nicht aus der Welt, aber es trug dazu bei, meinen Haß auf ihn erheblich zu mildern.

Schemenhaft stand die Zukunft vor mir. Mein Vorstellungsvermögen reichte gerade aus, die Umrisse zu erkennen, in die ich mich begeben wollte. In Gedanken drückte ich mir eine Zuckertüte an die Brust, wie man sie von den Eltern bekommt, bevor man den Weg zur Schule antritt. In dieser Tüte steckten ebenso viele Fragen wie Neugier, Zuversicht und Hoffnung. Doch ganz unten in der Spitze befand sich neben Nervosität und Schwellenangst auch eine kleine Portion Furcht vor dem Versagen. Als ich in Gedanken wieder als normaler Mensch durch die Gegend lief, griff ich erneut nach der Illustrierten. Nachdem ich mein Horoskop gelesen hatte, zwang ich mich, geduldig zu sein und abzuwarten.

* * *

Die Trainingshose meines Bruders Wolfgang paßte nicht nur wie angegossen, sie ließ sich auch sehr praktisch über mein linkes Gipsbein ziehen. Über einem weißen Sweatshirt trug ich die dazugehörige Trainingsjacke. Mein rechter Fuß steckte in einem Turnschuh mit drei Streifen.

In dieser Aufmachung, die auch gleichzeitig mein einziger Besitz war, saß ich nervös am Fenster des Krankenzimmers. Der Himmel war wolkenverhangen, und ein leichter Nieselregen bedeckte das Land mit einem feuchten Kleid.

Es war recht kühl am Morgen des 14. Mai 1987. Meine rechte Hand lag kalt und feucht auf den Rippen des Heizkörpers.

Der Mann, auf den ich warten sollte, war seit zehn Minuten überfällig. Nichts auf der Welt konnte ich so wenig leiden wie unzuverlässige Menschen. Schon seit einer Stunde war ich reisefertig. Um neun Uhr hatte Dr. Weißgerber die Ankunft des Sozialarbeiters angekündigt, der mich ins PLK begleiten sollte. In einem leisen Selbstgespräch zwang ich mich zur Ruhe und zu Verständnis für den Überfälligen. Ungefähr drei Minuten, nachdem ich das letzte Mal auf meine Armbanduhr gesehen hatte, klopfte es zweimal zurückhaltend an die Tür. Ein locker gekleideter Mann mittleren Alters in Jeans und schwarzer Lederjacke trat ein und schloß die Tür hinter sich, als ob sie ein Kunstwerk wäre, das man auf keinen Fall beschädigen durfte. Von den rotbraunen Naturlocken seiner Haare fielen ihm ein paar Strähnen als runde Kringel über die breite Stirn. Alles an ihm war klein: Seine kleine Gestalt wirkte gedrungen, und ein kleiner Bauch spannte sein schwarzkariertes Hemd. Mit kleinen Schritten kam er auf mich zu und stellte sich vor. »Grüß Gott, Herr Steiger! Mein Name ist Bechstein! Sie wissen, warum ich hier bin?«

»Ja, ich weiß«, antwortete ich nervös und reichte ihm die glitschige Hand, »und ich muß Ihnen gestehen, daß ich etwas nervös bin!«

»Dazu besteht kein Anlaß!« erwiderte er, während er mir die Krücken reichte. »Sie werden sehen, es ist alles halb so wild. Wenn Sie die Aufnahme überstanden haben, ergibt sich alles andere wie von selbst! Sind Sie bereit?«

Nicht nur bereit, sondern auch gewappnet, dachte ich. Laut sagte ich: »Alles klar; von mir aus können wir!« Im Vorüberhumpeln verabschiedete ich mich noch einmal vom Pflegepersonal, und fünf Minuten später saß ich in seinem Auto. Nach zehn Minuten schleichender Fahrt erreichten wir den großen Parkplatz in der Nähe des Personalwohnheims. Nach einer weiteren Viertelstunde saßen wir in einer Sitzgruppe im Foyer des großen Aufnahmegebäudes.

Herr Bechstein hatte mich inzwischen angemeldet, und so warteten wir beide auf den zuständigen Stationsarzt.

Eine Dreiviertelstunde sollte vergehen, bis er endlich aufkreuzte. Während dieser zäh fließenden Wartezeit wurde ich so nervös, daß meine Hände anfingen vor Erregung zu zittern.

Mit langen Schritten kam der Arzt endlich auf uns zu; dabei flatterte sein offener weißer Mantel um seine Oberschenkel. Den Sozialarbeiter beachtete er kaum; dafür musterte er mich um so mehr. Sein Blick prüfte mich wie einen Kadetten, an dessen Jacke die Knöpfe fehlen. Es war weder seine große Gestalt noch sein strenges schmales Gesicht, das mir Unbehagen einflößte, sondern seine Stimme – sie klang hart, schnell und präzise, als er mich fragte: »Sie sind also der Herr Steiger! Darf ich fragen, was Sie hier wollen?« Um ein Haar hätte ich mich gekniffen. Diese Frage war nicht nur ein großes Rätsel für mich, sondern auch der Beginn einer Konversation, die ich ums Verrecken nicht verstehen konnte. Herr Bechstein, der spürte, wie mich die Frage des Arztes aus der Bahn geworfen hatte, antwortete an meiner Stelle: »Ich dachte, Sie wußten Bescheid? Ich meine ääh ... Dr. Weißgerber hat dafür gesorgt, daß er ...«

»Wenn ich Sie um Ihre Meinung frage, werde ich es Sie wissen lassen!« unterbrach er ihn mit dieser unglaublich schnellen und strengen Stimme. Er steckte beide Hände in seine Manteltaschen, um noch strenger hinzuzufügen: »Euch Brüder kenne ich in- und auswendig! Für mich seid ihr nichts weiter als die Co-Alkoholiker solcher hoffnungslosen Fälle wie dieser hier!«

Ich wunderte mich über die ruhigen braunen Augen des Arztes, während er Herrn Bechstein zurechtwies. Außerdem war ich so verblüfft, daß es mir tatsächlich die Sprache verschlug. Der Zynismus, den er hinter einem psychologisch geschulten Auftreten verbarg, war so offensichtlich, daß mir der Gedanke kam, der Mann wolle mich auf seine Art und Weise einem Test unterziehen, von dessen Ausgang alles weitere abhinge.

Meine Befürchtungen waren noch nicht mal zehn Sekunden alt, als er seine Frage mit schneller Zunge wiederholte. »Nun, was ist, Herr Steiger! Haben Sie meine Frage nicht verstanden, oder wollen Sie sie nicht verstehen?«

Ich habe dich ganz genau verstanden, dachte ich – wenn es auch etwas gedauert hat.

Du bist ungeheuer raffiniert, mein Freund; aber was du kannst, kann ich auch. Ich hoffe nur, daß ich bei diesem verbalen Armdrücken genug Kraft habe, um es mit dir aufzunehmen. Meine Stimme zitterte mit meinen Händen im Takt, als ich antwortete: »So wie es aussieht, wird es zwar kein Vergnügen für mich werden, aber ich will unbedingt runter vom Alkohol!«

Der Kerl zog jetzt alle Register seines Könnens. Der Wendehals seines psychologischen Spiels drehte sich um 180 Grad, als er meisterlich den Verblüfften darstellte, während er entgegnete: »Ach hören Sie doch auf, mir Märchen zu erzählen, guter Mann! Wie ich sehe, hat es Ihnen bisher hervorragend geschmeckt. Warum soll es jetzt plötzlich nicht mehr schmecken? So ein frisch gezapftes Bier ist doch eine wunderbare Sache, nicht wahr? Also, ich habe nicht verstanden, was Sie sagten – was sagten Sie?«

Überhaupt nichts! Ich habe überhaupt nichts gesagt, und das weißt du ganz genau, du Nervensäge. Die Pegel von Angst und Wut standen in meinem Innern auf gleicher Höhe. Letzterem fügte ich einen Tropfen mehr hinzu, als ich entgegnete: »Wenn Sie Ihre Vorstellung beendet haben, können wir zum Wesentlichen zurückkehren. Ich habe Ihnen gesagt, daß ich vom Alkohol runter will, und jetzt werde ich Ihnen sagen, daß ich genug Scheiße gebaut habe, um zu wissen, was ich tue. Ich bin am Ende und kann und will so nicht weiterleben wie bisher. Ich habe die Nase gestrichen voll. Ist es für Sie so unmöglich zu begreifen, daß ich die einzige Chance in meinem Leben nutzen will, oder wie lange wollen Sie noch Ihre raffinierten Spielchen mit mir treiben? Wenn Sie glauben, daß ich dieses Theater noch länger mitmache, haben Sie sich getäuscht. Entweder Sie nehmen mich jetzt auf, oder ich wende mich an Ihren Vorgesetzten, verdammt noch mal!«

Siedendheiß und leider zu spät wurde mir bewußt, daß ich ihm soeben gedroht hatte; daher befürchtete ich das Schlimmste. Ich machte mich mit dem Gedanken vertraut, daß er mich in hohem Bogen rausschmeißen würde, als ich ihn – nun nicht mehr so schnell – sagen hörte: »Eines wollen wir gleich mal klarstellen, mein lieber Herr Steiger: Aggressionen und Drohungen nutzen bei mir gar nichts! Und wenn Sie weiterhin der Meinung sind, daß ich ein Spielchen mit Ihnen treibe, weil ich nichts Besseres zu tun habe, dann nehmen Sie Ihren Spezi an der Hand und verschwinden wieder! Habe ich mich klar ausgedrückt?« Ich verfluchte meine mangelnde Schlagfertigkeit und nickte nur mit dem Kopf.

Herr Bechstein, der es vorsichtshalber aufgegeben hatte, sich einzumischen, zupfte etwas nervös am Revers seiner Lederjacke und blickte unbeteiligt in die Runde. Der Herr Stationsarzt, der wohl mit der Widerspenstigen Zähmung zufrieden war, drückte wieder auf den Abzugshebel seines Schnellfeuergewehrs: »Da nun alle Ungereimtheiten aus dem Weg geräumt sind, frage ich Sie zum letzten Mal: Was wollen Sie von mir?«

Der Kerl hat den Beruf verfehlt und hätte Polizist werden sollen, mischten sich meine Gedanken in den verzweifelten Versuch, eine passende Antwort zu finden. Es fiel mir beim besten Willen nichts Besseres ein, als ein wenig resigniert zu erklären: »Ich will weg vom Alkohol! Ich möchte wieder wie ein normaler Mensch leben können! Machen Sie es mir doch nicht so schwer, Herr Doktor, und helfen Sie mir dabei!« Mit halbgeschlossenen Lidern starrte er mich ein paar Sekunden lang an; dann kehrte er mir den Rücken zu und ging mit weit ausholenden Schritten zur Glaskabine der Anmeldung. Seine Unterhaltung mit dem Bereitschaftsdienst dauerte nur kurz. Anschließend kam er mit meinen Überweisungspapieren wieder auf uns zu und bat mich, ihm zu folgen. Erleichtert stellte ich fest, daß er seine Schritte verlangsamte, als ich die Krücken ergriff, um seiner Aufforderung nachzukommen. Am Ausgang bedankte ich mich mit wenigen Worten bei Herrn Bechstein und verabschiedete mich freundlich von ihm. Wie ein geprügelter Hund marschierte er an den Bäumen entlang, den Weg zurück zum Parkplatz.

Auf dem Weg zu den Alkoholikerstationen mit den Kürzeln E-1 und E-2 stellte sich mein Begleiter als Dr. Leuschner vor. Dabei erklärte er mir, daß er mich besonders scharf beobachten werde. »Faulenzer und Simulanten, die sich nur ein Dach über dem Kopf suchen, haben bei mir nicht die geringste Chance!« beendete er seine Mahnungen, als wir das moderne, weißgetünchte, einstöckige Flachdachgebäude erreichten. Während ich in den Aufzug ging und nach seiner Anweisung nach oben fuhr, stieg er die Treppe hoch – zwei Stufen auf einmal nehmend. Eine langgezogene Trennwand aus dickem Glas teilte im ersten Stock die Station vom internen Aufnahmebüro.

Dr. Leuschner wies mich an, vor einem leeren Schreibtisch Platz zu nehmen und zu warten. Nach ungefähr zehn Minuten erschien ein sehr korpulenter, Mann mit Vollmondgesicht und Bürstenhaarschnitt und setzte sich mir seufzend gegenüber. Zwanzig Minuten später waren alle Formalitäten erledigt und ich somit ab sofort Patient auf der Station E-2.

Die Flure hinter dem Aufnahmebüro waren quadratisch angelegt worden. Gegenüber den weißen Wänden und Türen erstreckten sich hohe Glasfassaden auf den Innenhof des im Quadrat geschlossenen Gebäudes. Mitten im Hof plätscherte ein kleiner Springbrunnen sein Wasser über einen im Teich plazierten Granitstein. Überall roch es nach Reinigungsmitteln, Desinfektion und Seife. Die Kunststoffböden waren so sauber, daß Meister Proper seine helle Freude an ihnen gehabt hätte.

Herr Ruck, der mich eben noch in die Kartei aufgenommen hatte, ging mit schwergewichtigem Gang den Flur hinunter, nachdem wir links abgebogen waren, und zeigte mir mein Bett im Aufnahmezimmer. Er schnaufte ein wenig angestrengt, als er mir in aller Ruhe die Hausordnung erklärte. Aufmerksam hörte ich ihm zu, während ich mich in dem großen Raum umsah. Mein Bett befand sich rechts neben der Tür an der Wand, und es sah genauso aus wie die anderen drei Betten, die in dem großen Zimmer an den Wänden standen. Es waren dieselben Betten, wie sie auch in jeder modernen Klinik anzutreffen sind. Bücher und Zeitschriften auf dem einen und eine Flasche Orangensaft auf dem anderen Nachtschränkchen zeugten davon, daß ich das Zimmer mit zwei Kollegen teilen würde.

Nachdem mir Herr Ruck mein Schrankfach gezeigt hatte, führte er mich auf der Station herum. Im Raucherzimmer entdeckte ich die ersten Mitpatienten. Vier oder fünf Mann verschiedenen Alters und aus unterschiedlichen sozialen Schichten saßen rauchend auf ihren Stühlen und betrachteten mich mit argwöhnischer Neugier. Bei ihren Blicken erwachte meine Schwellenangst und mit ihr meine Vorsicht. Ich humpelte etwas schneller hinter dem Pfleger her, der mir nun die Kühlfächer zeigte, von denen eines mir gehören würde, in das ich später meine Lebensmittel legen konnte. Unmittelbar nachdem ich das Spielzimmer gesehen, die Küche inspiziert und den riesigen Baderaum angeschaut hatte, gingen wir zurück zum Raucherzimmer, neben dem sich eine dichtbestuhlte große Fläche als Fernsehplatz erstreckte. Auf einer der beiden Sitzgruppen saß ein junger Kerl mit blassem Gesicht und studierte die Fernsehzeitschrift. Beim Anblick von Herrn Ruck nahm er seinen Fuß vom Polster, um sich rasch wieder seiner Lektüre zu widmen. Herr Ruck tat so, als hätte er nichts gesehen.

Er kratzte seine Stoppeln, während er mir erklärte: »Um halb elf ist Zapfenstreich. Wenn Sie einen Film sehen wollen, der Ihnen gefällt, müssen Sie sich mit Ihren Kollegen absprechen. Bei uns entscheidet immer die Mehrheit! Haben Sie noch Fragen?« Obwohl mir die Schwellenangst jetzt tief im Nacken saß, spürte ich ein Gefühl der Geborgenheit. So etwas Ähnliches wie Glück sprach aus meiner Seele, als ich antwortete: »Im Moment bin ich wunschlos glücklich; ich danke Ihnen!«

Er zuckte mit den Schultern, entgegnete: »Na ja, mal sehen, wie lange das Glück anhält!« und ging zurück ins Aufnahmebüro.

Mit einem flauen Gefühl im Magen betrat ich das Raucherzimmer und setzte mich auf einen freien Stuhl. Ich schaute aus dem Fenster und betrachtete die Grünanlage vor dem Gebäude. Dabei zündete ich mir zum ersten Mal nach langer Zeit wieder eine Zigarette an.

Mit jedem Zug, den ich inhalierte, wurde mir schlechter. Das Nikotin tat seine Wirkung und benebelte im wahrsten Sinne des Wortes mein Gehirn. Angewidert drückte ich die Zigarette aus, humpelte aus dem Raum und legte mich im Aufnahmezimmer ins Bett.

* * *

Der hohe Ton einer Tischglocke jagte durch die Flure und weckte mich aus einem unfreiwilligen leichten Schlaf. Meine Armbanduhr zeigte halb zwölf Uhr – Mittagessen war angesagt. Links neben dem großen Fernsehraum befand sich ein riesiger offener Speisesaal. Die Tische waren nebeneinander so aufgestellt worden, daß man daran zu viert seine Mahlzeit einnehmen konnte. Am schüchternen Verhalten zweier Mitpatienten erkannte ich ein wenig erlöst, daß ich nicht der einzige Neuling war. Nicht alle Tische waren besetzt. Selbst an denen, wo meine Mitpatienten hungrig über ihr Essen herfielen, klafften einige Lücken. Nur um nicht wie ein Idiot dazustehen, lehnte ich die Krücken an einen Stuhl auf der Stirnseite des vorderen Tisches und setzte mich umständlich neben einen noch jungen Kerl, der lautstark seine Suppe schlürfte. Die zwei älteren Männer, die mit am Tisch saßen, widmeten sich voll und ganz ihrer Mahlzeit, so daß sie mich kaum beachteten. So wie es aussah, mußte man sich seine Suppe selbst abholen. Vor der großen Glasfront im offenen Flur stand ein sehr großer Kessel, aus dem es würzig herausdampfte.

Ich wollte gerade meinen unmittelbaren Nachbarn bitten, mir einen Teller Suppe zu holen, als ein junger Weißkittel auf mich zukam. Er hielt einen kleinen Teller in seiner Rechten, auf dem zwei dicke dunkelbraune Kapseln lagen. »Bevor Sie anfangen zu essen, müssen Sie zuerst unsere Bonbons schlucken«, sagte er freundlich und hielt mir den Teller vor die Nase. Ich konnte mir denken, daß es sich bei den Kapseln um sogenannte Nervendämpfer handelte; dennoch fragte ich, um sicher zu gehen: »Was ist das?«

»Diese Dinger bekommen Sie jetzt dreimal täglich. Sie sorgen dafür, daß Sie ungestört mit Messer und Gabel essen können«, antwortete er belustigt und beförderte den Teller ganz nah vor mein Gesicht. »Ach so«, erwiderte ich und schluckte beide Kapseln auf einmal. Die Medikamente waren gerade unterwegs in meinen Magen, als er sich rasch entfernte und mit einem Teller Gemüsesuppe zurückkehrte. Er wünschte »allen miteinander« einen guten Appetit und entfernte sich wieder. Nach der Hauptmahlzeit und dem Dessert, das wir alle schweigend eingenommen hatten, begann ich sehr vorsichtig eine Unterhaltung mit meinem Gegenüber. Mit wieselflinken Augen musterte er mich aus einem von Aknenarben ein wenig entstellten Gesicht. Ich war so freundlich wie möglich, ohne zu schleimen – und das ist gar nicht so einfach. Während ich erzählte, wer ich war und wo ich herkam, wurde er etwas lockerer, und ab und zu lächelte er sogar. Hin und wieder schüttelte er auch den Kopf und bemerkte: »Das gibt's doch nicht!« Am Ende meiner Erzählung reichte er mir die Hand und nannte seinen Namen. Er hieß Rainer und hatte gerade mal zweiundzwanzig Lenze auf dem Buckel. Von Kind auf nur verprügelt und verhöhnt, schlug er, als er siebzehn war, seinen Stiefvater dermaßen zusammen, daß der, seinen Angaben zufolge, heute noch im Rollstuhl sitzt. Bereits mit achtzehn Jahren war er zum Dauersäufer geworden, der seinen Alkoholismus mit Diebstählen und anderen Delikten fütterte. Mit den Jahren wurde der Knast seine zweite Heimat, wo er – wie er sagte – alle Raffinessen kennenlernte, die man für eine Verbrecherkarriere braucht. »Als herrenloser Hund kam ich rein und als großer böser Wolf wieder raus!« sagte er verächtlich auf dem Weg ins Spielzimmer. In dem Moment, wo die Kapseln ihre Wirkung zeigten, ließ meine Kondition nach. Wir unterbrachen unser Tischfußballspiel und setzten uns ins Raucherzimmer nebeneinander.

Sehr langsam machte sich das Gefühl in mir breit, so leicht wie eine Feder zu sein. Eine intensive Gleichgültigkeit vertrieb alle Ängste und Zweifel aus meinem Kopf und meiner Seele. Es kam mir so vor, als ob ich noch nie im Leben Sorgen gehabt hätte. Ohne Zweifel: Die kleinen braunen Bomben waren in ihrer Wirkung viel stärker als das Zeug, das ich im Kreiskrankenhaus verabreicht bekommen hatte. Die Stimme von Rainer, der einen Schwank nach dem anderen aus seiner Jugend erzählte, drang wie aus einem großen dunklen Rohr an meine Ohren. Es wurde mir auch nur vage bewußt, daß ich Rainer um eine Zigarette bat. Mein Kopf war so benebelt, daß mir das Nikotin jetzt nichts mehr anhaben konnte. Während ich sprach, hatte ich das seltsame Gefühl, als würde meine Stimme einem anderen gehören. Als ich begann, zusammenhangloses Zeug zu faseln, führte mich Rainer auf mein Zimmer. Er war mir dabei behilflich, mich ins Bett zu legen. Danach schlich er auf leisen Turnschuhsohlen davon.

Beim Abendbrot sahen wir uns wieder. Ich hatte in der Zwischenzeit mehr vor mich hingedöst als geschlafen. Unfähig, einen klaren Gedanken zu fassen, genoß ich die angenehme Wirkung der Kapseln und die wohlige Wärme unter meiner Bettdecke.

Wie das Mittagessen war das Abendbrot sehr üppig. Es gab Wurst und Käse, garniert mit Gewürzgurken und Tomaten; dazu zweierlei Brotsorten aus der eigenen Bäckerei. Ich schluckte erneut die zwei Kapseln und ließ es mir danach schmecken. Den Rest des Abends verbrachte ich entweder im Raucherzimmer oder vor dem Fernseher. Zwischendurch unterhielt ich mich mit Rainer. Die Wirkung der Kapseln zeigte sich am späten Abend nicht mehr so stark wie am Mittag. Sie hinterließen zwar noch immer das Gefühl der Gleichgültigkeit, aber mit etwas Konzentration gelang es mir dennoch, auf das zu achten, was um mich herum geschah. Die Stimmung auf der Station konnte man insgesamt als ausgelassen bezeichnen. Nur dann und wann wurden bei ein paar Gruppierungen Meinungsverschiedenheiten laut.

Wie auf Patrouille machte jede halbe Stunde ein Pfleger seine Runde, um nach dem Rechten zu sehen. Kurz vor halb elf war für mich der erste Tag auf der Station E-2 gelaufen.

Nach dem Frühstück am nächsten Tag galt es zunächst einmal, mein Taschengeld beim Sozialamt anzufordern. Ich war bis auf ein paar Mark ganz ohne finanzielle Mittel und hoffte daher, daß die Brüder ausgeschlafen hatten. Die meisten Patienten waren an diesem Vormittag zu den verschiedenen Arbeitstherapien eingeteilt worden. Bis auf ein paar Kollegen, die trotz der braunen Bomben unter Entzug litten, herrschte auf der Station eine gähnende Leere. Meine eigenen Entzugserscheinungen machten sich nur dann bemerkbar, wenn ich morgens aufstand oder wenn ich aufgeregt und nervös war. Das Zittern wurde durch die Medikamente zwar erheblich eingedämmt, aber die Ängste im Schlepptau des Entzugs hatten noch die gleiche Wirkung wie vor ein paar Wochen. Auch meine Depressionen, die mich hin und wieder quälten, kehrten an ihren alten Platz zurück. Hilflos nahm ich zur Kenntnis, daß mein Körper sich stabilisierte, während meine seelischen Leiden an gewohnter Wirkungsstätte ihr Gift verspritzten. So gut es ging, versuchte ich mich abzulenken. Trotz der Vorsicht anderen Menschen gegenüber, die tief in meinem Unterbewußtsein verankert lag, suchte ich den Kontakt zu ein paar Leidensgenossen, die wahrscheinlich unter denselben Symptomen litten wie ich selbst. Mein Vertrauensbarometer, das jahrelang nur kalte Witterung anzeigte, wurde im Lauf der nächsten Tage von einem milden Hoch beeinflußt.

Am Sonntag, dem 17. Mai, gingen meine ersten vier Tage auf E-2 dem Ende entgegen. Am darauffolgenden Montag wurde ich nach dem Frühstück von einer hübschen jungen Ärztin untersucht. Meine Befürchtungen, erneut mit Dr. Leuschner konfrontiert zu werden, waren an diesem Morgen unbegründet – doch ich sollte ihn schneller wiedersehen, als mir lieb war. Nach einer Stunde und nach diversen medizinischen Fachausdrücken stand die Diagnose fest. Den Ausführungen der Ärztin zufolge kam für mich tatsächlich nur eine Langzeittherapie in Frage. Einen Platz in einer Fachklinik zu finden lag nach ihrem Beschluß jedoch ganz allein in meiner Hand. In Erinnerung an Dr. Weißgerbers Worte erkundigte ich mich über die verschiedenen Möglichkeiten. Nach einigen Fragen wurde auch sogleich der Termin bei der Drogenberatungsstelle in Emmendingen vereinbart.

Die erste Sitzung bei der Drogenberatungsstelle wurde auf den 26. Mai anberaumt – einen Dienstag.

Ich hatte also etwas über eine Woche Zeit, mich darauf vorzubereiten. In dieser Woche sollte allerhand geschehen. Zunächst wurde ich zur Arbeitstherapie in der Schneiderei eingeteilt. Meine Aufgabe bestand darin, abgetragene alte Schürzen von Ärzten und Pflegern aufzutrennen und zu sortieren. Von vormittags zehn bis zwölf Uhr und von nachmittags zwei bis vier Uhr war ich unter anderem auch damit beschäftigt, die Schneiderei auszufegen und den Schneidern zur Hand zu gehen. Ohne zu meckern und zu murren, verrichtete ich meine Arbeit. Ich ärgerte mich zwar ein bißchen über die Bezahlung, aber lieber 50 Pfennig in der Stunde als gar nichts.

Am nächsten Tag erschien ich nach Feierabend in der Diakonie des PLK, bei Frau Piotrowsky, und besorgte mir dort ein paar Klamotten. Die Auswahl an Hosen, Hemden, Jacken und Schuhen war zwar nicht allzu groß, aber mit etwas Glück fand ich nach einigem Suchen das, was ich am dringendsten brauchte. Mit ein Paar Jeans, einigen Hemden und Pullovern und einem Paar gut erhaltener Slipper verließ ich die Diakonie wieder.

Mittlerweile hatte ich mich einer festen Gruppe angeschlossen, zu der auch Rainer gehörte. Ein junger Kerl aus Lahr spielte ständig für uns den Clown. Es gab Abende, da alberten wir herum wie die Erstkläßler und vergaßen dabei unsere Sorgen und Nöte.

Carsten Hobby – ein verdammt gutaussehender, stets braungebrannter Mann von 28 Jahren – hatte sozusagen die Schirmherrschaft innerhalb unserer Gruppe übernommen. Er bestach nicht nur durch seine lässige Art, sondern auch durch einen Charme, der ihm wahrscheinlich mit in die Wiege gelegt worden war. Sein großes Allgemeinwissen, das er, ohne den Klugscheißer zu spielen, in den Diskussionen rüberbrachte, verband er mit einer Art Selbstverständlichkeit, daß es manchmal eine Freude war, ihm zuzuhören. Nach jedem Gespräch fühlte ich mich mehr zu ihm hingezogen. Mit der Zeit wurden wir unzertrennlich.

Samstag nacht, während alle ruhig und friedlich in ihren Betten schliefen, trafen wir uns zufällig auf der Toilette. Ich hatte schlecht geträumt, und es gelang mir einfach nicht mehr einzuschlafen. Ich beschloß daher aufzustehen, um auf der Toilette eine Zigarette zu rauchen. Carsten stand vor dem Spiegel und zupfte kritisch an seinem schwarzen Schnauzbärtchen. Ich schloß die Tür und schaute ebenfalls in den Spiegel. Während ich mein Gesicht betrachtete, das jetzt etwas voller geworden war, sagte ich zu ihm: »Diese scheiß Alpträume bringen mich noch um den Verstand! Es gibt Nächte, da trau ich mich nicht mal mehr einzuschlafen!«

»Weißt du, was schön wäre?« fragte er, ohne seine Tätigkeit zu unterbrechen. »Ja, wenn man seine Alpträume abschalten könnte, einfach so auf Knopfdruck!« entgegnete ich und zündete mir eine Zigarette an. Jetzt kämmte er sich mit gespreizten Fingern die Haare, sah mich an und sagte: »Man müßte seine Träume programmieren können, wie einen Computer. Ich jedenfalls«, nun fing er an zu lachen, »ich wüßte, was ich jeden Abend einspeisen würde! Du auch?« Ich dachte daran, wie lange es schon her war, daß ich zum letzten Mal eine Frau geliebt hatte, und erwiderte: »Deine Phantasie in allen Ehren, aber in natura wäre es mir lieber! Ich weiß bald gar nicht mehr, wie eine nackte Frau aussieht!« Nachdem er mit einer kleinen Schere ein paar Härchen abgeschnitten hatte, die ihm über die Oberlippe hingen, entgegnete er etwas ernsthafter: »Du wirst schneller wieder mit den Weibern Bekanntschaft machen, als es dir lieb sein wird! Wart's nur ab, es kommt die Zeit, wo sie dir wieder auf den Wecker gehen werden!« Er betrachtete das Ergebnis seiner Schnittkunst im Spiegel, fand seine Manneszierde in Ordnung und fuhr fort: »Alpträume sind nichts anderes als nicht verarbeitete Ängste. Dinge, mit denen man einfach nicht fertig wird. Es hat schon Menschen gegeben, die sich durch diese Plage umgebracht haben. Ich habe mal von einer Frau gelesen, die jahrelang dieselben Alpträume hatte und sich eines Nachts, nach einem besonders schrecklichen Traum, erstochen hat!« Ich sagte etwas erheitert: »Es ist beruhigend zu wissen, daß man einen Freund hat, der es so gut versteht, Trost zu spenden!«

»Du wirst sehen«, sagte er, und seine gewohnte Lässigkeit kehrte wieder zurück, »daß sie mit der Zeit immer weniger werden, und eines Tages werden sie ganz ausbleiben!«

»Dein Wort in Gottes Ohr!« erwiderte ich und spülte meine Zigarettenkippe das Klo hinunter. Die nächsten zehn Minuten verbrachten wir damit, daß wir uns über das Personal und ihre Macken unterhielten. Danach zogen wir uns, jeder für sich, auf unsere Zimmer zurück. Nicht daß ich mich davor gefürchtet hätte, wieder einzuschlafen! Ich brachte es einfach nicht fertig, die Gedanken abzuschalten, die sich um meine Alpträume drehten. Es waren ständig dieselben grausamen Träume, die mir den friedlichen Schlaf zunichte machten. Visionen, die mich zurück zum Anfang führten; zum Beginn meiner verlorenen Jahre und zuletzt zum Kreuzgang durch die Gosse. Beide Arme hinter dem Kopf verschränkt, starrte ich hellwach an die Zimmerdecke.

Meinen Alpträumen entgegenzuwirken, indem ich bewußt über die Anfänge nachdachte, fiel mir gar nicht so schwer. Alles begann damit, daß ich zunächst zwei wichtige Dinge verlor, von denen ich glaubte, sie ganz schnell wieder ersetzen zu können: Das erste war meine Frau – eine rassige Schönheit aus Teningen – und das zweite die gemeinsame Dachwohnung in der Hochburgerstraße. Zwei Jahre hielt Elvira es bei mir aus, dann hatte sie von meinen Eskapaden die Nase voll. Sie war es leid, mindestens einmal pro Woche verprügelt zu werden. Auch das ständige Fremdgehen konnte sie nicht mehr ertragen. Im Frühjahr 1979 reichte sie darum die Scheidung ein.

Jeden Abend bis in den frühen Morgen hockte ich in meiner Stammdiskothek und genoß das leichte Leben. Die wiedererlangte Freiheit beschränkte sich aufs Weiberaufreißen und Playboyspielen. In meine Firma, in der ich sechs Jahre lang zuverlässig gearbeitet hatte, ging ich nur noch selten, bis ich kurzerhand rausgeschmissen wurde. Erst als die Räumungsklage meines Vermieters vor der Tür stand, fing ich ernsthaft damit an, über meine Lage nachzudenken – aber nicht sehr lange: Frisch geschieden und den Kopf voller Flausen, zog ich in die Wohnung eines jungen Mädchens, das als Animierdame in Freiburg arbeitete. Sie verdiente genug Geld, daß ich es mir leisten konnte, weiterhin den Playboy zu spielen. Während sie bis frühmorgens den Männern das Geld aus der Tasche zog, lebte ich wie ein Fürst von einem Tag in den anderen. Natürlich betrog ich auch sie, und das hatte seine Folgen: Im Juni 1979 zog sie bei Nacht und Nebel aus, während ich in irgendeiner Freiburger Disco den Discoking mimte. Ich fühlte mich wie John Travolta für Arme, als ich morgens um vier nach Hause kam und feststellte, daß der Vogel samt dem Nest ausgeflogen war.

Nun wäre ich ein schlechter Discoking gewesen, wenn ich nicht sofort einen neuen Unterschlupf gefunden hätte. Bis Dezember 1979 lebte ich bei einer jungen Frau in Malterdingen. Ihre Oma hatte einen Narren an mir gefressen. Sie und ihre hübsche blonde Enkelin gaben mir alles, was ich brauchte. Bei ihnen kam mein natürliches Schauspieltalent so richtig zur Entfaltung. Zum Arbeiten fehlte mir die Lust und der Wille. Statt dessen ließ ich mich von den zwei Frauen aushalten. Bis zum Nachmittag lag ich im Bett, um meinen Rausch auszuschlafen. Um den Kater der durchzechten Nächte loszuwerden, fing ich in dieser Zeit an, statt Kaffee Bier zu trinken. Kurz vor Weihnachten erfuhren meine beiden Gönnerinnen von meinem Verhältnis zu einer langbeinigen Rechtsanwaltsgehilfin. Obwohl ich diese Verbindung lange geheimgehalten hatte, kamen sie mir irgendwie auf die Schliche. Enttäuscht und wütend setzten sie mich vor die Tür.

Sylvia, mein versteckter Schatz, fing mich Gott sei Dank auf und stellte mich ihren Eltern vor. Als Übergangslösung lebte ich so lange unter ihrem Dach, bis ich mich zusammenraffte und auf Arbeitssuche ging.

Für anderthalb Jahre sagte ich dem Lotterleben tatsächlich ade: Die Liebe, die ich zu Sylvia empfand, preßte mich wieder in die Schablone des Rechtschaffenen. Im Sommer 1980 fand ich ein möbliertes Zimmer auf dem Emmendinger Bürkle. Beim Freiburger Kaufhof war ich als Lagerist tätig.

Sylvia, eine zielbewußte, ehrgeizige, puppenhafte Schönheit, gab in unserer Beziehung den Ton an. Mit einer unglaublichen Halsstarrigkeit versuchte sie wieder Akzente in mein Leben zu bringen. Der Glanz des Playboys war schon längst verblaßt, als sie eines Tages sämtliche Schulden aus meiner Vergangenheit beglichen hatte. Mehr als einmal hielt sie für mich den Kopf hin. Auch richtete sie mich immer wieder auf, wenn mir etwas zuviel wurde. Jetzt, wo ich glaubte, wieder auf dem richtigen Weg zu sein, gönnte ich mir nach getaner Arbeit hin und wieder zwei oder drei Bierchen im Bierkonvent. Daraus entwickelte sich mit der Zeit ein Ritual. Fast jeden Abend saß ich in dieser Bierkneipe und ließ es mir schmecken. Vielleicht war es der psychische Druck, den Sylvia auf mich ausübte, der mich dazu veranlaßte, mich immer öfter zu betrinken, oder meine Unzufriedenheit, die sich langsam aber sicher in Depressionen verwandelte. Fest stand zu diesem Zeitpunkt nur eins: Die Kneipenatmosphäre begann mir wieder Spaß zu machen. Ich lernte wieder neue Freunde kennen, und vor allen Dingen neue Frauen.

Sylvia, die außerhalb von Emmendingen wohnte, spürte sehr wohl die Verwandlung, die sich in mir vollzog. Ihre Versuche, mich fester an die Kandare zu nehmen, scheiterten jedoch kläglich. Meine Erklärungen, sie solle mir meinen Freiraum lassen, erschienen vor ihren Augen als faule Ausreden, und das waren sie auch. Sie zog ihre Konsequenzen, indem sie sich von mir zurückzog. Außerdem war ihr die berufliche Fortbildung wichtiger, als sich mit mir herumzuärgern. So sahen wir uns nur noch selten und dann auch nur, um miteinander ins Bett zu steigen.

Um ein schlechtes Gewissen brauchte ich mir keine Sorgen machen – das stellte sich ganz von selbst ein. Dazu kamen diverse Probleme an meinem Arbeitsplatz. Endlich hatte ich ein Alibi, mich jeden Abend zu besaufen. Der alte Schlendrian kehrte wieder ein, und ich feierte krank auf Teufel komm raus. An manchen Tagen erschien ich schon morgens betrunken zur Arbeit. Das und andere Unannehmlichkeiten hatten zur Folge, daß ich im Dezember 1981 entlassen wurde. Ich war der festen Überzeugung, daß Sylvia auch diese Niederlage mit mir teilen würde. Sie jedoch gab mir ohne lange Erklärungen den Laufpaß.

Bemüht, den Bruch gleichgültig hinzunehmen, stürzte ich mich wieder ins Nachtleben. Die Tanzbar Wagenrad in Sexau war ein hervorragender Tummelplatz, um zu vergessen. Ab und zu gab ich dem Chef des Hauses ein paar Tips, was die Musik anging, und eines Abends fragte er mich, ob ich Lust hätte, als Diskjockey zu fungieren. Das ließ ich mir nicht zweimal sagen, und ab sofort hatte ich eine Arbeitsstelle, die mir Spaß machte. Daß ich mit zittrigen Fingern die Nadel auf die Platten legte, entging meinem neuen Boß keineswegs. Die regelmäßigen Besäufnisse im Bierkonvent zeigten Wirkung. Hinzu kamen die ständigen Einladungen von den Gästen: hier ein Asbach, da ein Asbach – das Ganze spülte ich mit Bier hinunter. Sicherheit und gekonntes Auftreten legte ich an den Tag, wenn ich leicht angesäuselt war. Mein Chef sah es zwar mit Argwohn, aber es besänftigte ihn, daß ich dann in Hochform war – ich hatte den Schuppen im Griff.

Im August 1982 zog ich nach Waldkirch, eine Kleinstadt in der Nähe von Sexau. Das kleine möblierte Zimmer dort gefiel mir recht gut. Wahrscheinlich wäre ich länger darin wohnen geblieben, wenn ich nicht zu meiner neuen Flamme gezogen wäre. Sie hieß Michaela, und ich lernte sie während der Arbeit kennen. Hals über Kopf verliebte ich mich in diese grazile blonde Barbie. Rettungslos begab ich mich in ihre Hände, für die ich zu Wachs wurde. Sie jobbte als Bedienung in einer Waldkirchner Bar, über der sie ein Fremdenzimmer bewohnte. Ich einigte mich mit ihrem Chef und zog mit Sack und Pack zu ihr. Am Anfang unserer Beziehung fraßen wir uns fast gegenseitig auf. Wir liebten uns, wann und wo wir nur konnten, und wir konnten jede Nacht. Nur mit meiner Exfrau hatte ich Jahre zuvor noch heftigere sexuelle Begegnungen gehabt!

Aus dem Wachs in ihren Händen formte sie mit der Zeit ein Hündchen, das ihr jederzeit aus der Hand fraß. Vor Liebe blind und blöd, ließ ich mich dermaßen von ihr manipulieren, daß ich unmerklich ihre Eigenarten annahm. Ständig meckerte sie über meinen Chef und zog ihn, wo sie nur konnte, durch den Kakao.

Es dauerte dann auch nicht lange, und mein Chef und ich hatten den größten Krach miteinander. Michaela gab keine Ruhe, bis ich mich vollends mit ihm verwarf. Im Januar 1983 war seine Geduld erschöpft – ich flog in hohem Bogen raus. Keine drei Wochen später lernte ich eine völlig neue Michaela kennen. Jetzt, wo die alte Burschenherrlichkeit verflogen war und aus dem Diskjockey ein Kneipenlungerer wurde, wandte sie sich von mir ab. Ihre Liebe flammte nur in dem Augenblick noch mal auf, als ihr selbst gekündigt wurde. Von heute auf morgen standen wir beide auf der Straße, und guter Rat war teuer.

Nun war sie an der Reihe, hinter mir her zu trotten wie ein verirrtes Lämmchen. Ein alter Freund von mir half uns fürs erste aus der Patsche. Harro wohnte in der alten Mühle in Nimburg und gestattete uns, seinen kleinen Wohnwagen zu benützen. Die Januarkälte schweißte uns ein letztes Mal aneinander. Danach ließ sie mich fallen wie eine heiße Kartoffel. Selbstmitleid und Haß trieben mich wieder zurück nach Emmendingen und schnurstracks ins Bierkonvent. Michaela hatte sich aus dem Staub gemacht, und in den Wohnwagen am Arsch der Welt wollte ich auf keinen Fall zurück.

Meine ehemaligen Kneipenbrüder zeigten mir in meiner abgerissenen Erscheinung plötzlich die kalte Schulter. Ich setzte mich auf einen Barhocker und bestellte bei Nino ein Bier und einen Schnaps. Allmählich hörte das Zittern auf, das mit jedem Tag schlimmer wurde.

✳ ✳ ✳

Die Erinnerungen waren so intensiv, daß ich tatsächlich anfing zu zittern. Ich schloß die Augen, verfluchte noch einmal Michaela und anschließend mich selbst. Eine halbe Stunde später war ich eingeschlafen.

Am nächsten Morgen machte Dr. Leuschner Visite. Erneut versuchte er in seiner mit psychologischen Tricks gespickten Fragerei, die Ernsthaftigkeit meiner Bemühungen in Frage zu stellen. In seiner gewohnten schnellen Sprechweise hielt er mir – wie auch einigen meiner Kollegen – vor, das PLK als Hotel zu mißbrauchen. Der Kerl raubte mir nicht nur meine Zuversicht, sondern langsam, aber sicher auch den Verstand. Zudem hatte ich das Gefühl, er könne mich – aus welchen Gründen auch immer – nicht leiden. »Ich weiß«, sagte er über meinen Kopf hinweg, »was Sie hinter meinem Rücken über mich erzählen, Herr Steiger! Ihre Intriganz ist so leicht zu durchschauen, daß es schon an Dummheit grenzt, was Sie hier veranstalten!«

Hätte mir zu diesem Zeitpunkt irgend jemand erklärt, daß ich diesem Mann für sein unverschämtes Auftreten einmal dankbar sein würde – ich glaube, ich hätte demjenigen auf der Stelle eine gescheuert.

Erst sehr viel später und im Verlauf der kommenden Wochen wurde mir bewußt, daß er eine Wut in mir hervorrief, die einen ungeheuren Ehrgeiz auslöste, von dem ich nicht einmal wußte, daß ich ihn so intensiv entwickeln konnte.

Doch in der gegenwärtigen Situation wünschte ich ihm die Pest an den Hals. Ohne eine Antwort abzuwarten, marschierte er mit seinem weißbekittelten Gefolge in die nächste Tür, um das Fallobst aus den Früchten seiner Arbeit zu sortieren. Die Ungewißheit, die sich in meinen Zorn auf Dr. Leuschner mischte, versuchte ich beiseite zu schieben, indem ich mich auf den Termin in der Drogenberatungsstelle konzentrierte; und das gelang mir recht gut. Tagsüber stürzte ich mich in meine Arbeit in der Schneiderei, und abends versank ich in Gespräche, die ich mit Rainer und Carsten führte. Bevor ich an diesem Abend zu Bett ging, stellte ich mich im Spielzimmer auf die Personenwaage. Als die rotierenden Ziffern nach einigem Hin- und Herpendeln stehenblieben und 65 kg anzeigten, legte ich mich zufrieden ins Bett.

Zu 54 kg Körpergewicht abgemagert und auf der Schaufel des Todes war ich vor etwas mehr als fünf Wochen ins Emmendinger Kreiskrankenhaus eingeliefert worden, und heute war ich gerade noch fünf Kilo von meinem Idealgewicht entfernt.

Wie schon so oft in der Vergangenheit dachte ich wieder über Gott nach. Nur mit dem Unterschied, daß ich mich diesmal sehr intensiv mit ihm beschäftigte. Was ich früher nie für möglich gehalten hätte, trat nun mit einer Selbstverständlichkeit ein, die ich nicht steuern konnte und wollte: Ich betete. Ich würde zwar kein Frömmler, der die ganze Zeit mit der Bibel in der Hand herumlief, aber ich spürte zu meiner Überraschung, daß der seelische Abfall in der Tiefe meiner selbst zu einer Hoffnung kompostiert wurde, die mich vorantrieb. Sogar das Gefühl, am nächsten Tag irgendwie gelenkt zu werden, brachte ich mit meinen Gebeten in Verbindung, die sich schon sehr bald erfüllen sollten. Trotz allem behielt ich meine religiösen Empfindungen zunächst für mich. Erstens wußte ich nicht, wie die Psychologen darauf reagieren würden, und zweitens mußte ich mir eingestehen, daß ich auf diesem Gebiet noch ein wenig umherirrte. Aber auch jetzt, auf meinem Weg zur Drogenberatungsstelle, wurde ich das Gefühl nicht los, daß alles gutgehen würde.

Die Drogenberatungsstelle lag im ersten Stock an der Idiotenrennbahn, direkt über der Alten Münz – einer reinen Bierkneipe. Ich schmunzelte ein bißchen darüber und stieg die Holztreppe hoch. Ein wenig nervös klopfte ich an die erstbeste geschlossene Tür und wurde auch sofort hereingebeten. Zaghaft schloß ich die Tür hinter mir und ging mit steifen Schritten auf einen Schreibtisch zu, hinter dem eine dezent geschminkte Frau saß. Himmelblaue Augen in einem freundlich hellen Gesicht verliehen ihr eine zeitlose Schönheit. Noch bevor sie eine Frage stellen konnte, versuchte ich ihr Alter zu schätzen, kam dabei aber zu keinem Ergebnis. Ihr Lächeln war das Lächeln einer Frau, die das Glück im Detail begriffen hatte. Sie schlug das Buch zu, in dem sie eben noch studiert hatte, und fragte, während sie es zur Seite schob: »Möchten Sie zu mir?« Ich schluckte angesichts dieser attraktiven Frau meinen Kloß im Hals nach unten und antwortete: »Wenn Sie Frau Harnasch sind, ja, dann möchte ich zu Ihnen!«

Kaum hatte ich den einen Kloß nach unten befördert, da bildete sich schon der nächste, als sie sich erhob und entgegnete: »Mein Name ist Weichenberger, und Sie müssen der Herr Steiger sein. Frau Harnasch hat leider noch ein Gespräch in ihrem Büro, aber sie wird gleich fertig sein – es kann nicht mehr lange dauern.« Meine Augen klebten förmlich an der aufregenden Figur von Frau Weichenberger, die mich jetzt auf den Flur hinaus begleitete. Mitten im Flur blieb sie vor ein paar leeren Stühlen stehen und sagte: »Setzen Sie sich bitte! Ich geh mal schnell zu ihr rein und sage ihr, daß Sie da sind!«

Ich malte mir gerade die Fragen aus, die mir wohl Frau Harnasch stellen würde, als die Tür zu ihrem Büro aufging und ein älterer Herr mit rotem Trinkergesicht den Flur betrat. Hinter ihm ging Frau Weichenberger, und wieder zog es meinen Blick auf ihre Beine. Sie lächelte mir im Vorübergehen noch mal zu, dann verschwand sie wieder in ihrem Büro, in dem es angenehm nach Parfüm duftete.

Ungefähr vier Herzschläge später forderte mich eine helle Frauenstimme auf einzutreten. Das Büro von Frau Harnasch war eine gemütliche Kombination aus Arbeitsplatz und Sprechzimmer mit Topfpflanzen und vielen Büchern in den Regalen.

Sie selbst war eine hochgeschlossene Frau, die mich mit ruhigen Augen ansah und mich freundlich Platz zu nehmen bat. Nachdem sie sich vorgestellt hatte, sprachen wir zunächst über Emmendingen. Dabei sprach sie mit einer ruhigen fließenden Stimme. Sie drückte sich auch nicht so gewählt aus, wie ich es erwartet hatte, sondern es gelang ihr innerhalb kürzester Zeit, mit lockeren Worten eine Vertrauensbasis zu schaffen. Nach der Eröffnung kam sie auf meine Kindheit zu sprechen, und ihre Fragen faßten wie ein gut geöltes Zahnrad in meine Erinnerungen. Während ich drauflosplauderte, suchte ich ständig Blickkontakt zu Frau Harnasch, die sich mit schneller Hand eifrig ein paar Notizen auf einem großen Schreibblock machte. Ab und zu unterbrach sie mich freundlich, um einige Punkte zu diskutieren, die sie für wichtig hielt. Ich hatte den Eindruck, mich aus einer Beklemmung zu befreien, die sich mit den Jahren fest in meinem Herzen verankert hatte. Auf meiner Rückschau gab es einige Stolpersteine, die wir gemeinsam an den Rand der ungelösten Probleme wälzten. Dadurch schufen wir eine freie Bahn durch meinen Lebensweg, vor dessen Hindernissen ich manchmal zurückscheute. Es kostete mich zum Beispiel erhebliche Mühe, über den Scherbenhaufen meiner gescheiterten Ehe zu schreiten, ohne mich dabei zu schneiden. Erst als ich die Scherben genau untersuchte, fand ich heraus, was ich an meiner Ex-Frau verloren hatte und was für ein egoistischer Idiot ich gewesen war. Tief in mir drin hielt ich noch immer das Bild meiner Frau im Herzen, von dem mir nur noch der Rahmen geblieben war. Der Faden meiner Erzählungen wob sich nach einer Stunde zu einem Kleid zusammen, dessen grauer Grundstoff zahlreiche häßliche Verfärbungen aufwies. Der Weg meiner Erinnerungen mündete in eine Serpentine, die mit jedem Meter, den ich ging, steiniger wurde. Dennoch gelang es mir, meine Erlebnisse chronologisch zusammenzufassen.

Zurück im PLK wurde ich Zeuge höchster Aufregung. Meine Mitpatienten saßen oder standen im Fernsehsaal und diskutierten lautstark miteinander.

Meine Depressionen waren plötzlich wie weggeblasen. Von Neugierde und einer unerklärlichen Angst gepackt, erkundigte ich mich bei Rainer über die Ursache der heftigen Wortgefechte. Empört erklärte er mir, daß Dr. Leuschner eine Auslese unter den Patienten vorgenommen hatte. Demnach wurden die Leute rausgeschmissen, die seiner Meinung nach entweder Simulanten oder Unruhestifter waren.

Unter anderem ließ der Herr Doktor verlauten, daß sich keiner sicher fühlen konnte, der gegen ihn arbeitete. Überflüssigerweise ordnete der Halbgott in Weiß strengste Kontrollen an – und wehe dem, der beim Müßiggang erwischt wurde.

Meine Ängste verschwanden in dem Moment, als einer der Pfleger mir seine Hilfe beim Umziehen in ein anderes Zimmer anbot. Meine neue Unterkunft war etwas freundlicher eingerichtet. Anstelle eines Krankenbetts konnte ich nun mein schweres Gipsbein in eine Schlafstätte aus Holz legen. Erneut teilte ich ein Zimmer mit zwei meiner Mitpatienten, mit denen ich Gott sei Dank gut auskam. Erleichtert stellte ich nach der ersten Nacht fest, daß keiner von beiden schnarchte – das war bei meinem noch immer nervösen Schlaf ein wahrer Segen.

Die Arbeit in der Schneiderei am folgenden Tag ging mir, beflügelt vom Gespräch mit Frau Harnasch, sehr leicht von der Hand. Die Hoffnung, die sie mir beim Abschied mit auf den Weg gegeben hatte, löste einen ungeheuren Tatendrang in mir aus. Sie hatte sich sehr zuversichtlich gezeigt, was den Sozialbericht für die LVA anging. Nach der Begrüßung am nächsten Tag begann unser Gesprächstermin wie schon vorgestern ziemlich ungezwungen. Ich war auch nicht mehr so verkrampft wie noch zwei Tage zuvor. Locker saß ich im Besuchersessel und nahm den Faden meiner Erinnerungen wieder auf.

* * *

Wie jeden Tag saß ich im Bierkonvent und starrte in mein Glas.
»Mir wurde eben gesagt, daß du der Bruder vom Wolfgang bist! Stimmt das, oder haben mich die Kerle eben verarscht?«
Noch bevor ich wußte, wie mir geschah, hörte ich aus einer Ecke der Kneipe einen Burschen rüberschreien: »He Schwanenhals, paß auf deine Federn auf, der Säufer hat mittlerweile Flöhe und Wanzen am Ranzen, ha ha!«
Unwillkürlich erblickte ich einen wirklich langen schlanken Hals, dessen Kopf sich jetzt zu dem Brüllaffen drehte und zurückfauchte: »Du solltest vor deiner eigenen Türe kehren, du dumme Sau! Das sieht doch ein Blinder, daß dieser Mann hier krank ist! Hast

du dich schon einmal auf deinen Geisteszustand untersuchen lassen, du blöder Schwätzer? Und jetzt leck mich am Arsch und laß mich in Ruhe, bevor ich dir in die Eier trete!«

Es verblüffte mich nicht nur, daß der Kerl tatsächlich sein Maul hielt, sondern ich war vom Verhalten des blonden Mädchens auch so beeindruckt, daß es mir im wahrsten Sinne des Wortes die Sprache verschlug. Als ob nichts geschehen wäre, wiederholte sie ihre Frage und bestellte zu allem hin bei Nino ein Bier für mich. Neben den Bemühungen, meine Fassung wiederzufinden, erklärte ich ihr ein wenig stotternd, daß ich wirklich der Bruder von Wolfgang war. Als ob es selbstverständlich für sie wäre, sich mit einem abgesoffenem Wrack zu unterhalten, erzählte sie, was ihr auf den Nägeln brannte. Sie hatte ihn vor ein paar Tagen kennengelernt und sich in ihn verliebt. Um halb neun wollten sie sich hier im Bierkonvent treffen. Enttäuscht und schimpfend hielt sie mir ihre schmale Armbanduhr unter die Nase und fragte, ob er immer so unzuverlässig wäre. Ich habe ihn schon lange nicht mehr zu Gesicht bekommen, erklärte ich ihr. Außerdem tat es mir leid, sie so fluchen und schimpfen zu hören. Im Laufe des Abends ergab es sich von selbst, daß Wolfgang trotz aller Verliebtheit zur Nebensache wurde. Langsam und ohne Mitleid zu erregen, erzählte ich ihr von meinem allmählichen Niedergang.

Ich beobachtete sie, wie ihr ab und zu der schön geschwungene Mund offenstand. Über hohen Wangenknochen blickten ihre blauen Augen traurig in mein aufgeschwemmtes Gesicht. Der hellblaue, selbstgestrickte Pullover reichte ihr ein paar Zentimeter über die breiten Hüften. Die aufregend langen Beine hatte sie in ausgewaschene dunkelblaue Jeans gezwängt. Ich wunderte mich, wie man so viel reden konnte, ohne Atem zu schöpfen. Als ob ihr im nächsten Augenblick das Sprechen verboten würde, strömten ständig neue gewaltige Wassermassen aus ihrem Redefluß, den tiefen Wasserfall hinunter.

Anita scherte fast sämtliche Männer über den Kamm ihres geplatzten Rendezvous mit meinem Bruder und bedauerte gleichzeitig meinen erbärmlichen Zustand. Ich wußte nicht, welche Instinkte in ihr geweckt wurden; jedenfalls wollte sie mich am nächsten Tag wiedersehen.

Ich war mir auch nicht im klaren, ob ich nun verliebt war. Keine Frage: Das Mädchen hatte mir durch seinen selbstbewußten Auftritt sehr imponiert; dennoch konnte ich mir keinen Reim darauf machen, was sie in mir sah oder an mir fand. Meine Stelle als Diskjockey hatte ich schon länger verloren, und ohne Wohnung und ohne Hoffnung trank ich immer mehr. Ich war wahrlich kein schöner Anblick ...

Die Nacht verbrachte ich beim »Bierkonvent-Opa«, einem einsamen, alten Mann, der seine Tage im Bierkonvent verbrachte, wo ich mit ihm ins Gespräch gekommen war. Uns verband die Einsamkeit und der gegenseitige Nutzen: Er konnte mir ein Bett für die Nacht bieten, und dafür kaufte ich für ihn ein und half ihm bei den Verrichtungen, die ihm allein zu schwer wurden.

Wir trafen uns im Gasthaus Zum Bürkle. Endlich zeigte sich der Mai an diesem Tag von seiner schönen Seite. Fast überall roch es – vermischt mit Abgasen – nach frischer Erde, treibenden Blüten und ausschlagenden Bäumen. Auch ohne in ihren Gesang miteinzustimmen, teilte ich meine Aufregung und Freude an diesem Nachmittag mit den Vögeln. Anita, die einen Jeans-Minirock trug, konnte ihre Überraschung hinsichtlich meines Aussehens kaum verbergen. Etwas umständlich, aber dennoch gründlich, hatte ich mir heute morgen mit Opas altem Naßrasierer das Gestrüpp aus dem Gesicht entfernt. Meine langen Haare fanden, nachdem ich sie zweimal gewaschen hatte, zur gewohnten gepflegten Form zurück. Nur mein Gesicht ließ zu wünschen übrig. Ein wenig unsicher blickte ihr der Spiegel meiner Seele in die schönen Augen. Die übelriechende Rumfahne war die Quittung der Nervenmassage, die ich an diesem Morgen als erstes durchgeführt hatte.

Nachdem sie mich zu meiner Verblüffung auf die Wange geküßt

hatte, knüpfte sie an den gestrigen Abend an, indem sie ununter-
brochen redete. Hauptgegenstand ihrer Verärgerung war das ge-
platzte Meeting mit meinem Bruder. Sie ließ nicht ein gutes Haar
an ihm. Angestrengt versuchte ich sie vom Thema abzulenken,
und das gelang mir auch. Völlig unerwartet schlug sie mir vor,
abends mit ihr auszugehen – beinahe hätte ich mich an meinem
Bier verschluckt. Sie wäre schon seit langem in keiner Disco mehr
gewesen und wollte sich mit mir im Starlight amüsieren, einer
supermodernen Disco mit Lasershow und allem Drum und Dran.
Da war nur noch mein Outfit. »Deine Jeans sind in Ordnung! Was
du brauchst, ist eine salonfähige Oberbekleidung, und damit hat
sich's!«

Eifrig befahl sie mir mehr oder weniger zu warten, während sie
nach Hause ging, um etwas Passendes für mich zu suchen. Nach
einer Stunde kehrte sie mit einer Plastiktüte zurück, in der sich
ein cremefarbenes Sweatshirt und ein noch gut erhaltenes Sakko
befanden.

Angeschoben von ihrem Willen ließ ich mich einfach treiben. Ich
zog mir auf der Toilette die Klamotten an und unterwarf mich
ihren weiteren Wünschen. Meine Lederjacke stopfte ich in die
Tüte; das miefige Hemd dagegen verstaute ich hinter einer Toi-
lettenschüssel. Der Abend im Starlight begann recht vielverspre-
chend. Anita erzählte nicht ohne Stolz, daß sie 1963 in
Niagara-Falls geboren wurde und im Alter von sieben Jahren wieder mit ihren Eltern nach Deutschland zurückgekehrt war, nachdem sich ihre Eltern scheiden ließen. Seither lebte sie mit ihrer
Schwester Christine bei ihrer Mutter, die sich mit einem Gerichts-
beamten neu verheiratet hatte.

Ab und zu trafen sich unsere Hände auf dem glatten warmen Holz
des Bartresens zu knisterndem Hautkontakt. Das eine oder andere
Mal streichelte ich sogar ihre Wangen. Ich vermied es aber, sie zu
küssen. Meine Alkoholfahne wurde immer schlimmer. Um zwei
Uhr morgens begleitete ich sie nach Hause. Sie wohnte noch in

einem Dachzimmer im Haus des Stiefvaters und ihrer Mutter. »Wo gehst du jetzt hin?« sagte sie und drehte sich in meine Richtung, nachdem sie die Haustür aufgeschlossen hatte. Ich stand ungefähr vier Meter unterhalb der Treppe, von der sie mich fragend anschaute. Ich überlegte, ob ich ihr die Wahrheit sagen sollte; schließlich antwortete ich zögernd: »Du kennst doch den alten Mann, der jeden Tag im Bierkonvent sitzt?«

»Ja natürlich! Was ist mit dem?«

»Ich hab schon ein paar Mal bei ihm übernachtet und hoffe, daß ich ihn aus dem Bett kriege!«

»Viel Glück!« entgegnete sie und wollte gerade ins Haus schlüpfen. Ich mußte es jetzt einfach loswerden. »Anita!« Langsam drehte sie sich noch einmal um. »Ja, was ist?«

»Ich danke dir!«

»Wofür willst dich bedanken?«

»Dafür, daß du den Abend mit mir verbracht hast! Weißt du, was schön wäre?«

»Was denn?«

»Wenn du ab und zu an mich denken würdest!« Sie überlegte einen Augenblick, dann sagte sie leise: »Ich habe schon in der ersten Nacht an dich denken müssen, deshalb bin ich auch mit dir ausgegangen. Und noch was.«

»Kommt jetzt was Schlimmes?« fragte ich ein bißchen ängstlich.

»Nein«, erwiderte sie und lächelte, »ich will nur nicht, daß du dich für etwas bedankst, was in meinem Herzen selbstverständlich ist! Gute Nacht, Tommy!«

Es regnete die ganze Nacht. Ich lag in der Wärme meines Schlafsacks im Dickicht wildwachsender Sträucher und grübelte und grübelte. Wahrscheinlich würde ich noch immer vergebens an Opas Haustür klingeln, wenn ich es nicht nach einer halben Stunde nicht vorgezogen hätte, im Freien zu schlafen.

Die Grübeleien führten mich Gott sei Dank zu einer Strategie, wie ich mich aus dem Netz der Hoffnungslosigkeit befreien konnte.

Am nächsten Tag marschierte ich nachmittags aus dem Bierkonvent direkt zu meiner Mutter, die meine Arbeitslosenunterstützung für mich in Empfang nahm. Ihre gutgemeinten Ratschläge paßten nur bedingt in mein Vorhaben. Ich schwitzte wie ein Gleisarbeiter, als ich auf wackligen Beinen zwei Kästen Bier und eine Tüte mit Schnaps und Wein im Kofferraum des Taxis verstaute, das vorschriftsmäßig auf dem Parkplatz vor dem Supermarkt parkte. Ich ließ mich zu der zweiten Adresse fahren, die mir noch geblieben war: Werner Frei, mit Spitznamen »Freibier-Werner«, war ein entfernter Verwandter mütterlicherseits, der soff, was das Zeug hielt. Für einen Kasten Bier hatte er mich früher schon in seiner Wohnung übernachten lassen. Erst nach einem Blick in den Kofferraum gestattete mir Werner den Zutritt in seine Wohnung. Für die nächsten fünf Wochen würde er mich aufnehmen.

Das Pfefferminzbonbon, auf dem ich nervös herumlutschte, erschien mir mit der Zeit verdächtiger, als mir lieb war. Frisch gewaschen und rasiert stand ich im Büro der Personalchefin, in dem es nach Kaffee und Akten roch.

»Sie sind also bereit, für acht Mark die Stunde zu arbeiten?« Guck mich nicht so schamlos an, du blöde Gans, dachte ich und antwortete: »Lieber acht Mark in der Stunde als gar nichts!«

»Sie werden hart zupacken müssen, Herr Steiger!« sagte sie hochnäsig.

»Das ist mir egal, Hauptsache, ich habe einen Job!« Ohne mich auch nur noch eines Blickes zu würdigen, begleitete sie mich hinaus. »Seien Sie pünktlich! Wo müssen Sie sich melden?« Ich kam mir vor wie ein Schulanfänger, blieb aber dennoch freundlich. »In der Papierverwertung bei Herrn Kerbel!«

Obwohl mir vor der bevorstehenden Plackerei grauste, feierte ich am Abend mit Werner und viel Bier den Erfolg meiner Bemühungen. Aufgeregt rief ich bei Anita zu Hause an, und vier Flaschen Bier später saß sie neben mir auf dem Sofa in Werners Wohnzimmer. Es war Freitagabend, und sie beschloß, mit Werners Einverständnis, das kommende Wochenende mit mir zu verbringen. Die erste Nacht, die wir zusammen in einem Bett verbrachten, war alles andere, als eine segensreiche Erfüllung. Nur mit allen erdenklichen Raffinessen brachte ich sie dazu, meine Erregung in einem ausgiebigen Petting zu teilen. Ich staunte selbst darüber, daß ich trotz des immensen Alkoholkonsums überhaupt einen hochbekam.

Nur mit der Unterhose bekleidet, schlich ich am frühen Morgen auf Zehenspitzen aufs Klo, um meine Galle zu begrüßen. Anschließend trank ich innerhalb einer Minute eine Flasche Bier, um meine Nerven zu beruhigen. Ich wollte nicht, daß mich Anita in diesem Zustand sah, deshalb bewegte ich mich so leise und vorsichtig wie möglich.

An diesem Wochenende vertiefte sich unsere Beziehung zu einer Art Liebe auf Bewährung. Über die Auflagen informierte sie mich am Sonntagabend. Ich hatte sie nach Hause gebracht und stand neben ihr auf der Treppe vor der Haustür. »Deine Trinkerei gefällt mir ganz und gar nicht!« sagte sie und griff mir an die Schulter. »Bis jetzt habe ich es mit Verständnis für deine Situation versucht, aber wenn es was mit uns werden soll, mußt du aufhören, dich kaputtzumachen; versprichst du mir das?« Ich küßte sie auf die Wange und erklärte wahrheitsgemäß: »Ich will es versuchen! Morgen muß ich zur Arbeit, und danach werde ich weitersehen. Ich hoffe nur, daß ich ganz schnell ein Zimmer finden werde, denn das bei Werner ist nur ein Übergang zu besseren Zeiten. Ich tu, was ich kann, und ich versprech dir, mich zu ändern!«

Es sollte leider nur bei dem Versprechen bleiben. Am nächsten Morgen quälten mich in aller Herrgottsfrühe die Entzugserscheinungen. Mit drei Flaschen Bier und einer halben Pulle Wein im Blut erschien ich pünktlich und mit einer übelriechenden Fahne am Arbeitsplatz, so daß meine Kollegen die Nasen krauszogen. Was ich dann erlebte, ließ mir das Wasser im Arsch kochen. Zusammen mit einem noch jungen Schnösel, der mich hin und her hetzte, lud ich verschnürte Zeitschriften vom Anhänger eines Lastzuges. Ein Päckchen nach dem anderen warf ich auf ein großes Förderband, an dem Frauen in Schürzen standen, um sie aufzuschneiden und zu sortieren. Ich konnte mich nicht daran erinnern, jemals so permanent geschwitzt zu haben wie in dieser stickigen Halle, auf deren Dach die Sonne knallte. Der Intelligenzquotient meines Kollegen war dem Inhalt der Zeitschriften angemessen, die nach zwei Stunden so schwer wurden, daß ich befürchtete zusammenzubrechen. In der Pose eines Sklaventreibers ließ er nicht einen Moment aus, mich zu drangsalieren. Während er ab und zu in einem Pornoheft blätterte, mußte der Neue herhalten, wo es nur ging. Ich dachte an Anita und versuchte meine Wut auszuschwitzen. Nach der Mittagpause und nach zwei Flaschen Bier mußte ich unter den wachsamen Augen von Herrn Kerbel zentnerschwere gepreßte Stoffballen auf die Ladepritsche eines Lastwagens laden.

Ich hatte die größte Lust, gleich nach der Feierabendsirene an dem Ort liegenzubleiben, an dem ich gerade stand. Anita holte mich vor dem Firmentor ab und war entsetzt über meinen körperlichen Zustand. Kreidebleich mit blutunterlaufenen Augen und schwachen Beinen machte ich mich auf den Weg zu Werners Wohnung. Die folgenden zwei Wochen hielt mich nur das Versprechen aufrecht, das ich Anita gegeben hatte. Die Schinderei wäre vielleicht auch noch in den drei Wochen auszuhalten gewesen, wenn da nicht mein Kollege gewesen wäre, der mir herablassend befahl, den Ladehänger auszufegen. »Hör mal, soviel ich weiß, bist du heute dran mit Besenschwingen!« Er sah mich blöd an, bohrte in der Nase und hob seine Stimme: »Ich hab dir gesagt, du sollst den Dreck hier zusammenkehren und mir keine blöden Fragen stellen! Habe ich mich klar genug ausgedrückt?«

Ich riß mich, so gut ich konnte, zusammen, entgegnete aber mit gedämpftem Zorn: »Du solltest dir mal einen anderen Ton zulegen, sonst lernst du mich kennen!«

»Glaubst du vielleicht, ich laß mir von einem Saufbeutel wie dir drohen?« zischte er und rülpste die Kohlensäure der Cola hinaus, an der er eben noch gesogen hatte. In Bruchteilen von Sekunden wurde mir klar, daß er mir jedes weitere Wort als Schwäche oder Feigheit auslegen würde. Die Dynamitstangen, die ich mir in den letzten drei Wochen zugelegt hatte, explodierten. Bevor er noch ein Wort sagen konnte, war ich mit einem Satz bei ihm und schlug ihm mit solcher Wut die Faust in den Magen, daß ihm die Cola wieder hochkam und auf mein T-Shirt spritzte. Nach etlichen Schlägen in sein schmerzverzerrtes Gesicht marschierte ich schnurstracks ins Büro und ließ mir meinen kümmerlichen Lohn auszahlen. Ich hatte die Nase gestrichen voll von diesem Scheißladen. Fünfzehn Minuten später saß ich in der Ramie-Kantine und ließ mich vollaufen.

Entgegen meiner Befürchtungen reagierte Anita eher verständnisvoll. Weit davon entfernt, mir Vorwürfe zu machen, saß sie zwei Tage nach meinem exzessiven Besäufnis neben mir auf der Couch in Werners Wohnzimmer.

Werner hingegen wurde es in seinen eigenen vier Wänden zu eng. Ohne mir in die Augen zu schauen, erklärte er mir den Rausschmiß. Er wandte sich wie eine Blindschleiche, als er zum Schlußakkord ansetzte. »Es ... es tut mir wirklich leid, Tommy, aber ich ... ich hab ohnehin schon genug Probleme und für mich ist es ... «

»Nun mach dir nicht gleich in die Hosen, Werner!« würgte ich seinen Satz ab. Anschließend nahm ich Anita an der Hand und erhob mich. »Du hast schon so viel für mich getan, daß du dich nicht rechtfertigen mußt.« Fast weinerlich gab er Anita und mir die Hand, und eine Minute später gingen wir beide schweigend hinaus zum Bierkonvent.

Auf dem Weg vom Bierkonvent zu Opas Wohnung wurde ich zusammengeschlagen. Meine vom Alkohol benebelten Gedanken waren mit Anitas tröstenden Worten beschäftigt, die sich schon vor Stunden auf den Nachhauseweg gemacht hatte.

Ich hatte den Kerl noch nie gesehen, der mir von hinten mit solcher Wucht die Faust aufs Ohr schlug, daß ich das Gleichgewicht verlor und zu Boden stürzte. Nachdem er mich mit zahlreichen Schlägen eingedeckt hatte, zog er mich nach oben, ganz nah vor sein schmales Pferdegesicht. Bevor er mir ins Gesicht spuckte, sagte er fast flüsternd: »So du Schwein, das war dafür, daß du Michaela eine Hure genannt hast!« So führte sich also der neue Liebhaber der Frau bei mir ein, der ich meinen sozialen Absturz zu verdanken hatte. Ihre Forderungen und ihre ewige Unzufriedenheit hatten erst mich und dann sie den Arbeitsplatz und damit auch die Wohnung gekostet. Jetzt stieß er mich in eine Hecke und lief auf schnellen Beinen davon. Sekunden später hörte ich eine Autotür zuschlagen und gleich darauf das Aufheulen eines Motors.

Die Tränen, die ich weinte, nahm ich erst wahr, als ich in Opas Küche saß und mich an einer Flasche Rum festhielt. All die gutgemeinten Ratschläge von Anita, all ihre Mühen, mich wieder aufzurichten, waren mit einem Mal wie weggeblasen. Das dauernde Geschimpfe des alten Mannes beschleunigte meinen moralischen Sturz noch. Auch heute kann ich nicht mehr mit Bestimmtheit sagen, ob ich mir die Gründe für mein Verschwinden nur eingeredet hatte. Ich erinnere mich daran, daß mir schmerzhaft klar wurde, zu was für einem Menschen ich mich verwandelt hatte. Die Philosophie, die ich mit in meiner Anklage gegen die Gesellschaft zusammenspann, wies sämtliche Schuld weit von mir und bestimmte ab sofort mein Denken und Handeln. Hinzu kam die quälende Sucht nach Alkohol. Die Entzugserscheinungen wurden von Tag zu Tag immer heftiger. Zum Teil zeigten sie sich so schlimm, daß ich schon nach zwei Stunden Abstinenz anfing, wie Espenlaub zu zittern.

In dem nahegelegenen Park, der die Stadtteile Bürkle und Bleiche trennt, holte ich am nächsten Tag meinen Schlafsack aus seinem

Versteck und machte mich auf den langen Marsch nach Freiburg. Während auf der B3 die Autos an mir vorbeifuhren, machte ich mir Vorwürfe, mich feige davongeschlichen zu haben. Nach zweieinhalb Stunden erreichte ich mit schmerzenden Füßen Freiburg-Zähringen. Im selben Gasthaus, in dem ich fünf Jahre zuvor ab und zu meine Mittagspausen verbracht hatte, trank ich ein Bier und einen Schnaps. Danach ging ich, müde geworden, auf die Innenstadt zu. Das Geld, so rechnete ich, würde, wenn ich sparsam lebte, gerade ausreichen.

Meine Ansprüche hatten sich in den letzten Monaten sowieso wie von selbst auf ein niedriges Niveau herabgeschraubt. Das einzig Wertvolle an mir war die Lederjacke, an der ich mich aber nur noch ein paar Stunden freuen konnte. Voller Wut stellte ich am Abend in irgendeiner Kneipe fest, daß man sie mir gestohlen hatte, während ich auf dem Klo war.

Bevor fleißige Hände in der Fußgängerzone die Auslegwaren wieder in die Läden verfrachteten, kaufte ich mir noch schnell eine Flasche Korn und ein paar Dosen Bier. Die Plastiktüte, in der sich der Balsam meiner Nerven befand, sollte, ohne daß ich es bemerkte, bald zum festen Bestandteil meiner Erscheinung werden. Angestrengt dachte ich in meinem betrunkenen Kopf darüber nach, wo ich übernachten sollte. In einer Kneipe am Schwabentor kam mir die Idee, mir einen Schlafplatz im Colombipark zu suchen.

Die kopflose Flucht aus Emmendingen entpuppte sich nach einigen Tagen geradezu als fester Plan. So betrachtete ich die Anonymität dieser großen Stadt als Glück im Unglück. Ein weiterer Pluspunkt war der nahende Sommer. Ausschlaggebend für meine Entwicklung zum Vollblutpenner war jedoch ein Wendepunkt in meiner Denkweise. Es fing damit an, daß ich es auf einmal genoß, für nichts und niemanden Verantwortung zu tragen. Niemand wollte etwas von mir wissen, und ich mußte keinem Rede und Antwort stehen, wie es vielleicht in Emmendingen der Fall gewesen wäre.

Sorgen und Nöte reduzierten sich auf ein Minimum, vor allem wenn genügend Schnaps in meiner Plastiktüte vorhanden war.

Die Nachteile kamen mir nur am Rande zu Bewußtsein. Meine Verwahrlosung nahm ich wahr, wie man beispielsweise den Übergang von Tag und Nacht wahrnimmt. Plötzlich entdeckte ich Dinge, die ich vor ein paar Jahren mit anderen Augen betrachtet hatte. Da, wo ich früher beim Anblick eines Penners Mitleid oder Verachtung empfunden hatte, spürte ich jetzt ein Gefühl der Verbundenheit und des Verständnisses. Jedesmal, wenn ich eine Pulle Schnaps mit einem Leidensgenossen teilte, bestätigte sich meine Anklage gegen die Gesellschaft. Aus dieser Perspektive entstand eine Feindseligkeit gegen jeden und jede, die auf mich herabschauten. Das dicke Fell, das ich mir krampfhaft zulegen wollte, verlor durch die verachtenden Blicke der Leute so viel Haare, daß ich manchmal das Gefühl hatte, nackt und schutzlos durch die Gegend zu laufen. Ich versuchte zwar, so unbekümmert wie nur möglich zu erscheinen, doch mein innerer eitler Schweinehund ließ es einfach nicht zu. Es gab Tage, da wußte ich wirklich nicht, in welchem Lager ich eigentlich zu Hause war. Verzweifelt dachte ich oft darüber nach, wo ich die Kraft hernehmen sollte, um mir selbst zu helfen. In dieser Phase kam ich mir vor wie ein Regenwurm, der mit dem Spaten in zwei Teile getrennt wurde. Der eine Teil wollte unbedingt in die schützende, sichere Erde zurück, und der andere wartete willenlos auf die Raben. Hin und wieder wurde ich von so schlimmen Depressionen heimgesucht, daß ich mir nach einem Vollrausch wünschte, nie wieder aufzuwachen. Doch der Wunsch, mich selbst zu töten, war zu dieser Zeit wie der Vollmond – so nah und doch so fern. Es waren Kleinigkeiten, die mich am Leben erhielten. Sehr oft erschien das Bild meines Sohnes in meinen düsteren Zukunftsvisionen. In solchen Momenten richtete mich die Fatamorgana auf, ihm irgendwann mal wieder als normaler Mensch vor Augen zu treten.

Mein Plan, Emmendingen den Rücken zu kehren, erfüllte sich

notgedrungen nur teilweise. In Abständen von vierzehn Tagen traf ich mich klammheimlich in der Heimatstadt mit meiner Mutter. Besorgt und ihren Kummer kaum verbergend, händigte sie mir meine Stütze aus. Danach sah ich zu, daß ich wieder wegkam.

Ich hatte nicht die geringste Ahnung, inwieweit sich mein sozialer Abstieg bereits herumgesprochen hatte. Zu Beginn meines asozialen Lebenswandels hatte ich mich ausschließlich im Stadtteil Bürkle aufgehalten. Ich wußte damals auch noch nicht, wie naiv es von mir war anzunehmen, die Leute in meiner Heimatregion hätten keine Ahnung. In der Obdachlosenszene war ich dank meiner Arbeitslosenunterstützung ein gern gesehener Bruder. Es verstand sich von selbst, daß ich meine staatliche Zuwendung verschwieg und ihnen die Hucke voll log. Die erfundene Tante, die mir aus Mitleid hin und wieder etwas zusteckte, fand genausoviel Glauben wie mein reicher Bruder und dessen Almosen. Manchmal stritten sie sich bis aufs Blut um meine Gunst und Plastiktüte. Im Freiburger Stühlingerviertel schlugen sie einen Berber einmal halb tot, weil er versucht hatte, mich zu bestehlen. Wenn die Frustration und Hoffnungslosigkeit zuviel wurde, konnten sie wegen ein paar Krümeln Tabak wie die Hyänen übereinander herfallen.

Die Entscheidung, nach Emmendingen zurückzukehren, fällte ich Anfang November in einem abbruchreifen dreistöckigen Miethaus. Ein weitgereister Tippelbruder brach ein eisernes Gesetz der Penner und trank den letzten Rest aus der Flasche des Spenders – eine Todsünde! Man hielt ihn zu dritt fest, und einer zog ihm die Scherbe eines abgebrochenen Flaschenhalses durchs Gesicht. Seine Schreie begleiteten mich, als ich, wie von Furien gehetzt, das Treppenhaus hinunter in die Nacht rannte.

Um halb drei Uhr morgens klingelte ich zitternd vor Kälte und mit unverschämter Eselsgeduld beim Bierkonventopa. Sein Fluchen und Schimpfen nahm ich dabei in Kauf; ich mußte mich unbedingt mit einem normalen Menschen unterhalten.

* * *

Ich stand am Geländer der Brücke, die Ellenbogen auf den kalten Stahl gestützt. Mein Blick folgte dem Ufer entlang bis zu den mächtigen Lindenbäumen hinter der großen Biegung. Meine Rückkehr aus Freiburg war nun fast auf den Tag genau ein Jahr her. Die vergangenen zwölf Monate waren für mich etwa so gewesen wie für einen Hamster das Laufrad. Wohin ich auch ging, der Weg führte immer wieder zurück nach unten. Die Backen vollgestopft mit Illusionen und falschen Hoffnungen, fehlte mir dennoch die Kraft, den Niedergang zu stoppen. Anita brachte das Laufrad hin und wieder zum Anhalten, damit ich ein wenig verschnaufen konnte. Sie hatte mir meine Flucht verziehen. Während das Rad stillstand, putzte und versorgte ich meine wunden Füße. Eine Schar Krähen flog dicht über dem sehr lebendigen Wasser und über meinen Kopf hinweg. Mit sicheren Flügelschlägen landeten sie auf einem Baum. Ich fühlte mich von ihnen beobachtet. Dieselben schwarzen Ungetüme hatten schon die Beerdigung meiner Oma mütterlicherseits durch ihr Gekrächze gestört. Einige Angehörige hatten sich geweigert, mir ihr Beileid auszusprechen. In all der Trauer um die Verblichene vergaß man doch nicht, mich wie einen Aussätzigen zu behandeln. Die Geschichten, die über mich erzählt wurden, häuften sich zu einem Misthaufen der Gerüchte und Verlogenheit, in dessen Gülle ich immer tiefer versank. Aus geringstem Anlaß und um sich selbst zu erheben, hieß es da unter anderem: »Das Schwein beklaut den alten Mann, bei dem er wohnt!« Andere Giftmäuler behaupteten: »Er sitzt den ganzen Tag im Bierkonvent herum und belästigt die Leute!«

Wer fragt schon einen Penner nach der Wahrheit? Einem Asozialen ist schließlich alles zuzutrauen. Woher sollte er sonst das viele Geld hernehmen, das er für seine Sauftouren braucht! Zugegeben, ich war alles andere als ein Engel. Die Zigarrenkiste, in der sich 500 Mark befanden, entdeckte ich, als ich ein Bettlaken aus dem Schrank des alten Mannes nahm. Ich habe damals keine Schuld verspürt, wenn ich mich manchmal aus der Schatztruhe bediente. Doch bevor man mich verurteilt, sollte man bedenken, daß ich es war, der für ihn einkaufen ging. Daß ich es war, der ihm den Hintern abgewischt hat, wenn er nicht mehr vom Lokus hochkam. Ich habe ihn rasiert, ihm jeden Morgen das Gesicht gewaschen und ihn manchmal sogar gefüttert.

Ein dicker Sattelschlepper ließ die Brücke vibrieren. Heftige Kopfschmerzen verdrängten meine Erinnerungen. In einem Monat war das Jahr 1984 vorüber. Die Kälte betäubte meine Schmerzen in den Rippen und im Gesicht. Es waren erst zwei Stunden vergangen, nachdem man mich zusammengeschlagen hatte. Ich entfernte das eingetrocknete Blut mit den Fingern aus meinem Schnauzbart. Die geschwollene Nase bemühte sich vergebens, die kalte Luft einzusaugen. Der Scheißkerl hatte es die ganze Zeit auf mich abgesehen. Er drückte mir einfach den Würfelbecher in die Hand und los ging's. Er betrog mich nach Strich und Faden. Meine energischen Beschwerden brachten mir letzten Endes die Prügel ein, die ich auf der Toilette bezog. Zuerst auf allen vieren, dann gebückt und anschließend so aufrecht wie möglich ging ich mit schleppendem Gang durch die Straßen.

An einem Kiosk mit Ausschank kaufte ich mir eine Flasche Weinbrand, die ich auf der Bank vor einem großen Schulgebäude halb leerte. Müde geworden, streckte ich mich auf der Bank aus. Ich lag noch keine zehn Minuten, da wurde ich auch schon von einem Hausmeister in grauem Arbeitskittel davongejagt. Am Ende meiner Kräfte saß ich zwanzig Minuten später in Opas Küche und grübelte mit benebeltem Kopf über meine nächsten Schritte nach. Die Summe der Erfahrungen auf der Liste der vergangenen 52 Wochen forderte mich erneut zur Flucht auf. Völlig im unklaren darüber, wohin ich gehen sollte, schnappte ich meinen Schlafsack. Nichts wie raus aus Emmendingen! Nichts wie weg von falschen Freunden, Pharisäern und Heuchlern.

Ich trank den letzten Tropfen aus der Weinbrandflasche und warf sie in die Fluten der Elz. Nach einem heftigen Tanz auf den Wellen des Novemberwassers trieb sie ans Ufer.

Unschlüssig drehte ich mich mit dem Rücken zum Geländer. Der Lärm der vorüberfahrenden Autos zog auf die Innenstadt zu. Der Feierabendverkehr hatte bereits abgenommen. Dichte Nebelschwaden wurden vor den Scheinwerfern sichtbar. Der alte Mantel aus Großvaters Kleiderschrank roch jetzt sehr intensiv nach Nikotin und abgestandener Körperwärme. Ein Hustenanfall weckte die betäubten Schmerzen in meinen Rippen und brachte den Kopf zum Dröhnen. Plötzlich spürte ich jeden einzelnen Schlag noch einmal. Doch statt Resignation und Angst türmte sich jetzt ein Berg Wut in mir auf. Doch die Aggressionen richteten sich gegen mich selbst. Wäre ein Außenstehender in der Nähe gewesen, hätte er einen Mann beobachten können, der sich am Brückengeländer festhielt und sich die Seele aus dem Leib schrie. »Du wirst nicht noch einmal fliehen, du verfluchte feige Sau! Es ist doch völlig scheißegal, wo du am Alkohol verrecken wirst! Schau dich an und sieh, was aus dir geworden ist! Kotz dir selbst ins Gesicht, wenn du dazu noch die Kraft hast! Jaaa, von mir aus, fang wieder an zu flennen, du mieser verlauster, verwahrloster Penner. Heul dir die Pisse aus deinem dreckigen Charakter, du Schwein!«

Der Mann hörte auf zu schreien. Aber jetzt schlug er auf sich selbst ein. Erst als Blut aus seiner Nase spritzte, beendete er die Selbstzüchtigung und rang nach Atem. Stockbesoffen, aber dennoch mit allen fünf Sinnen, beschloß ich in dieser Nacht, den Friedhof und den dahinterliegenden Schaukelwald nachts zu meiner zweiten Bleibe zu machen. Die Stadtmitte und die Unterstadt mied ich wie der Teufel das Kruzifix. Am Tage lungerte ich – ich konnte es einfach nicht lassen – im Bierkonvent herum und nachts, wenn ich fast nicht mehr laufen konnte, übernachtete ich beim Opa.

Allein Anita war es zu verdanken, daß ich in den nächsten Monaten für kurze Zeit den Penner an den Nagel hing. Ich achtete wieder auf mein Äußeres. Sehr selten ging ich ungewaschen aus dem Haus. Der Hausmeister in Opas Wohnblock erlaubte meine Anwesenheit, und alles sprach dafür, daß es aufwärtsgehen könnte. Ich lebte in den Tag hinein und ließ den Herrgott einen guten Mann sein. Die Sozialhilfe, die ich mittlerweile bezog, reichte zwar hinten und vorne nicht, doch mit den Zuwendungen, die ich von Opa bekam, konnte ich trotz allem gut leben. Mein Frieden wurde nur gestört, wenn Anita mich aufforderte, arbeiten zu gehen. Manchmal fing sie deshalb sogar mitten in der Kneipe mit mir Streit an.

Anfang September 1985 eskalierte solch ein Streit zu einer Katastrophe – jedenfalls für mich. Der neue Pächter, der mittlerweile das Bierkonvent regierte, erteilte uns beiden nach einem hitzigen Wortgefecht absolutes Lokalverbot. Draußen auf der Straße trieb die heftige Auseinandersetzung ihrem Höhepunkt entgegen. »Ich habe es satt, mit einem Mann zusammenzusein, dem das Leben am Arsch vorbeigeht!« schrie sie, der Hysterie nahe. Ich versuchte mit viel Willenskraft, Ruhe zu bewahren. »Nun hör endlich auf, hier mitten auf der Straße rumzuschreien! Ich werde schon wieder hochkommen. Alles braucht eben seine Zeit, und jetzt beruhige dich!«

»Ich will mich aber nicht beruhigen!« tobte sie weiter. »Ich kann deine Ausreden schon lange nicht mehr hören, sie hängen mir zum Hals raus, mein Freund! Die ganze Zeit hast du mich nur hingehalten, und ich blöde Kuh habe dir auch noch geglaubt! Was hast du in all der Zeit für uns beide getan? Ich will es dir sagen ... nichts, nicht das Geringste!«

»Nun bleib aber auf dem ...«

»Halt deinen Mund und hör mir zu! Ich bin am Ende, verstehst du! Ich kann dir nicht alles vergeben und verzeihen. Den ganzen Tag hängst du nur in dieser Scheißkneipe rum und besäufst dich. Es gibt Tage, da weiß ich nicht einmal, wo du bist! Ich bin es leid, mir ständig Sorgen um dich zu machen. Lieber bleibe ich alleine, als dieses Schmierentheater noch länger mitzumachen. Warum, verdammt noch mal, bist du nicht arbeiten gegangen? Du hast es mir immer wieder versprochen, und was ist dabei herausgekommen? Luft, nichts als Luft!«

Mit fahrigen Händen zündete sie sich eine Zigarette an und inhalierte mit tiefen Zügen. Jedes einzelne Wort entsprach den Tatsachen. Es gab nichts, was ich ihr entgegensetzen konnte. Jetzt sah sie mir fest in die Augen. Noch nie habe ich so viel Entschlossenheit im Gesicht einer Frau gesehen.

Der Zug war abgefahren. Die Angst, sie endgültig zu verlieren, rüttelte an meinen Worten: »Willst du die Wahrheit hören, bevor du gehst?« Sie zertrat ihre Zigarettenkippe und erwiderte: »Mit dem Kopf in der Schlinge ist die Wahrheit auch nicht mehr viel wert!« Ich holte tief Luft, schloß die Augen und sagte: »Ich kann ohne Alkohol nicht mehr leben. Jeder Wille, was Neues aufzubauen, ist abgestorben. Ich stecke zu tief drin, um mich selbst zu befreien. Mein Nervensystem geht vor die Hunde. Ohne Alkohol kann ich nicht einmal mehr klar denken. Depressionen und Ängste verschwinden mit jedem Schluck Schnaps – es ist ein Teufelskreis. Wie hätte ich dir das jemals sagen können? Der Anblick, wie ich morgens aufwache, ist dir stets erspart geblieben. Es ist die Hölle! Ich halte die Flasche mit beiden Händen fest und kann nicht einmal bis drei zählen, bevor mein Kopf befreit ist. Ich kann nicht von dir verlangen, daß du das alles verstehst; ich begreif's ja selber nicht. Ich verlange auch nicht mehr, daß du mir verzeihst; gerade jetzt wäre es lächerlich. Aber ich wünschte, du könntest die Schuld nicht nur bei mir sehen. Vielleicht gelingt es dir, den Zorn wegzulassen, wenn du irgendwann an mich zurückdenkst. Ansonsten wünsche ich dir alles Gute!« Sie schlug den Kragen ihrer Jacke hoch, blickte auf den Gehsteig und suchte nach Worten. Seit ich sie kannte, war es das erste Mal, daß sie lange überlegen mußte, bevor sie sprach. »Weißt du, was das Schlimme an dir ist?« »Ich nehme an, daß ich ein Minusmann bin!«

»Nein, ich wünschte, du wärst weniger zärtlich zu mir gewesen, denn das ist das einzige, was ich an dir vermissen werde. Der, der deine Nachfolge antritt, wird es nicht leicht haben, das kann ich dir flüstern. Das Dumme an der Sache ist meine Liebe zu dir; aber was soll's! Was hast du jetzt vor?«

Um Fassung bemüht, suchte ich nun ebenfalls nach Worten. »Obwohl ich mir geschworen habe, nie wieder zu fliehen, werde ich mich von Emmendingen absetzen. Mal sehen, wie weit ich komme. Bald ist Winter. Vielleicht kann mir das Sozialamt ein Zimmer etwas außerhalb besorgen. Was dem einen recht ist, kann mir nur billig sein.«

15 Stunden nach dem filmreifen Abschied saß ich auf dem Sozialamt in Gregorowskys Büro. Aufmerksam hörte ich der Stimme von oben zu, die mir erklärte, ich solle mich im Hotel Schwanen in Teningen melden. Ab und zu machte die ärgerliche Stimme einem seufzenden Schnauben Platz. Ein Teil meines Wunsches hatte sich somit erfüllt. Emmendingen und Teningen liegen zwar so dicht beieinander, daß sie sich berühren, aber das störte mich herzlich wenig. Das Sozialamt übernahm die Miete des kleinen Zimmers, in das ich noch am selben Tag gegen Abend mit einer Flasche Jim Beam einzog. Das Elzstüble in Teningen war ein hervorragender Ersatz für das Bierkonvent. Schnell war ich Stammgast geworden.

Der Hotelbesitzer, der diktatorisch alles überwachte, war ein mit sich selbst unzufriedener Mann Ende Vierzig. Ein Typ, der sich auf die Zunge biß, wenn er – was selten genug vorkam – einmal lächelte.

Die Trennung von Anita hob meinen Alkoholkonsum in schwindelerregende Höhen. Mein Magen fing mit der Zeit an zu rebellieren. Sehr oft kam es jetzt vor, daß er die Nahrung wieder nach oben beförderte. Es gab Wochen, da aß ich zwei oder drei Tage überhaupt nichts. Anfang Dezember machten sich die ersten Herzstiche bemerkbar; doch ich schenkte ihnen nicht die Beachtung, die sie verdient hätten. Zudem rauchte ich wie ein Schlot im Ruhrgebiet. Aus der finanziellen Not heraus begann ich wie ein Rabe zu stehlen. Mein Parka vom Roten Kreuz verbarg manchmal bis zu drei Flaschen Schnaps auf einmal. In einem Wechselspiel von Nervenkitzel, Angst vor dem Erwischtwerden und dem Gefühl, der Gesellschaft eins ausgewischt zu haben, machte ich mir nicht die geringsten Vorwürfe.

Aus meinem Zimmer wurde eine Räuberhöhle, in der es ständig nach Alkohol und kaltem Rauch stank. Meine Klamotten standen bald vor lauter Schmutz, und mein Bart wuchs in wilder Harmonie mit den Haaren.

Auf den gehobenen Etagen des Hotels wurden die ersten Beschwerden laut, wenn ich nachts betrunken mit der Tür ins Haus stolperte. Eines Abends, Anfang Januar 1986, führte die lautstarke Auseinandersetzung mit einem Gast, der mir die Leviten lesen wollte, zu meinem Rausschmiß. Der Hotelbesitzer schleifte mich an den Haaren die Treppe runter und verpaßte mir zum Abschied noch eine kräftige Ohrfeige; das war's – die Straße hatte mich wieder!

Im Nachspiel dieses Desasters erklärte mir ein sehr erboster und enttäuschter Herr Gregorowsky, daß ich mir meine Sozialhilfe ab sofort nun wöchentlich abholen konnte. Der Mann war dermaßen aufgebracht, daß ich am Ende froh darüber war, überhaupt noch etwas zu bekommen. Für meine erneute Obdachlosigkeit hätte ich mir keine bessere Jahreszeit aussuchen können. In Selbstmitleid und stummen Anklagen ertrinkend, sehnte ich das Frühjahr herbei. Rastlos zog ich von Dorf zu Dorf und an der B3 entlang von Stadt zu Stadt. Die Verachtung der Leute trieb mich am Tag in die Parkanlagen und nachts auf die Friedhöfe. Hell erleuchtete Zimmer und Wohnstuben sah ich in der Dunkelheit mit den Augen des Verdammten. Die Schuld an meinem Elend wälzte ich bald vom Alkohol auf meine Angehörigen und auf jeden Menschen, dem es besser ging als mir. Die Beleidigungen der Leute rissen den letzten Rest von Selbstachtung aus mir. In Kenzingen wurde ich mitten auf der Hauptstraße mit Steinen beworfen, und in der Nachbargemeinde Herbolzheim machten sich ein paar Jugendliche einen Spaß daraus, mich mit Stockschlägen von einer Straße in die andere zu treiben. Sehr viele Gastwirte erstickten meinen Wunsch nach Bewirtung schon im Keim, indem sie mich hochkantig vor die Tür setzten. In einem Waldkirchner Park löste mein Anblick bei einem Mann solch eine Wut aus, daß er vom Pferd stieg und mir die Reitgerte um die Ohren schlug. Von Haß zerfressen kehrte ich wie ein Geächteter einmal wöchentlich auf Schleichwegen nach Emmendingen zurück, um meine Sozialhilfe abzuholen.

Als der langersehnte Sommer kam und ich mich zum Trost wieder an der Natur erfreuen konnte, campierte ich an sämtlichen Baggerseen im Kreis Emmendingen.

Verschwitzt von der Hitze zog ich in warmen Nächten im erfrischenden Wasser meine Runden. Die begrenzte Sorglosigkeit, die ich in dieser Jahreszeit empfand, hielt bis in den Spätsommer hinein. Mit den ersten bunten Blättern fielen auch meine letzten schönen Tage.

Schwere Depressionen begleiteten mich auf meinem Weg ohne Ziel. Aller Hoffnung und Zuversicht beraubt, marschierte ich an einem Sonntag Ende Oktober kraftlos von Denzlingen nach Emmendingen. Der Goethe-Park lag in völliger Dunkelheit. Erschöpft rollte ich hinter ein paar Büschen meinen Schlafsack aus und legte mich schlafen.

* * *

Es war mir etwas Besseres eingefallen, als mit meinen Kameraden kegeln zu gehen. Das PLK besaß eine eigene vollautomatische Kegelbahn, auf der wir uns einmal in der Woche austoben konnten. Mein Entschluß, sie anzurufen, kam aus heiterem Himmel. Seit vier Wochen war ich nun Patient auf E-2, und so etwas Ähnliches wie ein Lagerkoller hatte von mir Besitz ergriffen. Mit schweißnassen Händen hielt ich den Hörer in der Hand, aus der die Stimme ihrer Mutter mir mitteilte, sie wäre ausgezogen. So freundlich, wie es meine Nervosität erlaubte, bat ich um ihre Adresse. Weshalb, wollte sie wissen. »Nur so«, erklärte ich, weil mir nichts Besseres einfiel, mit heiserer Stimme. »Nur ungern, Herr Steiger! Sie hat genug Ihretwegen mitgemacht; es ist das beste, Sie lassen sie in Ruhe!«

Ich flehte, winselte und beschwor sie, als ob mein Seelenheil davon abhängen würde. Dabei handelte es sich wirklich nur um mein schlechtes Gewissen. Der Hörer hing seit fünf Minuten wieder auf der Gabel. Wie eine Reliquie hielt ich den Zettel mit ihrer Adresse in der noch immer feuchten Hand.

Mindestens zehn Minuten starrte ich auf das weiße leere Briefpapier. Es sollte zwar kein Entschuldigungsschreiben werden, doch mein schlechtes Gewissen hinderte mich daran, klare Sätze zu bilden.

Anstatt nach einem Aufhänger zu suchen, stellte ich mir ständig Fragen und somit selbst ein Bein. Was ist aus ihr geworden? Hat sie einen neuen Freund? Wird sie diesen Brief überhaupt lesen oder gleich nach Erhalt zerreißen? Woher nimmst du dir das Recht, sie noch einmal zu belästigen? Warum ist sie ausgezogen? Denkt sie ab und zu noch an mich? Aber nein, was bildest du dir eigentlich ein! Wie ist es ihr nach unserer Trennung ergangen, und wie geht es ihr heute? Diese Frage benutzte ich auch sofort als Aufhänger. Zwar einfach und banal, aber immerhin ein Anfang. Vorsichtig setzte ich den Kugelschreiber an.

Nach geschlagenen zwei Stunden ärgerte ich mich mehr über meine miserable Handschrift als über den Inhalt des Briefes. Die Ungewißheit, ob sie mir wohl antworten würde, beschäftigte mich den ganzen Abend und ließ mir keine Ruhe. Unkonzentriert nahm ich an der Sitzung der Anonymen Alkoholiker teil und zerbrach mir den Kopf. Erst sehr spät am Abend gelang es mir, mich vor der Glotze ein wenig abzulenken. Unruhig wälzte ich mich im

Bett von einer Seite zur anderen und versuchte positiv zu denken. Übermorgen sollte mir endlich der Gehgips abgenommen werden. Damit hatte das ewige Jucken an warmen Tagen Gott sei Dank ein Ende. Auch der Heilungsprozeß meines Nervensystems schritt zügig voran. Die kleinen braunen Bomben sind in der Zwischenzeit so weit herabgesetzt worden, daß ich mich auch ohne sie rundum wohl gefühlt hätte. Nach einem längeren (vernünftigen) Gespräch mit Dr. Leuschner, der sich anschließend mit Frau Harnasch besprach, war mein Aufenthalt im PLK bis zum Antritt der Langzeittherapie zunächst gesichert. Jetzt galt es nur noch, den Sozialbericht zu vervollständigen. Zwei von vier Sitzungen bei Frau Harnasch hatte ich bereits absolviert, und die nächsten zwei waren für kommende Woche festgelegt worden. Meine Zukunft lag nun mehr oder weniger in der Hand der LVA. Unwillkürlich faltete ich die Hände zu einem langen Gebet. In der Stille des Zimmers hätte man die berühmte Stecknadel fallen hören können. Doch anstelle eines wortreichen Monologs an den, der alles weiß und alles richtet, formten meine Lippen stets die gleichen zwei Worte: Hilf mir! Ich kam mir vor wie ein Stabhochspringer, der über die Höhe seines letzten Versuches noch nicht Bescheid wußte. Bildlich gesprochen stellte der Stab den Willen dar, meinem Leben eine neue Richtung zu geben. Krampfhaft hielt ich ihn in beiden Händen, während ich darauf wartete, wie andere über Erfolg oder Mißerfolg entschieden. Ich schloß den zweiten Sonntag im Juni mit einem geseufzten »Amen« ab und fiel in einen unruhigen Schlaf.

* * *

Es gibt Tage im Leben eines Menschen, die sein weiteres Dasein von Grund auf verändern. Die Geburt eines Kindes etwa oder die richtigen sechs Kreuze auf dem Lottoschein des armen Schluckers. Manchmal sieht man den Dingen, die da kommen, verblüfft ins Auge und weiß nicht so recht, wie man darauf reagieren soll. Es sind Momente, wo die Erwartungen weit übertroffen werden und man vor lauter Freude jubeln möchte. Sorgen und Probleme zerfallen in Staub und Asche. Und daraus erhebt sich Phönix in den Himmel der Glückseligkeit. Dann möchte man am liebsten alleine sein, weil man irgendwie glaubt, die Mitmenschen könnten einem das Glück wieder wegnehmen.

Ja, solche Tage gibt es, wenn sie auch selten sind. Gleich zwei von diesen seltenen Tagen erlebte ich in der ersten Juliwoche. Ich kam gerade von der Arbeit aus der Schneiderei, als ich von einem Pfleger ans Telefon gerufen wurde. Frau Harnasch teilte mir mit, daß meiner Langzeittherapie von der LVA stattgegeben wurde. Die Reha-Klinik Buchenhain sollte für das nächste halbe Jahr mein Zuhause sein. Die vier Sitzungen hatten sich also gelohnt, und beinahe hätte ich den Telefonhörer geküßt. Die Aufnahme in die Klinik für suchtkranke Männer sollte am 21. Juli erfolgen. Nähere Details für meine Reise ins Markgräfler Land würden mir noch schriftlich von der LVA mitgeteilt werden – ich hatte es geschafft. Der Weg nach oben lag frei vor mir.

Nach dem Abendbrot zog ich mich zu einem einsamen Spaziergang zurück. Auf einer Parkbank in der Grünanlage des PLK stützte ich den Kopf in beide Hände und weinte ... vor Glück und Erleichterung.

Am darauffolgenden Sonntag lag ich auf dem gepflegten Rasen hinter dem Stationsgebäude im Liegestuhl und las die *Traumfabrik* von Harold Robbins. Wieder war es derselbe Pfleger, der mich mit einem Lächeln zu sich rief. »Mann oh Mann, Steiger, halten Sie Ihre Hormone fest, wenn Sie ins Besucherzimmer gehen! Ein junges Mädchen wartet dort auf Sie. Und noch was ...« »Was denn?« antwortete ich unruhig. »Duschen Sie hinterher kalt«, erwiderte er und lachte, »das soll meistens helfen!«

Das Herz schlug mir bis zum Hals, und als ich sie schon von weitem hinter dem dicken Trennglas sah, glaubte ich, es müsse jeden Augenblick aussetzen. Der Türöffner tat summend seine elektrische Pflicht, und ich trat langsam ins Besucherzimmer. Der

Pfleger hatte vollkommen recht. Mein Mund wurde trocken, und im Hals bildete sich ein Kloß. Wie angewurzelt stand ich im Raum und wußte nicht, wohin mit den Augen. Sie trug denselben Minirock, den sie schon vier Jahre zuvor bei unserem ersten Rendezvous getragen hatte. Großzügig gab er so viel von den übereinandergeschlagenen Beinen frei, daß mir tatsächlich die Knie weich wurden. Unter einem roten Sonnentop mit Spaghettiträgern zeichneten sich ihre kleinen runden, festen Brüste ab. Es war sehr heiß an diesem Sonntag. Die nachblondierten Haare trug sie nun etwas länger als damals. Ungeschminkt zeigte ihr hübsches Gesicht eine leichte Sommerröte. Ich war viel zu nervös, um den Ratschlägen des Pflegers Folge zu leisten. Alles andere als sexuell erregt, zündete ich mir eine Zigarette an und krächzte: »Hallo Anita, schön dich zu sehen! Ich ... ich habe schon fast nicht mehr daran geglaubt.«

»Ich habe mich auch sehr lange zu diesem Entschluß durchringen müssen!« entgegnete sie und studierte aufmerksam mein Gesicht. Ich räusperte mich heftig. »Ich hatte befürchtet, du würdest meinen Brief zerreißen.«

»Wenn die alte weibliche Neugier nicht gewesen wäre, hätte ich es wahrscheinlich auch getan!« Sie kramte eine Zigarette aus ihrer Schachtel, und ich gab ihr Feuer. Langsam blies sie den blauen Dunst aus der Nase und lehnte sich zurück. »Sag mal, warum hinkst du eigentlich?« fragte sie. »Das ist eine lange Geschichte«, entgegnete ich.

»Hast du etwas Zeit?«

»Sonst wäre ich ja nicht hier, du lieber Dummer!«

»Also, die ganze Scheiße hat damit angefangen, als ich ...«

Im Zeitraffer führte ich sie durch meine Erlebnisse. Aufmerksam hörte sie zu und unterbrach mich nur dann, wenn ihr etwas unklar erschien. Am Ende meines Berichts erhob sie sich kurz und küßte mich zu meiner endlosen Verblüffung auf die Wange.

Konsterniert schaute ich in ihre Augen und wartete auf irgendeine

Bemerkung. Sie lächelte und sagte: »Nicht daß du nun glaubst, ich habe dich aus Liebe oder Mitleid geküßt; nein, das sicher nicht!«

»Weshalb dann?« fragte ich blöd.

»Das war meine Art, dir meinen Glückwunsch auszusprechen, nicht mehr und nicht weniger!«

»Glückwunsch? Wofür?« fragte ich noch blöder.

»Dafür«, erwiderte sie, »daß du dein Leben wieder ordnest und neu in die Hand nimmst. Es gehört wirklich eine Menge dazu, und ich wünsche dir von Herzen alles Gute!« Sie schaute auf ihre Uhr und erhob sich von neuem. Sie trat jetzt so nahe an mich heran, daß sich fast unsere Nasenspitzen berührten.

»Hast du schon eine Ahnung davon, was du machen wirst, wenn die Therapie zu Ende ist?« Obwohl mir diese Frage ein wenig Angst einflößte, antwortete ich mit fester Stimme: »Eines ist so sicher wie das Amen in der Kirche: Ich werde Emmendingen endgültig und für alle Zeiten den Rücken kehren. Irgendwo in einer fremden Stadt, wo mich keiner kennt, will ich einen neuen Anfang machen. Dabei wird mich nichts und niemand aufhalten. Ich möchte endlich wieder leben, fernab von allem Dreck und Abfall, und ich weiß, daß es mir gelingen wird!«

Sie zog ihren kurzen Rock nach unten und streichelte anschließend meine rechte Wange. »Ich weiß, daß du es schaffen wirst«, sagte sie und küßte mich schnell auf den Mund, »aber jetzt muß ich gehen. Es wäre schön, wenn du mich auf dem laufenden halten würdest. Und noch was ...«

* * *

Nachdem wir uns verabschiedet hatten, lag ich wieder im Liegestuhl. Bevor ich erneut mein Buch aufschlug, dachte ich über ihren letzten Satz nach. »Kein Mensch«, sagte sie, »wird als Penner geboren!«

Epilog

Der Kaffee tat seine Wirkung. Es hätte nicht mehr viel gefehlt, und ich wäre eingeschlafen. Es war spät geworden. Die Ziffern auf Rainer Breuningers elektrischer Kalenderuhr auf dem Schreibtisch zeigten 19.51 Uhr.

Räkelnd streckte ich auf meinem Polster beide Arme in die Höhe und ließ anschließend mit einem häßlichen Geräusch meine Finger knacken. Ungewollt schlürfend leerte ich die Tasse und schaute Herrn Seybold zu, der seine Utensilien zusammenpackte. Er verschloß mit sicheren Handgriffen seinen kleinen schwarzen Koffer und setzte sich wieder mir schräg gegenüber.

Mit der linken Hand massierte er seine Halswirbel, wobei er automatisch auf den Fußboden blickte. Er unterdrückte ein lautes Gähnen, dafür seufzte er um so mehr. Seit nahezu drei Stunden war der Mann mit nichts anderem beschäftigt als zuzuhören, während er sich hin und wieder Notizen machte. Nur einmal war er aufgestanden, um eine neue Kassette einzulegen. Ich hatte diese Zwangspause genutzt, um auf dem Klo eine Zigarette zu rauchen. Hundemüde und abgespannt war ich gleichzeitig durch die Erinnerungen etwas aufgewühlt – ja fast am Rande von depressiven Gefühlen. Herr Seybold lehnte sich in die Sitzgruppe und verschränkte beide Arme. Ich wunderte mich, woher dieser Mensch seine Geduld nahm. Ich wußte auch nicht, ob es Faszination oder das pure Interesse war, das sein Gesicht noch immer so hell und wach erscheinen ließ. Seine Stimme war noch genauso ruhig und einfühlsam wie zu Beginn unserer einseitigen Talkrunde. »Zum ersten Mal«, sagte er, »finde ich es schade, daß ich nur eine Viertelstunde Sendezeit zur Verfügung habe!« Seufzend fügte er hinzu: »Na, mal sehen, wieviel ich hineinpacken kann! Aber eines würde mich noch interessieren, Herr Steiger: Wie sind Sie auf das Haus Sonnenblick aufmerksam geworden?« Ich räusperte mich und erklärte: »Ein Mitpatient in der Langzeittherapie hat mich darauf aufmerksam gemacht. Er war drei Tage dort zum Probewohnen und hat es mir hinterher wärmstens empfohlen. Daraufhin habe ich eine Bewerbung abgeschickt, und einen Monat später wurde ich ebenfalls zum Probewohnen eingeladen!«

»Mußten Sie die Therapie verlängern?«

»Ja, um einen Monat! So lange hat es gedauert, bis ein Platz in der Nachsorgeeinrichtung frei wurde!«

»Und die Therapie selbst?«

»War eine hervorragende Möglichkeit«, antwortete ich, »mich wieder zu integrieren.«

»Es gab also keine Schwierigkeiten?«

»Doch, am Anfang machten mir die Gruppensitzungen schwer zu schaffen. Sie wissen ja nicht, was für ein Gefühl das ist, vor allen Leuten die Hosen runterzulassen. Aber mit der Zeit hatte ich mich daran gewöhnt. Ansonsten hatten die Therapieprogramme schon ihre Richtigkeiten. Außerdem – das muß ich gestehen – war ich froh, für sieben Monate ein Dach über dem Kopf zu haben!«

»Wie waren«, er nippte an seiner Kaffeetasse, » entschuldigen Sie – wie waren die Programme aufgeteilt?«

»Nach einem festen Plan«, erwiderte ich. »Die Psychologen arbeiten mit den Physiologen, den Sozialpädagogen und dem praktischen Arzt Hand in Hand.« Ich zählte auf: »Da gab es die Arbeitstherapie, die Gestaltungstherapie, autogenes Training, bei dem ich fast immer eingeschlafen bin, die Gruppen- und Einzeltherapie und zu guter Letzt das Fitneßtraining – ein bißchen Gymnastik und hinterher meistens Volleyball. Nach zwei Monaten bezog ich ein Einzelzimmer und verbrachte meine Freizeit fast ausschließlich mit Lesen und Musikhören.«

»Ist Lesen eines Ihrer Hobbys?«

»Ja, schon von Kind auf. Wenn die anderen Kinder draußen Räuber und Gendarm gespielt haben, habe ich mich in eine Ecke gesetzt und beispielsweise *Mark Twain* gelesen. Bereits mit zwölf hatte ich sämtliche Karl Mays durch, und der Spaß nimmt kein Ende!« Herr Seybold versank einen Augenblick in Gedanken und murmelte: »Hhhmmmh; hhhmh; hhhmmh; Ja, Herr Steiger, das war's!« Jetzt erhob er sich, gab mir zum Abschied die Hand und sagte, während er nach seinem Koffer griff: »Was haben Sie als nächstes vor?«

»Ich werde meinen Aufenthalt hier nutzen und mir eine Wohnung suchen!« erklärte ich euphorisch. »Mein Arbeitsplatz ist gesichert, und mit dem Geld, das ich verdiene, möchte ich mir eine neue Existenz aufbauen; ich bin ziemlich guter Dinge, was meine Zukunft angeht.– Ach ja, beinahe hätte ich es vergessen: Wann wird dieses Interview eigentlich gesendet?«

Er nannte mir das Datum und die Uhrzeit. Noch einmal drückte er mir fest die Hand und wünschte mir alles Gute.

* * *

Vierzehn Tage später stand ich etwas früher auf als gewöhnlich.

Meine erste Handlung bestand darin, das Radio anzustellen.

Ich war schon angezogen und saß etwas nervös auf meinem Bett in dem kleinen Zimmer am Ende des Flurs.

Nachdem die Rundfunkmission sich mit ihrem Erkennungszeichen gemeldet hatte, hörte ich die Stimme von Volker Seybold.

»Guten Morgen, liebe Hörerinnen und Hörer!

Auch heute möchte ich Ihnen wieder eine Geschichte erzählen, die das Leben schrieb. In meiner Geschichte werde ich über einen Mann berichten, der mit seinen Erlebnissen ein ganzes Buch füllen könnte. Es handelt sich um den ehemaligen Obdachlosen und Alkoholkranken Thomas Steiger!«

Aufgeregt hörte ich meine eigene Stimme, die mir etwas fremd vorkam. Ich stützte das Kinn in beide Hände und hörte zu, was ich zu sagen hatte.

Dank

Aus innigster Liebe und tiefster Bewunderung danke ich meiner lieben Frau Kathrin, die mich immer wieder aufgerichtet hat, wenn ich bereits alles hinschmeißen wollte. Für ihr Verständnis wie auch für ihren Trost, wenn meine Erinnerungen mich negativ beeinflußten, liebe ich sie um so mehr.

Dank auch an all jene, die mir beim Start in mein neues Leben geholfen haben. Mit Rat und Tat standen mir zur Seite: Claudia Semmler, Rainer Breuninger, Kurt Wegenast sowie Martin Schäffer und Anita Liesenfeld.

Ein herzliches Dankeschön auch an Jürgen Abendschön, wo immer er sich heute auch befinden mag.